やわらかアカデミズム・〈わかる〉シリーズ

# よくわかる
# 障害学

小川喜道・杉野昭博 編著

ミネルヴァ書房

# はじめに

■よくわかる障害学

　本書は『よくわかる障害学』と題しているが，むしろ，「学」におぼれることなく，障害者の語りをしっかりと捉え，その具体的な言葉を受け止めながら読んでいただくことを期待したい。大切にしたいのは，「障害学」を短絡的に理解しようとするのではなく，その「学」を生み出すことになった要因を，読者自らの思考力で把握することである。本書では，障害のある執筆者が，読者に伝えるべく言葉を選びながら，社会や個人の暮らしなど多様な領域を語っている。その一行一行，そして，その行間も捉えてほしい。

　本書の目的のひとつは，これからの社会を支える若い人たちが，障害ある人たちと協働する上で，今の自らの姿勢，意識を振り返るきっかけにしてほしいということである。77項目からなる本書には，障害のある執筆者が数多く寄稿してくれている。読み進んでいただければ，その主体的，挑戦的な生き方を知ることになるだろう。また，障害支援の現場にいる執筆者の文章からは，受動的な姿勢で仕事をしているのではなく，やはり主体的，挑戦的に活動している様子がうかがえるだろう。専門職をめざす人や，すでにその職にある人は，自分がどのような立ち位置をとるべきかを，時間をかけて振り返ってほしい。「障害者」と「健常者」，サービスの「利用者」と「提供者」，「患者」と「医療専門職」，「ユーザー」と「プロバイダー」というような対峙構造として単純に切り分けることなく，本書に示されている多くの事例を通して，その関係性を考えてほしい。

　ここでは，障害者のための支援機器も多数紹介されるが，見失ってはいけないことは，物理的支援が，障害者自身の意識と他者との関係，家族や周辺の人たちの意識にも影響を与えることである。すなわち，人間と環境（生産品等を含む）の関係が，人と人との関係にも影響を及ぼすということである。そのことを突き詰めていくと，物理的に「障害」が引き起こされる側面と，人間の感情・意識に基づき引き起こされる面とが入り混じり，揺れることがあるとわかる。

　編者たち自身も，今回，執筆者とのやりとりを通じて，多くの考慮すべきことを見出すとともに，こうした「障害」の揺れ動きを実感した。視覚障害のある執筆者7人とはペーパーではなく，音声化しやすいテキストファイルで連絡をとっていたのだが，音声情報のみではなく，レイアウトや写真の位置などに視覚障害のある人も関心をもっている。視覚障害のある執筆者のうち2人はオプタコン（光学式読書器）利用者であり，割付の状態を読み取ることもできる。また，目が見える人からレイアウトの印象を聞くことで，その雰囲気を間接的

i

に知ることもできる。一方，重度の四肢麻痺のある執筆者は，ペーパーでは用紙をめくることが困難なため，パソコンの画面で原稿を確認し，それにコメントをつけるほうが便利なことがある。このように編集作業のプロセスにおいて，「視覚障害は音声情報で，晴眼者は視覚的情報で伝えればよい」という固定的な考え方ではなく，一人ひとりの状態に合わせてコミュニケーションをしていく必要性をあらためて感じた。

　本書の概要を以下に紹介しておきたい。基本的には見開き2ページないし4ページに1テーマを載せているので，どこから開いてもらっても何かを知り，何かを感じ，何かを考えていただくことができる。ただし，字数の制限によって，各執筆者が伝えたいことを充分には伝えられなかったという限界もあったことを断っておきたい。

　第Ⅰ章では，障害学に関わる用語を紹介するとともに，社会を改革する上で必要なプロセスを例示している。「障害学」は，あまりなじみのない言葉かもしれないが，障害に関わる仕事に就こうとしている人，その分野で働いている人，あるいは関心のある人にとって，自身の障害との関わりを振り返る上で必要な知識と言える。例えば，今日の社会における製品の開発，環境の整備における障害者参画のあり方を示すことで，障害者はサービスの受け手にとどまる存在ではないことを理解するはずである。

　第Ⅱ章では，障害者が利用する特別な生産品，例えば福祉機器，あるいは一般生産品が，どのような視点で開発されるべきかを示すとともに，開発にあたっての障害者の役割，そして，それら支援機器などの規格，指針などが紹介されている。もし間違ったプロセスで開発されると，どのような問題が生じるかが例示されている。そして，開発に障害者が参画する場合にはどのような製品が世に出るかを知ることができる。もちろん，これらは個々の努力に留まることなく，一定の配慮設計指針も必要となる。そうした指針，規格の意義や必要性についても理解することができるだろう。

　第Ⅲ章では，障害者が支援機器などをどのように活用し，自らの生活を充実させているか，それらを利用者の立場から紹介している。重度頸髄損傷，重症心身障害，ロービジョン，全盲，聴覚障害，骨形成不全などさまざまな障害をもつ人たちが，支援機器の便利さを述べることにとどまらず，それらがどのように執筆者の人生と共存しているかを語っている。したがって，それぞれの執筆者の「生きること」そのものにも着目してほしい。

　第Ⅳ章は，まさに障害のある人たちのいきいきとした実生活に触れることができる。Ⅳ章から読み始めるのもお勧めである。本書を手にした人は，もしかするとあらかじめ何かを学びたい，何かを知りたいという意図があるかもしれないが，この章ではそうしたことをいったん脇に置いて読んでみてほしい。そ

の行間からは，障害者自身の内側から発するパワーを感じることができる。そのパワーの源がどこにあるのだろうと探り，読者自身の生きる力はいかなるものかと振り返り，そしてじっくりと各章に読み進むのもよいだろう。

第V章は，支援の側にある人たちが，どのような姿勢で障害者に関わり，その仕事を遂行しているかが示されている。また，それぞれの分野における基礎的な知識も身につけることができる。とりわけ，若い読者には参考にしていただきたい。ここでの執筆者は，リハビリテーション工学，義肢装具，作業療法，理学療法，教育，製品開発，デザインの領域にあって，障害者との関係をいつも考えながら仕事をしている。工学・医療・福祉分野に進もうとしている人や，そうした分野で働いている人は，自分自身の将来のあり様を描いてみてほしい。また，障害のある人や，そのご家族は，これからどのような支援者を育て，協働できる人を見出すか，そんな視点で読むこともよいだろう。

第VI章は，障害に関わる制度の歴史的経緯が詳述されている。この章は，本書を読み進む中で出てくる専門用語や，支援や開発の制度的背景を説明する目的で編集した。主な内容は，障害児者の教育，福祉，雇用などに関わる法制度，障害者運動，国際動向などであるが，これらは障害のある人一人ひとりの生活を下支えする基盤についての重要な情報である。とくに，障害者運動の歴史と，その要望によって作られた福祉制度の発展過程を知ることは，障害のあるユーザーのニーズを理解する上で役に立つはずだ。

第VII章は，我が国における今日の諸制度が，いまだ障害者の暮らしに十分機能しているとは言えない実態を示している。このことは，支援機器の開発に終わりがないのと同様に，完璧な福祉制度は存在しえないということを示している。将来，障害分野に関わって働きたいという人には，こうした福祉制度の限界を理解した上で，個々のジレンマ問題に取り組む姿勢が求められるということをこの章から学んでほしい。

そして第VIII章は，障害学における論争的な課題を提起する。全編を熟読した上で読まれると，それぞれの項目で語られていることをあらためて想い起すこともあるだろう。障害学に向かうには，とりわけ現代社会を批判的・多角的にみる力が必要である。それは，社会を俯瞰してみると同時に，個々の人間が障害とどのように向き合っているのか共感的に理解することによってのみ可能になる。

本書は，「障害学」に比較的なじみが薄いと思われる工学・医療・福祉の学生を想定して編集したが，機器開発や支援技術を通じて「障害」を深く理解するための「教材」を提供したかった。したがって，学生によるディスカッションなどを活用した演習形式の授業で使ってもらえばありがたい。本書が，障害をめぐる思想，概念，モデルというものを語り合う機会を提供する素材として

活用されることを期待している。

　本書の企画から出版までに長い時間を費やしてしまったのは，編者の怠慢もあるが，本書にかける編者2名の思い入れの強さのせいでもある。私たちの「わがまま」にお付き合いいただいた執筆者のみなさまとミネルヴァ書房の涌井格さんに感謝したい。

　　2014年2月

　　　　　　　　　　　　　　　　　　　　　　　　　　　　　小　川　喜　道
　　　　　　　　　　　　　　　　　　　　　　　　　　　　　杉　野　昭　博

# もくじ

■よくわかる障害学

## I 工学・医療・福祉のための障害学入門

1 障害学とは何か ………………… 2
　障害を当事者視点から考える

2 個人の改造か，環境の操作か …… 4
　個人モデルと社会モデル

3 障害の社会モデルとまちづくり …… 6

4 日本におけるバリアフリーの発展
　………………………………………… 8

5 ユニバーサル・デザインの広がり
　………………………………………… 12

6 ユニバーサル・デザインにおける
　スパイラルアップ ………………… 16

7 ショウガイの表記をめぐる議論 … 18

8 「障害」と「障害者」の定義 …… 20

## II 機器開発とユーザー視点

1 ユーザー中心の開発 ……………… 22

2 開発者とユーザーの葛藤 ………… 24
　ニーズとシーズのコミュニケーション

3 私たちのことは，私たち抜きで決めないで ………………………… 26
　Nothing about us without us !

4 支援機器開発への願い …………… 28
　視覚障害のあるユーザーの立場から

5 共遊玩具 …………………………… 30
　目や耳の不自由な友だちともいっしょに楽しめるおもちゃ

6 携帯電話と視覚障害者 …………… 32

7 食事支援ロボットの開発と
　ユーザーの役割 …………………… 34

8 インクルーシブデザインと
　商品開発への当事者参画 ………… 36

9 障害者の暮らしにかかわる製品の
　配慮設計指針 ……………………… 38

10 ICTの国際規格と当事者参画 …… 40

## III 工学技術と障害者の暮らし

1 障害者の暮らしと支援機器 ……… 42

2 私の暮らしと環境制御装置 ……… 44

3 重症心身障害児者の暮らしと
　福祉機器 …………………………… 48

4 ロービジョンにとっての環境と
　ユニバーサルデザイン …………… 50

5 ユーザーが生かす過去の機器 …… 52

6 聴覚障害と支援技術 ……………… 54

7 私の暮らしと電動車いす ………… 58

8 共用品の量産化と個別性 ………… 60

9 障害文化としての技術 …………… 62

## IV　暮らしのなかでの障害

1. 障害者の暮らしと社会 …………… 64
2. 子育て，コミュニケーション，地域，そして手話 ………………… 66
3. 子育てと視覚障害 ……………… 68
4. 子育て，家族，障害者運動 ……… 70
5. 無視された日常生活動作と自助具
   身体障害者のセクシュアリティ ………… 74
6. 介助犬と暮らす ………………… 78
7. 頸髄損傷と在宅就労 …………… 82
8. 見えないアンテナ ……………… 86
9. 見えにくい障害 ………………… 88
   高次脳機能障害
10. 福祉のまちづくりにおもう ……… 90

## V　支援の現場，支援の仕事

1. 支援者の模索 …………………… 94
2. 障がいがある人をどう支援するか ………………………………… 96
3. 義肢装具の可能性 ……………… 100
4. 教育現場の努力 ………………… 104
5. 企業文化とインクルーシブデザイン ………………………………… 106
6. 病院から地域に出て働く ……… 108
7. アジアの障害問題を考える …… 110
8. 障害者とともに考えるデザイン … 114
9. 合理的配慮と工学的支援 ……… 116

## VI　支援を支える制度：歴史的展開

1. 教育と仕事から始まった支援 … 118
2. 身体障害者福祉法 ……………… 120
3. 障害児施策と1950～60年代の親の運動 ………………………… 122
4. コロニー計画と脱施設化 ……… 124
5. 所得保障制度 …………………… 128
6. 障害のある人の雇用を支援する制度 ……………………………… 130
7. 国際障害者年と自立生活運動 … 132
8. 在宅ケアを支える制度の成り立ち ………………………………… 136
9. 精神障害者のための制度 ……… 138
   医療・年金・就労
10. ADAと障害者権利条約 ………… 142
11. 障害者総合支援法と参加に向けた支援 ……………… 144

## VII　支援にかかわる制度のジレンマ

1. 支援制度の矛盾とジレンマ …… 146
2. 社会保障給付費と国民医療費 … 148
3. 診療報酬制度のしくみ ………… 150
4. 診療報酬と入院期間の短縮 …… 152
5. 脳血管障害の退院支援と医療介護制度 ………………… 154
6. 遷延性意識障害の退院支援と在宅療養 ……………………… 156

7 精神科病院からの退院と
  地域生活支援 …………… 158

8 高次脳機能障害の医療と
  福祉の連携課題 …………… 160

9 福祉用具と補装具の制度 …… 162

10 移動と支援技術をめぐる
   当事者運動の議論 ………… 164

## Ⅷ 障害学の思想

1 障害の普遍性モデル ………… 168

2 生きるために ……………… 170
  優生思想との闘い

3 ノーマライゼーション ……… 172
  北欧の反優生思想

4 日本の障害学の原点 ………… 174
  1970年代の脳性マヒ者運動

5 「脱親」という思想 ………… 176

6 リハビリテーションという思想… 178

7 反訓練 ……………………… 180
  IL・ろう文化

8 社会のカベを崩す …………… 182
  社会モデル

9 障害と文化 ………………… 184
  ふたつのアプローチ

10 少数者が我慢しなくてもよい
   「共生」を探す …………… 186

さくいん …………………… 188

やわらかアカデミズム・〈わかる〉シリーズ

# よくわかる障害学

## I　工学・医療・福祉のための障害学入門

# 1 障害学とは何か
## 障害を当事者視点から考える

▷1　世界最古の聾唖学校は1760年に、盲学校は1784年にともにフランスのパリに開設された。19世紀には知的障害児や肢体不自由児の教育も始まる。

▷2　第一次世界大戦では神経症になる兵士が多数見られ、その治療は今日の精神科リハビリテーションにもつながっている。

▷3　**障害のあるアメリカ人法**（Americans with Disabilities Act：ADA）雇用および不特定多数が利用するサービスについて障害者のアクセスにおける合理的配慮を義務付けた法律。各国の障害者差別禁止法の原型となった法律で、国連の「障害のある人の権利に関する条約」（障害者権利条約）にも影響を与えた。

▷4　UPIASとはUnion of the Physically Impaired Against Segregationの略称。「障害 disability（社会的障壁）とは、私たちが社会への完全参加から不当に孤立させられたり排除させられることによって、私たちの障害 impairment（機能障害）を飛び越えて外から押しつけられたものである」という UPIAS による「障害の定義」は、イギリス障害学の理論的基盤となっている。杉野昭博，2007，『障害学――理論形成と射程』東京大学出版会，p.117。

### 1　障害者運動と障害学：アメリカ，イギリス，日本

　障害の研究は古くは18世紀までさかのぼれるが、公的な障害者施策を前提とした障害研究は第一次世界大戦後の1920年代頃から始まった。初期の研究は、戦争で手足を失った人や、脊髄損傷になった人を対象に、マッサージや義肢装具や生活のためのさまざまな工夫を開発した。これらの戦争障害者支援の伝統が、今日の理学療法や作業療法や支援工学などに引き継がれている。また障害児教育も20世紀前半に公教育として普及し始め、教育方法が研究されるようになった。

　こうして長らく障害研究は、障害のある人を治療・訓練・教育する人たちによって担われてきた。その一方で、障害のある人たち自身は、さまざまな思いや意見を持っていたし、それを表現もしてきたが、それらの声は病院や施設や障害児学校の内部に閉じ込められ、広く社会が当事者の声に気づくことはなかった。彼ら自身の声が、病院や施設の外にまで達するようになるのが1970年代のことである。

　アメリカでは1960年代後半から大学に進学した重度障害者が自立生活運動を始め、障害を隠したり治したりしなければ社会に参加できないというアメリカ社会の現状を批判した。これに続いて1970年代には障害者権利運動が台頭し、雇用や教育や交通など、社会参加の重要な手段において障害を理由に排除されることは、公民権（平等な権利）への侵害であると訴えるようになった。この運動が1990年の**障害のあるアメリカ人法**（障害者差別禁止法）につながった。こうした障害者運動を背景として1980年代半ばにアメリカで障害学会が発足した。障害者運動が当事者の声をアメリカの政治に反映したとすれば、障害学は障害研究に当事者の声を反映させたと言える。

　同様にイギリスでも、1970年代に肢体不自由者施設を退所した人たちの中から「隔離に反対する身体障害者連盟」（UPIAS）が結成され、彼らは「身体障害者を無力化しているのは社会である」と宣言した。このように障害の原因は社会にあるという見方が「社会モデル」と呼ばれるものであり、このUPIASによる障害観を基盤として1980年代にイギリスの障害学が成立する。

　日本でも、障害のある人たちの集まりや表現活動の歴史は古いが、それが一般社会に知られるようになるのは、ようやく1970年代になってからである。

1970年に横浜市で起きた母親による重度脳性マヒ児の殺害事件をめぐって，障害児の親たちが犯人である母親に同情してその減刑嘆願運動をしたのに対して，脳性マヒ者の当事者団体である「青い芝の会神奈川県連合会」は被害者の立場から脳性マヒ者の生存権を強く訴えた。青い芝の会は，これに続いて，胎児の障害を理由とした妊娠中絶を認めようとした優生保護法改正に反対したり，車いすに対応していない当時の路線バスに車いすでの乗車を強行するなど，障害者の生存権と社会参加を一般社会に向けて訴えた。

青い芝の会の運動のほか，1970年代には「車いす市民集会」や，障害児を普通学校に通わせる統合教育運動など，さまざまな「当事者の声」が少しずつ社会に知られるようになる。これに伴って，治療，訓練，教育を目的とした従来の障害研究に対して違和感を持った人たちが，当事者視点を重視した障害研究を少しずつ始めるようになり日本でも障害学が成立した。

## 2 他人事として障害を考えることの限界

障害学の核心は「社会モデル」にある。しかし，障害の医療，リハビリテーション，教育，福祉などに携わる「専門職」にとって「社会モデル」の考え方と同じく重要なことは，「医学モデルがなぜだめなのか」をよく理解することである。「医学モデル」とは，障害の原因を障害者個人に求める考え方で，「社会モデル」の反対として理解されているが，簡単に言えば，「自分は障害や病気にはならない」という前提で障害や病気に向き合う考え方である。

医師は自分の病気を隠すことが多い。慢性病を持つ医師も少なくないが，それを公表して医療を行う者は少ない。医療職は「健康体」でなければならないという暗黙の前提があるからである。自分は大きな病気にはならないと本気で信じ込んでいる医療職も少なくない。こうした「健康幻想」のなかでは，患者や障害者は「弱者」であり，病気や障害は医療者にとっては「他人事」でしかない。こうした前提からは，健康な者が不健康な者を助けてあげるという考え方しか生まれない。このことは，医療職だけでなく，教職や福祉職にもあてはまることだ。

自分たちの優位性を前提とした支援は，支援される側から見れば支配と屈辱でしかない。支援する者もされる者も，ともに同じ障害や病気を持つ存在として出会うことが障害者支援の本来の在り方である。当事者視点で障害を考えるというのは，自分自身が障害を持ちえる存在として支援を考えていくことである。健康な人に，病気や障害のある人の気持ちがわかるわけはないという意見もある。しかし，「病気にならない人はいない」というのもまた真実である。私たちは誰もが弱さを抱えた人間であるということを忘れるべきではない。そういう考え方の上に障害学は成立している。

(杉野昭博)

▷5 Ⅷ-8 参照。

▷6 「袴田事件」と呼ばれる。事件の詳細については，副田義也，2008，『福祉社会学宣言』岩波書店参照。

# I 工学・医療・福祉のための障害学入門

## 2 個人の改造か，環境の操作か
### 個人モデルと社会モデル

▶1 人工内耳
人工内耳とは，補聴器の効果が期待できない重度の難聴の人の内耳に電極を埋め込み，音声信号を電気信号に変換して聴神経に直接伝える装置である。音声言語を習得するためには「1歳前後から補聴器による聴覚を活用した言語訓練を受け，それでも言語の発達がきわめて悪い場合には，1歳半以降少なくとも4歳までに人工内耳手術を行うべき」とされている（熊川孝三，2011，「人工内耳について」『月刊ノーマライゼーション』12月号より）。人工内耳を装着しても，一般の人と同じように音が聞こえるわけではないので，相当の訓練が必要で，両親にとっては難しい決断になる。

▶2 石川准は，多様性に配慮した普遍的な環境デザインとしてのユニバーサルデザインを「上流の技術」，そのユニバーサルデザイン環境の中でユーザーの個別性に配慮する支援技術を「下流の技術」と呼び，上流の不備は下流の負担を増加させると述べ，両者の補完性を強調している。石川准，2006，「アクセシビリティはユニバーサルデザインと支援技術の共同作業により実現する」村田純一編『共生のための技術哲学』未來社，p.125。

### 1 個人モデルと社会モデル

障害学では，障害の「個人モデル」を批判して，社会モデルを基礎とした障害者施策をすすめようとしている。障害の個人モデルは，障害に伴う問題の原因を「個人の障害（impairment）」に求め，障害のある人が社会に適応するためには，この個人の障害を治療したり，改善したり，目立たなくすることが必要だと考える。いわば，個人モデルは，障害を治療しようとする考えなので「医学モデル」とも呼ばれている。

個人モデル（医学モデル）に基づく支援は，障害のある個人に対する働きかけに焦点化しやすい。子どもが障害を持った時に，一人で階段が利用できるように訓練したり，給食を食べられるように道具を工夫したりするのが「個人モデル」に基づく支援である。一方，学校にエレベーターを設置したり，給食の際に食事介助を行うヘルパーをつけたりして，学校環境を障害のある子どもに適応させようとして環境に働きかけるのが「社会モデル」に基づく支援である。これまでの障害者支援はほとんど「個人モデル」に基づいて行われており，「社会モデル」による支援の必要性はようやく認識され始めたところである。

### 2 工学的解決における個人モデルと社会モデル

個人モデルと社会モデルという障害に対するふたつの考え方は，障害問題を工学技術によって解決しようとする場合にもあてはまるし，障害問題への工学アプローチにふたつの大きな違いがあることがわかる。例えば，**人工内耳**（図I-2-1）や義肢装具など，先進技術を用いた医療工学や支援工学の多くは，障害のある個人の能力をテクノロジーによって補完したり強化することによって障害の技術的解決を図ろうとする。こうしたアプローチは，個人に対して技術的解決を適用する「個人モデル」と言える。しかし，その一方で，環境に対して技術的解決を適用する「社会モデル」も，支援工学にとっては重要なアプローチである。

耳の聞こえにくい人を対象とした人工内耳の埋め込み手術が個人モデルの支援工学だとすれば，「聞こえにくい」という問題に対する社会モデルの技術解決についても考えてみてほしい。例えば，手話を動画カメラで撮影して，これを音声情報や文字情報に瞬時に変換することができれば，耳が聞こえにくい人

のメッセージが耳の聞こえる人にも伝わるはずだ。また、このプロセスを逆にすれば、私たちの話し言葉が瞬時に動画の手話に変換されて、耳が聞こえにくい人にメッセージを伝えることができる。もしもこのような音声情報と手話との自動翻訳機が開発されたら、音声言語の習得を目的として人工内耳を選択する親の数は減少するかもしれない。

同じ障害問題を解決する場合でも、技術的解決には個人モデルと社会モデルの両方の解決法があり、その両方について考えることが重要である。特に、人工内耳のように、いったんその技術を適用してしまうと元には戻せないような性質（不可逆性）を持つ個人モデル技術については、本当にそれ以外の解決法はないのか慎重に判断する必要があるだろう。

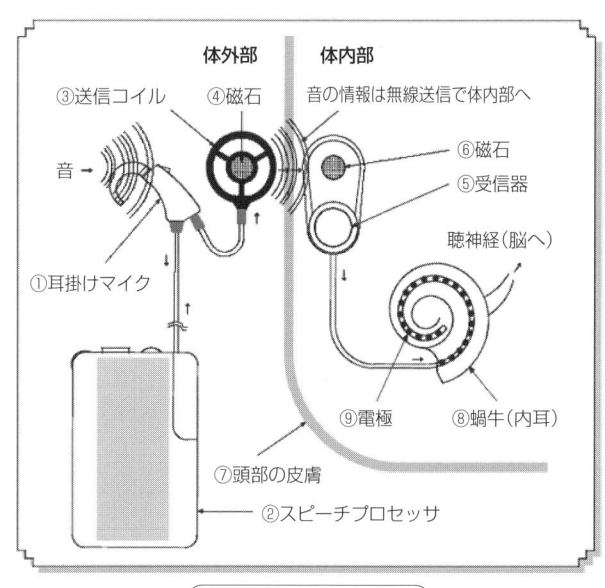

図Ⅰ-2-1　人工内耳

出所：人工内耳友の会ACITAホームページ（http://www.normanet.ne.jp/~acita/info/）

## 3　環境デザインの普遍性と個別性

障害のある人の身体ではなく、環境に対してテクノロジーを用いることで障害問題の解決を図る「社会モデル」に基づいた支援工学は、環境を操作する技術である。環境操作には、公共空間におけるユニバーサル・デザインのように、すべての人のニーズを満たすような普遍的な環境デザインだけでなく、特定の個人の私的空間における個別的な環境デザインも必要である。例えばユニバーサル・デザインの住宅に車いすの利用者が住む場合でも、住人の個別的なニーズに合わせて住宅内の環境を細かく操作する必要があるだろう。

障害のある人たちの暮らしにとって、画期的な技術開発によって普遍的な環境デザインが可能になるのは望ましいことだが、支援工学に求められているのはそうした大発明だけでなく、安価な汎用品を組み合わせた機器や、簡単な改造によって個別的な環境を操作する「小さな工夫」も大切だ。

現代の技術進歩はめざましく、毎日新しい技術を用いた機器が開発され、新しい部品が安い価格で提供される。これらのさまざまな技術や機器のなかに、障害のある人の個別的な環境操作に役立つものがあったとしてもなかなか気づかないことが多い。これらの技術や機器を組み合わせて、障害のある人の生活のなかで「役に立つ道具」を考えていく「技術コーディネーター」のような存在が求められている。地域で障害のある人が暮らすようになれば、昔の「街の電気屋さん」のように、障害のある人の個別的な相談に乗ってくれる「街の支援技術屋さん」が必要になるだろう。

（杉野昭博）

▷3　利用できる技術の「シーズ（種）」のうち、障害のある人の生活上の「ニーズ（必要）」に合うものを見つけて実用化することが「技術コーディネート」である。それは、ニーズとシーズのコミュニケーション作業である。Ⅱ-2 参照。

▷4　介護保険の指定福祉用具貸与・販売事業所に必置が義務付けられている「福祉用具専門相談員」という資格は、「街の支援技術屋さん」と言えるかもしれないが、この資格には工学知識の裏付けはまったくないので、既製品の改良など「技術コーディネーター」の役割までは期待できない現状である。

# Ⅰ　工学・医療・福祉のための障害学入門

 ## 障害の社会モデルとまちづくり

### 1　社会モデルと障害

　Ⅰ-3〜Ⅰ-6では、私たちを取り巻く物的環境について述べる。まず、物的環境の現状と、それによって障害のある人たちがどのような影響を受けているかをみてから、望ましい環境を作り出すための障害のある当事者の関与のあり方について述べる。

　私たちを取り巻く周辺環境のあり方によって、人の行動は大きな影響を受けている。もしも人間が全員、垂直跳びで4mくらい軽々と跳びあがれるとしたら、ほとんどの建物で階段は要らなくなる。つまり階段とは、人間の能力を補ってより高いところに上がることができるようにするために、周辺環境に作られた装置だということができる。建築基準法には階段の**踏面**や**蹴上**の寸法が定められていて、基準を外れるものは許可されない。それを外れれば人間が使う環境として不出来だということである。このことから、私たちを取り巻く多くの人工的な環境は、人間を基準にしていることがわかる。

　私たちの能力は環境の助けを借りて発揮される。その階段が使いやすいかどうかによって、そこで私たちが何ができるかが規定される。そして、もし階段がなくなれば2階に上がることができなくなるように、私たちはその周辺環境が異なれば、できることが大きく制限されてしまう。逆にいえば、人類がこの世に現れた時から、私たちは自分たちが使いやすいように周りを変え続けており、その中で日々の暮らしを営んでいるといえる。

　私たちが「障害」といい表している中には「impairment」と「disability」のふたつの意味が含まれているといわれており、前者は歩きづらいとか見えないとかいった人の側の事情を表した障害、後者は電車に乗れないとか就職できないとかいった社会との関係の中で生まれてくる障害を表している。

　impairmentのように人間の能力の側からの考え方を「医学モデル」、disabilityのように社会環境の側からの考え方を「社会モデル」と呼んでいるが、Ⅰ-3〜Ⅰ-6で扱うのは私たちを取り巻く人工的な環境について、社会モデルの観点から見ようとする立場である。すなわち、周辺環境のあり方が人のニーズに適していないために使いにくさが起こる、したがって周辺環境のありようが人に「障害」を与えているという立場である。

　「障害は個性だ」という言説があるが、筆者はその立場をとらない。この考

▶1　踏面
階段の一段、一段の足を置く水平部分のこと。

▶2　蹴上
階段の一段、一段の足を上げる垂直部分のこと。

え方は障害を個人に起因するimpairmentの視点から見ているものであるが，筆者は障害を各人の個別の事情と周辺環境との間で起こるズレ，すなわち周辺環境との相対的関係の中で起こるものと考える．相対的関係であるから，周辺環境の変化に応じて障害の様態や程度は変化し，周辺環境の工夫によって障害を軽減あるいは解消できると考えるのである．

「障害」という言葉には否定的な意味合いが含まれているために，「害」の字を使うことを嫌う人たちもいるが，筆者が述べる「障害」は，まさに環境から人に加えられている「害」のことである．したがって筆者は「障害」という表現を用いる．犯罪の「被害者」というとき，その「害」は当人に属するものではなく，外部から加えられるものである．それと同様に，社会モデルにおける「害」は本人にあるのではなく，外部にあるのである．

▶3 I-7 参照．

## 2 用語について

### ○参画と参加

I-3 〜 I-6 では「参画」という言葉を用いている．一般的には「参加」ということばを使うことが多いが，後述するようなさまざまな参加の機会が増えるにしたがって，そこで意見を述べるだけの，いわばお客様としての参加ではなく，計画作りの根本からかかわらなければ真の意見反映はできないということがわかってきた．あらかじめ敷かれたレールを走るだけではなく，そのレールをどこにどう敷くかの計画段階からの関与が重要であるとの認識が高まるにつれて，より上流での参加を意味するものとして「参画」を求める声が強まってきたため，ここは「参画」を用いている．

### ○まちづくり

I-3 〜 I-6 では「まちづくり」という呼称を用いている．私たちが住む場を「街」「町」などと表すことは多いが，「まち」とひらがな表記にすることはそれほど多くはない．しかしながら「つくり」を加えると，「まちづくり」というひらがな表記が多くなってくる．「まちづくり」には明確な定義がない．漢字表記の「街づくり」や「町づくり」にもこれといった定義はなく，それぞれの使い手が自分の感性で使っていることばである．「まちづくり」であるから，ハードのことも重要であるが，ひらがな表記を用いるのは，人と人とのつながり，相互理解をベースにした上でのハードの作り方について述べるからである．たとえ物理的に人工環境を作るとしても，それは漢字で連想されるような硬質なものではなく，ひらがなで表される柔らかさを持ったものであって欲しいとの意味を込めて「まちづくり」とする．

(川内美彦)

# I 工学・医療・福祉のための障害学入門

# 4 日本におけるバリアフリーの発展

## 1 バリアフリーの始まり

わが国においては，障害のある人は何も生産能力がなく，社会参加も社会貢献もできず，社会から保護されるべき者として弱者救済の福祉制度のもとでしか生きていけない人だとみなす，「障害者＝福祉の対象」という考え方が根強くある。障害の社会モデルは，障害のある人が社会参加できないのは社会の側に問題があるからだという考え方だが，そういう視点からすれば，障害のある人が使うことができるように社会環境を改善することは，保護から抜け出して自分で人生の進路を決めていくという，能動的な姿勢を実現するために必要不可欠なものである。

ここではこれまでにわが国が歩んできた道筋を振り返ることで，わが国におけるバリアフリーへの取り組みの経緯を概観するとともに，その取り組みが障害のある人の暮らしや考え方にどう影響したかを考えてみたい。

わが国は，第二次世界大戦後の高度経済成長の中で，多くの国際イベントを招致した。1964年の東京オリンピックとパラリンピック，1970年の大阪万国博覧会などを契機に，海外から国際イベントにやってくる障害のある人を受け入れるために，社会環境をどうすべきかの議論が生まれていた。しかしその議論は専門家や関係者の間でのものであり，海外からの人にどう対応するかという問題意識から生まれた，いわばよそ行きの議論であり，国内に住み，アクセシビリティの欠落した環境に苦しめられている人たちに対する視点の弱いものであった。そのため議論は一過性の傾向が強いもので，社会全体に影響をおよぼすにはきわめて弱いものだった。

## 2 初期のバリアフリーと当事者の声

1973年には建設省（当時）から，歩道と横断歩道の境界部分における縁石の切り下げについての通達が出された。この通達はその目的を，「老人，身体障害者，自転車，乳母車等（以下「身障者等」という。）の通行の安全と利便を図るため」としており，当時から高齢の人や障害のある人や乳母車等への対応が含まれていたことは注目に値する。1972年にアメリカ・カリフォルニア州バークレーで生まれた，障害のある人自身の手による生活環境確立活動である自立生活運動では，真っ先に彼らの事務所の近くにある交差点の縁石切り下げ活動を

▶1 「歩道および立体横断施設の構造について」（昭和48年5月2日付，都街発第16号ほか）

行ったが，このエピソードは当時のアメリカでは縁石の切り下げが行われていなかった事実を物語っており，同時期のわが国におけるこうした通達はきわめて先進的な取り組みだったと考えられる。

1974年には東京都町田市が建築物のバリアフリーについて定めた要綱を制定して地方自治体での取り組みの先駆けとなった。また建設省は1975年に官庁施設のバリアフリーについての設計資料を作成しており，当時，この問題に行政が一定の関心を持ち，何らかの行動を取り始めていたことがうかがえる。

このような変化が起こり始めていた時代，日本は激動の中にあった。1960年代から1970年代に起こった安保闘争，ベトナム反戦運動，女性の権利主張運動，大学を中心とした学生運動などでは，一部で暴力を伴った過激な活動も見られ，社会を騒然とさせる事件がしばしば起こっていた。これらの活動，主張は既存の社会のありように疑問を投げかけ，鋭く糾弾するものであり，それに触発されるかのように，この時代に障害のある人の当事者運動も活発となっていった。

1969年には仙台で，車いす使用者が外出できるようにしようという，草の根レベルからの福祉のまちづくり活動が始まった。また1972年から1974年に起こった，「府中療育センター移転阻止闘争」や，1977年の「川崎バス乗っ取り事件」は障害のある当事者が自分たちの意見を聞いてほしいという強い意志を表明したものだった。

## ③ 国際障害者年と高齢化社会の課題

1981年の国連による「国際障害者年」は，わが国に海外の障害のある人の暮らしを伝える大きな契機となった。1960年代に北欧から始まったノーマライゼーションの考え方，1970年代にアメリカで始まった自立生活運動の実践など，海外からの情報が日本に紹介され，わが国の現状との大きな違いに人々は驚くこととなった。「国際障害者年」は1年のみの取り組みだったが，国連はこれを継続すべきと考え，1983年から1992年までを「国連・障害者の十年」として，活動のさらなる展開を図った。わが国はこの国連の取り組みに積極的にかかわり，その時に生まれた「完全参加と平等」という掛け声はいまでも大きな目標として生きている。こうした長期にわたる国際的イベントは，わが国の障害のある当事者のみならず，社会全体へ大きな教育効果をもたらし，その後のわが国における取り組みの方向性に，少なからぬ影響をおよぼしたといえる。

1980年代後半からは，わが国の将来に高齢化が大きな影響を及ぼすとの認識が広がり，それに対応した社会づくりが求められるようになった。わが国の**高齢化率**は1970年に7.1％となり，「高齢化社会」と呼ばれる7％を超え，1994年には「高齢社会」と言われる14％を超えたが，問題はそのスピードである。わが国の高齢化は，その率の高さもさることながら，「高齢化社会」から「高齢社会」までわずか24年ときわめて短期間に進んでおり，社会的な対応を迅速に

▷2 「建築物に関する福祉環境整備要綱」

▷3 建設省官庁営繕部「身体障害者の利用を考慮した設計資料」

▷4 当時東京都府中市にあった療育センターから入所者を日野市の山中に建設される別の施設に移転する計画に対して，入所者が自分たちの意見を聞いてほしいと抵抗した。Ⅷ-4 参照。

▷5 川崎市で，バス会社が車いす使用者の単独乗車を拒否したことに端を発して，車いす使用者が大量にバスに乗り込んで35台（新聞報道）のバスを運休させた。

▷6 高齢化率
65歳以上の高齢者人口が総人口に占める割合。WHO（世界保健機関）や国連の定義によると，高齢化率が7％超で「高齢化社会」，14％超で「高齢社会」，21％超で「超高齢社会」とされている。

行わなければならないことが明白である。こうした認識が遅まきながら国民間に定着したのが1980年代後半だったと言えるであろう。迫り来る高齢社会にどう対処するかが，危機感を伴って盛んに議論され，そのひとつの手段として，バリアフリーが注目されたのである。

## ❹ ADAとハートビル法

そうしたなか1990年にアメリカからADA（障害のあるアメリカ人に関する法律）[17]の制定が伝えられ，わが国の関係者に衝撃が走った。それまでのわが国の取り組みは，「福祉のまちづくり」ということばに表れているように，社会的に弱い立場の人を助けるのだという弱者救済的な色あいの強いものだった。現在においてもわが国では，バリアフリーやユニバーサル・デザイン（後述）は福祉だとか，CSR[18]だとかいった考え方が根強いが，アメリカから伝わったADAは，障害のある人が他の人と同等の社会活動ができるようにするのは社会の責任であるという立場を取っており，障害のある人に対して他の人とは異なった扱いをすることは差別だとして，罰則のある法律で差別をなくしていくという確固たる信念のもとに作られていた。わが国では障害のある人の社会参加は人々の心，やさしさ，思いやりでなされるものだという考え方が根強くあり，それが実現できなかったとしても，差別だとか，罰を与えるべきだという考え方はなかったため，このADAは驚きをもって迎えられたのである。

ADAが紹介されると，自治体の間に福祉のまちづくり条例の制定ブームが起こり，1990年代に，ほとんどの都道府県が福祉のまちづくり条例を制定することとなった。しかしながらこれらの条例は国の法律による委任のない自主条例であり，罰則をもって整備を強く推し進めていくという力はなく，自治体は建築主や事業主に対して，条例で規定しているような整備をお願いすることしかできなかった。

このような自治体の取り組みに背中を押されるように，国は1994年に建築物のバリアフリーを定めたハートビル法[19]を制定した。しかしこの法律では，建築主に整備への努力を義務付ける（努力義務）ことしかできなかったため，努力したけれどもできなかったという言いのがれの余地があった。障害の有無によってその人に対する社会の扱いが異なるのは差別であり，国はそういった差別状況をなくすために障害のある人の社会参加を進める環境整備を行わなければならないはずである。ところが，努力義務にとどまっているということは，この問題に対する建築主の姿勢の違いが整備レベルを左右するということを容認するものであり，障害のある人の社会参加が国の意思としてではなく，それぞれの建物の建築主の個人的な考え方の違いで左右されるという奇妙な現象を公認する法律だったのである。そのため，特段の整備をしない例が多くを占め，社会への影響力はきわめて弱いものだった。

▶7 Ⅵ-10 参照。

▶8 CSR（Corporate Social Responsibility）企業の社会的責任。

▶9 正式には「高齢者，身体障害者等が円滑に利用できる特定建築物の建築の促進に関する法律」。

## 5 当事者視点の大切さ

　このように法的強制力の弱い中でも，法律ができたことによる意識の面での啓発効果はあったようで，ハートビル法をきっかけにわが国のバリアフリー整備はゆっくりと進み始め，公的施設や大規模小売店舗においてはスロープや車いす対応トイレ，視覚障害者誘導用ブロック（以下，誘導ブロック）等の整備が積極的に行われるようになった。これは，公的施設においては社会的な責任，大規模小売店舗においては社会的な評判や他店との競争がもたらしたものだった。しかしながら，物的環境は以前より良くなり，外出できる先も増えてきたにもかかわらず，障害のある人の満足度は思ったほど高まらなかった。

　例えば車いす対応トイレなのに，トイレ内での車いすによる行動を邪魔するようなところに器具がついていたり，建物に入ろうとすれば裏口に設置されたスロープに行かなければならず，しかもそこに行くまでの経路は未整備だったり，誘導ブロックが途中で途切れていたりといったような，さまざまな役に立たない整備が行なわれたりもした。それまではすべてが使えなかったためにあきらめてもいたけれど，いったん使えるようになると，本当にちゃんと使えるところと，一見使えるようで実は使えないところとの比較がはっきりしてきて，障害のある人はより厳しい目で環境のよしあしを見分け始めたのである。▶10

　新しい施設なのに障害のある人が使えなかったとする。それを施設の人に伝えると「基準には適合していますから，使えないのはあなたに問題があるのです」と言われる。しかしながら，障害のある人が使えないのは，そのような人の存在やニーズを考えもしないで作られてきた基準や社会環境に問題があったわけで，それを反省してバリアフリー整備が行われ始めたにもかかわらず，相変わらず基準一辺倒で当事者の声が反映されないのであれば，何のための整備かということになる。障害のある人のニーズは個人差が大きく，だからこそ既存の環境では対応できなかったのである。それにもかかわらずバリアフリー整備がこの個人差に対応できないのであれば，整備は無意味となる。

　バリアフリーが実現すれば社会に出ていけるようになると，障害のある人の間では大きな期待があった。しかし目の前に実現されたそれは，確かにそれらしくできていて，他の誰かには使えるようになったのかもしれないけれど，やっぱり自分自身には使えない，という現実が目の前に出現したのである。これまでは同じように「使えない」という境遇に置かれ，障害の種別や程度の違いを超えて連帯意識が培われていたが，その中から使える人と使えない人が細分化され，さらに，使えない人はその人が基準に合っていないことが問題なのだと言われては，期待を持っただけに，そして身近だった仲間が使えるようになったがために，より大きな落差として当事者にはっきりと見えるようになったのである。

（川内美彦）

▶10　自分には使えないのに，それらが「配慮」として称揚されていることへの違和感は，自分たちの声を聞かないままに設計基準に合わせた整備だけが先行していくことへの不満につながっていった。そこで障害のある人が強調したのは「自分たちの意見を聞いてくれ」ということであった。

I 工学・医療・福祉のための障害学入門

#  ユニバーサル・デザインの広がり

## 1 ユニバーサル・デザイン

I-4 でみたように，バリアフリー整備が広がるのと並行して，それに対する不満も障害のある人の間に広がっていった。このような中で広く支持され始めたのが，1990年代に日本に紹介された，アメリカのロナルド・メイスが唱えたユニバーサル・デザイン（以下，UD）の考え方である。

「全ての年齢や能力の人に対し，可能な限り最大限に使いやすい製品や環境のデザイン」と定義付けされる UD の考え方は，アメリカでは1980年代後半あたりから広がり始めていたが，これは環境に対する各個人のニーズの違いを，実際の環境整備にできるだけ取り入れることを求めている考えである。それまでの環境整備は設計基準にしたがって画一的に行われてきたために，個別ニーズへの対応という点では十分ではなかった。UD の考え方はそれへの反省から生まれたものであるが，その実現にはそれまでのやり方を変更して，実際に利用する人たちの声を注意深く聞かなければならないという大きな問題があった。

障害のある人からそれまでの環境整備の不備を突きつけられた時，設計者や施工者，あるいは行政の担当者は，なぜそれが問題なのか，どうしてそれが問題となるのかについてまったく無知であったために，なぜそのような指摘をされるのかさえわからないことがしばしばあった。さまざまな基準が整備されたおかげで，基準にしたがえば実際の利用者と接しなくてもそれなりのものができるようにはなっている。そうすると基準にしたがうことが目的化して，基準に合わせることこそが仕事の本質だという考えに疑問を持つことなく作業が進められていくようになる。そのような仕事に慣れた人たちにとっては，基準に合わせているのに使えないと批判される理由が理解できなかったのである。そのため，このような指摘はただ単にその障害のある人の個人的な，きわめて例外的な意見だとして取り合わない場合もあった。しかし同様の指摘が相次ぐことになり，やっと環境側の問題であることを認識するようになり，そういう問題に対処できるはずであった設計基準がなぜ不備なのかに目が向くようになった。そして初めて，使いにくさを実感している当事者の意見を聞かなければ問題点には気づかない，ということを理解し始めたのである。

わが国では，バリアフリー整備が始まった頃から，車いすによる駅の階段移動が大きな問題だった。当初は駅員が担いでいたが，肉体的負担が大きい上に

▷1 筆者は，UD には「ユニバーサルデザイン」と固有名詞的に表現されるような共通の様式や解決方法があるのではなく，多様でユニバーサルな，形容詞としてのユニバーサルがあるだけだと考えているので「・」を付けている。

▷2 川内美彦，2001，『ユニバーサル・デザイン──バリアフリーへの問いかけ』学芸出版社。

危険でもあり，徐々に車いす専用リフトが導入され始めた。しかし他の乗客とは明らかに異なる扱いで，周りの人からの物珍しげで無遠慮な視線にさらされるやり方は，当の車いす使用者に好まれはしなかった。リフトの他にも，車いすを乗せた状態で安定して上下移動できるエスカレーターも広く設置された。このエスカレーターは，ふだんは普通のエスカレーターとして多く人の利用に供され，車いす使用者が利用する時には車いす専用にするのだが，そのような方法が，車いす使用者を含めた誰でもが利用できるエスカレーターであるとして，UD の実現例だと称賛する人もいた。しかし，周りの人にじろじろと好奇の目で見られる上に，係員の特別な操作がないと動けない，しかも車いす使用者が利用している時は他の乗客を締め出さなければならない，といった当事者からの批判で，そういったきわめて表層的な視点による称賛の声はかき消されていった。

図 I-5-1　車いす専用リフト

　この例からわかるように，作り手側は技術的に問題解決できればそれでいいと考えがちである。しかしそれを利用するのは感情を持った人間なのであるから，その設備を使った時に利用者がどんな気持ちを抱くかに思いをめぐらせなければ本当の解決にはならないのである。しかし現実には，そのことに気づかないままに製品が作られていく。そして，利用者側はそれが設置された後に初めてその良し悪しを判断することになる。作るプロセスと使うプロセスが完全に区切られているところに問題があったのである。

　そのことに気付いた時から，わが国の環境整備は，利用者の声を聞くという方向に大きくかじを切り始めた。

## 2　Nothing About Us Without Us

　公共交通については2000年に交通バリアフリー法が制定されたが，ここで初めて旅客施設を新築や大規模改良する際の整備義務が定められた。この2000年の段階では，行政関係の建物や大規模小売店舗においては車いす対応トイレや視覚障害者誘導用ブロック（以下，誘導ブロック）の整備が相当進んでいたものの，公共交通機関ではまだ一部の駅でエレベーターが設置され始めているといった程度であったが，交通バリアフリー法制定によってエレベーター，誘導ブロック，車いす対応トイレの整備が急速に進むこととなった。この交通バリアフリー法では，個別の公共交通施設の改善のみならず，「駅およびその周辺」と言われる駅を中心とした徒歩圏を一体的に整備するために，基本構想を作り，実施する枠組みが作られた。駅に到着した人が徒歩で動き回る範囲をバリアフリーにしようという考えである。これによって，バリアフリーへの取り組みが，トイレとかスロープといったようなパーツから，まち全体に広がることとなったのである。

▶3　正式には「高齢者，身体障害者等の公共交通機関を利用した移動の円滑化の促進に関する法律」。

▶4　基本構想の作成は義務ではなく，市町村の任意である。

こうして，社会環境として広がりを持つ整備が必要であるという認識が徐々に浸透していったが，そのプロセスにおける利用者の参加について2000年の交通バリアフリー法では，基本構想に関して「市町村は……関係する公共交通事業者等，道路管理者及び都道府県公安委員会……と協議しなければならない」（第6条第4項）と定めてあるものの，利用者の声を取り入れることについては特に言及されてはいなかった。

　基本構想が作られると，それにしたがって歩道，横断歩道，信号機等の整備計画が立てられ，実施される。しかしながら相変わらず，障害のある当事者の声は反映されず，使いづらいものが作られていくという問題は解決されなかった。そのため当事者の間から私たちの声を聞いてほしいという声が上がったのは，自然の流れであった。

　この頃，国連では「障害者権利条約」の検討作業が続けられていたが，この検討では政府代表とともに，障害のある人たちの代表からなるNGO[5]が活発に活動していた。彼らの共通の合言葉は「Nothing About Us Without Us」（私たち抜きに私たちのことを決めるな）であり，障害のある人のことを考えたと称する社会環境整備の実態が決してそうなっていないことに対して，世界中の障害のある人が声を上げていたのである。日本国内での障害のある人の主張は，こういった国際的な動きと連動したものだった。

　2005年，国土交通省（以下，国交省）は「ユニバーサルデザイン政策大綱」（以下，UD大綱）を作成して，UDの考え方を国交省の施策の骨格に据えることを宣言した。UD大綱には5つの基本的考え方が述べられているが，そのうちのひとつに「利用者の目線に立った参加型社会の構築」という項目がある。そしてそれを具体化するための施策として，①UDの考え方を踏まえた多様な関係者の参画のしくみの構築，②UDの考え方を踏まえた評価・情報共有のしくみの創設（UD・アセスメント），というように，利用者の意見を聞くことが盛り込まれている。これによって，政府がその重要性についての認識を公にしたのである。

## ③ 参画に向かっての問題点

　バリアフリーの環境整備が徐々に進んでくると，建築物と公共交通を別々の法律で扱うことの問題点が見えてきた。そこで国交省は2006年，ハートビル法と交通バリアフリー法を一体化したバリアフリー法[6]を制定した。ここでは旧交通バリアフリー法にあった基本構想の枠組みを継承した上で，基本構想の作成過程における「協議会」の設置への言及が加えられた。同法は「協議会は，次に掲げる者をもって構成する」（第26条第2項）と定め，市町村や事業実施者と並んで「高齢者，障害者等，学識経験者その他の当該市町村が必要と認める者」を挙げ，実際の利用者が基本構想策定段階に参画することを明文化したの

▶5　NGOとはNon Governmental Organizationの略で，ここでは非政府組織と訳しておく。

▶6　正式には「高齢者，障害者等の移動等の円滑化の促進に関する法律」。制定当初はバリアフリー新法と呼ばれていたが，現在はバリアフリー法と呼ばれることが多い。

である。この基本構想作りは交通バリアフリー法時代と同じく、「市町村は……基本的な構想……を作成することができる」（第25条第1項）とあって義務ではないため、国全体での大きな流れは生まれなかったが、ともかく実際の利用者の声を聞くことの重要さを国が認識しており、それが法の中に取り入れられたことは大きな一歩であった。また多くの基本構想では、案が固まった時点でパブリックコメント[17]によって市民からの意見を聞くことが行われている。

　こうして利用者の声を聞く枠組みが整備されるにつれて、新たな問題が見え始めた。基本構想ができると、関係する事業者が手分けをして、基本構想の考え方を実現するための具体的な特定事業計画を作り、事業を実行する。基本構想はいわば大きな方向性を述べているもので、そこに具体的な肉付けを行うのが特定事業であるが、実際に工事が完成してみると基本構想で思い描いていたようにはできていないという問題が指摘されるようになった。

　この時点に来て障害のある当事者たちは、基本構想段階で意見が反映されたからといって、それが具体策に必ずしも結び付かないということを学ぶこととなった。そこで新たに主張され始めたのが特定事業段階への利用者側の参画である。基本構想は方向性であるが、特定事業になると法や設計基準を遵守した上での具体的解決が求められることになるから、そこに参画しようとすれば当事者にもあるレベルの専門知識が求められるようになる。これは必ずしも技術的知識である必要はないが、作り手側の質問に対して、少なくとも利用者側のニーズに精通し、ニーズの衝突[18]に対して具体的な解決方法を提示できるような知識や判断力が必要である。ところがこれまで多くの障害のある人は、車いす使用者とか視覚障害のある人とかといった障害別のグループとして活動してきており、相互の交流がなかったために、どうしても自分のニーズを中心に置いた主張となりがちで、他者の視点といったような広い視野を持つ、深いレベルでの参画に関与できる当事者はまだ少数である。

　また特定事業段階に利用者がかかわるとなると、基本構想段階よりもはるかに使い手と作り手の意思疎通の壁が高くなる上に、技術的な問題のみならず、工費、工期といったより具体的な問題も絡んでくる。しかも一定期間にそれを解決しなければ事業執行に支障をきたすといった制約もかかってくるため、事態はより複雑となる。加えて、特定事業段階での参画は法的な根拠がなく、いまだに市町村の任意の判断に任せられているため、手間と時間のかかる深いレベルでの参画は十分な広がりを持ち得ていない。

　手間と時間がかかるということは、計画・設計作業にこれまでにはない費用がかかることと直結する。したがって利用者の参画を行うためには、それに応じた予算費目を加え、設計・工事期間も長めに見ておく必要が生じる。これはこれまでの仕事の進め方に変更を迫るものであり、市町村はそのことも理解しておく必要がある。

（川内美彦）

▷7　パブリックコメント
主に行政のような公的機関が法律に基づく告示を含む命令、審査基準、処分基準、行政指導指針などのものを制定しようとするときに、その案を公開して広く意見を求める手続。意見公募手続、意見提出制度ともいう。

▷8　例えば横断歩道と歩道の境目において車いす使用者は無段差を求めるが、視覚障害のある人は境界がはっきりわかる段差を求める。

I　工学・医療・福祉のための障害学入門

#  ユニバーサル・デザインにおける スパイラルアップ

### 1　スパイラルアップ

　ある製品や施設を作る段階で幅広く多様なニーズを可能な限り取り入れるようにしたとしても，それが使われ始めると，必ず使いにくいという声が出てくる。したがって，そうした製品や施設について，必ず事後評価を行って問題点を把握し，次の改善に取り込んでいくことが重要である。このように，限りなく改善を繰り返すことで使いづらい人を徐々に少なくしていき，使いやすい人を増やしていくことを，ユニバーサルデザイン政策大綱（以下，UD大綱）では「段階的・継続的な取組」と呼び，その結果として製品や施設が改善されていくことは「スパイラルアップ」と呼ばれている（図Ⅰ-6-1）。スパイラルアップを生むには，現状のどこの何が問題で，それはなぜ問題なのかをきちんと評価する必要がある。そのためには評価する目を持った人が必要で，ここでは「使う専門家」としてのユーザーの役割が大きい。

　作る段階からユーザーの声を取り入れ，使い始めてからも継続してその声に耳を傾け，改善に反映していく姿勢は，プロジェクト担当者個人の努力だけではできない。スパイラルアップを生むには長い時間が必要であり，担当者が誰であれ，組織として段階的・継続的な取り組みができるようなしくみを作ることが必要になってくる。

　こういった取り組みの萌芽は，すでに生まれている。2005年に開港した中部国際空港や2010年に利用開始となった東京国際空港国際線ターミナルでは，設計作業のはじめから基本コンセプトにUDを掲げ，多様なユーザーとともに問題点を拾い出し，解決策を検討していった。また東京国際空港国際線ターミナルでは利用開始後の事後評価の取り組みも行われた。このように，特に大きなプロジェクトでは，スパイラルアップの実践がすでに始まっているのである。

　スパイラルアップにはふたつの側面がある。ひとつはそのプロジェクトごとのものであり，もうひとつは社会的な広がりを持ったものである。前者はそのプロジェクト内部で合意されれば実現するが，後者については異なった発想が必要である。

　一般的に，建築物は建てる時に大きな力を注ぎ，できた後は維持管理程度の関心しか払ってこなかった。設計者や工事関係者は次のプロジェクトに移って行き，それまでのプロジェクトとは縁が切れる。こうして，自分が関わった建

物に対する利用者の評価を専門家が知る機会は限られたものになる。以前のプロジェクトにおける事後評価の情報が伝わらなければ，プロジェクトのたびに利用者の意見を聞く作業を繰り返さなければならない。空港のような大事業であればそれも可能かもしれないが，多くのプロジェクトではそのような時間も費用も準備されてはいない。

社会的な広がりを持ったスパイラルアップとは，ひとつのプロジェクトから得られた知見を他のプロジェクトでも使えるようにすることによって，社会全体の底上げを図るという考え方である。事後評価情報をデータベースに整理し，それをすべての人が利用できるようにすることで，既存のプロジェクトにおいてどのような議論がなされ，どのように解決されたか，利用者からどのような評価を受けているか，といった情報を別のプロジェクトで活用できれば，同様の間違いの繰り返しを防ぐことができ，また設計ガイドラインの改訂に反映することも可能になるのである。

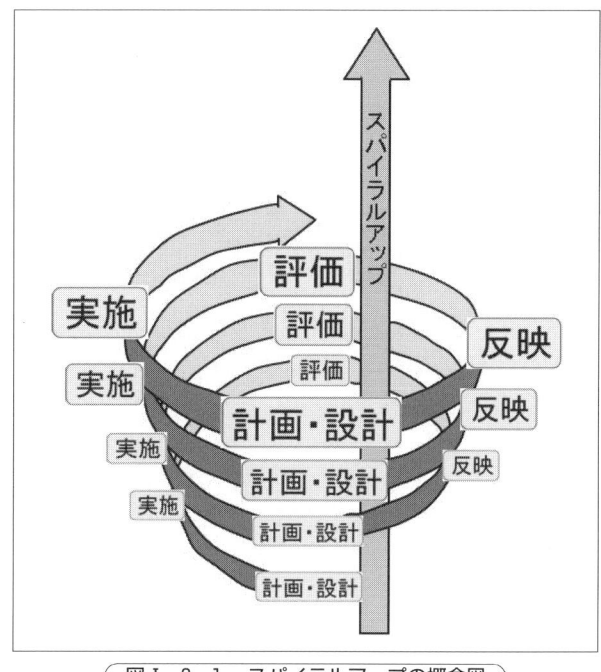

図Ⅰ-6-1　スパイラルアップの概念図

出所：UD大綱を説明するために国交省が作成した概要版にある図を筆者がリライトした。

しかしながら，こういった取り組みには時間と費用がかかる。データベースを使い勝手のいいものにするための分類手法や，使い方を指導できる人材養成も必要である。そして何より，多様な利用者からの意見の拾い上げという，地道な作業を行っていかなければならない。ここでも先述した「使う専門家」としてのユーザーの力が必要となってくる。

## ❷ 作る専門家と使う専門家

わが国は国際的に見て「ものづくり」に優れていると言われている。わが国にはたくさんの「作る専門家」はいるし，その能力は高く評価されているが，一方で使う側に専門家が育っているかといえば，大いに疑わしい。

本稿ではまちづくりにおける当事者参画についての歴史的変遷や，当事者参画の基本的考え方，将来展望について述べたが，これらの流れは，これまで専門家に任せてきた分野に，利用者の声を反映させる重要性が認識されたからこそ生まれてきたものである。しかし作る専門家と使う専門家という立場の違いはあれ，両者は対立する関係にあってはならない。それぞれの得意分野を活用して，協力し合う関係を築くことこそ，今後のまちづくりの中に当事者参画を活かす方向性だと強調しておきたい。

（川内美彦）

I　工学・医療・福祉のための障害学入門

#  ショウガイの表記をめぐる議論

## 1　「障害」の「害」という字を改める主張

　近年，多くの自治体が「障害」の表記を「障がい」に，「障害者」の表記を「障がい者」あるいは「障がいのある人」に改めている。内閣府の障がい者制度推進会議の資料によれば，表記変更は2003年札幌市に始まり，2004年福島県，2005年福岡市で実施されている。その後，2006年には北海道，大分県，新潟市が，2007年には山形県，三重県，宮崎県，浜松市，岡山市が，2008年には岩手県，岐阜県，大阪府，熊本県で表記変更が行われている。これらの表記変更に共通するのは，「人や人の状態」を表す場合に，「害」という字を使わないという点にある。

　こうした表記変更がなぜ2003年になって札幌市で始まったのかはわからないが，障害者運動の一部においては1980年代からそうした主張があった。脳性マヒの人たちの団体である「青い芝の会」で活動していた寺田純一と白石清春らが1984年に東京で「全国障碍者自立生活確立連絡会」（自立連）を結成した時，彼らは「障害者」でなく「障碍者」という表記を用いている。彼らは，障碍者は「社会の害」ではないと主張し，「害」や「危害」を連想させる「障害」という表記を避け，社会の壁を意味する「障碍」という表記を用いた。彼らはまた，「碍子(がいし)」は電気を絶縁しつつつなぐものであるということから，「障碍者」という表記に「多様な人をつなぐ存在」という意味をこめた。また同じ頃，「精神薄弱」という呼称に反対していた「誕生日ありがとう運動」などの知的障害運動関係者の一部にも「障碍」表記を支持する動きがあった。しかし，彼らの主張は，当時の障害者運動のなかで広がりを持つにはいたらなかった。

## 　障がい者制度推進会議によるショウガイ表記の検討

　2009年の総選挙で首相の座についた民主党の鳩山由紀夫は，従来の障害者施策推進本部を廃止し，これに代わって障がい者制度改革推進本部を内閣府に設置する。同推進本部のもとには，障害者団体の代表を多く含む障がい者制度改革推進会議が設置され，障害者基本法の改正，障害者自立支援法に代わる障害者のための総合福祉法などを検討するとともに，国連障害者権利条約の批准に向けた国内法整備の検討が行われることになった。

　こうした推進会議の検討事項のひとつとして，「法令等における『障害』の

▶1　障がい者制度改革推進会議の議論を経て，2011年に障害者基本法が改正され，2012年には障害者自立支援法が障害者総合支援法に改正された。

表記の在り方に関する検討」が提起され，山崎公士神奈川大学教授を座長とする作業チームが，「障害」「障碍」「障がい」「チャレンジド」という4つの表記とそれ以外の表記について，障害者団体，学者，企業，マスメディアなどから幅広く意見を聴取することになった。また2010年には，この作業チームの検討と並行して，1981年に制定された「常用漢字表」の30年ぶりの改定が行われていた。この改定作業を担当していた文化審議会国語分科会でも，「障碍」を常用漢字に追加するか否かが検討された。

## ③ 名称や表記が持つアイデンティティ問題

障害表記に関する作業チームは2010年11月の第23回障がい者制度改革推進会議に検討結果の報告書を提出している。その報告書では，さまざまな主体がそれぞれの考えに基づき「障害」についてさまざまな表記を用いているため，法令等における「障害」の表記については当面現在の「障害」を用いるとした上で，今後「障害」の表記に関する議論を進めるに当たって，以下の観点を重視すべきであるとしている。

・「障害（者）」の表記は，障害のある当事者（家族を含む。）のアイデンティティと密接な関係があるので，当事者がどのような呼称や表記を望んでいるかに配慮すること。

・「障害」の表記を社会モデルの観点から検討していくに当たっては，障害者権利条約における障害者（persons with disabilities）の考え方，ICF（国際生活機能分類）の障害概念，及び障害学における表記に関する議論等との整合性に配慮すること。

この報告書で高く評価したいのは，ショウガイ表記や，その名称の問題は，それを引き受ける人のアイデンティティと深くかかわっていることを明記している点である。例えば，戦前から戦後にかけての「盲人福祉運動」を担った視覚障害の人たちは「盲人」と呼ばれることに誇りを感じている。また，戦後の「障害者運動」にかかわりの深い人は「障害者」と呼ばれることに違和感がない。しかし，盲人運動にも障害者運動にも参加したことのない人や，その家族のなかには「障害者」という呼称に違和感を持つ人はいるだろう。そうした人たちに，「障害者」にしろ，「障碍者」にしろ，「障がい者」にしろ，「チャレンジド」にしろ，特定の呼称を外から押しつけることがあってはならない。

なぜなら，その人たち一人一人が，家族も含めて，その人たちのショウガイを引き受けて，そして生きていくにはとても長い時間を必要としているからだ。その長い時間を経て，ショウガイが彼らのアイデンティティになっていくのであり，その過程こそが障害学が生成していく大切な過程なのである。

(杉野昭博)

▶2 第41回国語分科会漢字小委員会で，氏原主任国語調査官は「障碍」の用法についていくつか重要な調査結果を報告している。第一に，「ショウガイブツ」などの意味では，「障碍」と「障害」は江戸末期から両方とも同じ意味で使われている。第二に，心身のショウガイを意味する例としては，夏目漱石が「障害」，森鷗外が「障碍」を用いている。法令では，戦前の救護法で「障碍」が用いられているが，同じく戦前の厚生年金法では「障害」が使用されている。さらに，「障碍（障礙）」の語源は平安末期の仏語であり，「悪魔」や「怨霊」による妨げを意味するものであり，「障害」よりもかえって悪いイメージの漢字ではないかと氏原は示唆している。この氏原報告によって「障碍」という表記は，障がい者制度改革推進会議の検討対象からほぼ脱落したと見られる。

▶3 『「障害」の表記に関する検討結果について』平成22年11月22日，pp.11-12，内閣府HP（http://www8.cao.go.jp/shougai/suishin/kaikaku/ s_kaigi/ k_26/pdf /s2.pdf）

▶4 本書では各執筆者の意思を尊重し，ショウガイの表記は統一していないことをことわっておく。

I 工学・医療・福祉のための障害学入門

 「障害」と「障害者」の定義

## 1 「障害者」を定義することの難しさ

「障害」について最も一般的で科学的な定義とされているのが，世界保健機関（WHO）によって2001年に制定された国際生活機能分類（ICF）である。ICFによる障害の定義は，心身機能レベルの機能障害，日常生活動作レベルの活動制限，社会生活レベルの参加制約という3つの次元に分解して捉えるものである（図I-8-1）。

「障害の程度」を客観的に測定するにはICFは国際的に標準化された「ものさし」としての役割を果たしているが，ICFには「障害者」の定義はできない。つまり，「障害の種類と程度」は測定できても，どこまでが「障害者」で，どこからが「障害者ではない」かを示すことはできない。「障害者」が誰なのかを決めるには，国が法律によって政治的に定義するか，あるいは障害のある人たち自身が「障害者」を名乗り，社会がこれを承認するという方法しかない。

## 2 日本における行政上の「障害者」の定義と統計

「障害者」の範囲は国によって異なるが，どこの国にも「障害者」に年金を支給したり，税金を免除する法律がある。これらの法律は「障害者」を定義しているが，誰が「障害者」となるかは国によって異なる。日本政府や自治体は日本の法令における「障害」の定義に基づいて「障害者」を認定している。

具体的には，障害者手帳を交付された人，および，それと同等の障害のある人だけが行政上は「障害者」として扱われている。障害者手帳とは，**身体障害者福祉手帳**，**療育手帳**，**精神障害者保健福祉手帳**のことを指すが，それぞれ法令に基づく障害の定義に合致した場合だけ手帳が交付されるので，手帳交付の対象から除外されてしまう人が少なからずいる。同じような障害でも手帳が交付されなかったり，きわめて重度の障害があっても手帳が交付されないこともある。したがって，「障害者」の行政上の定義は，「障害者」についての最も狭い定義と考えてよいだろう。

日本政府は『障害者白書』で，「障害者数」をおよそ750万人程度と推計しているが，この数字の根拠も複雑である。身体障害者数と知的障害者数については，行政上の「障害者」の定義，すなわち「障害者手帳」の交付対象となる障害者の数を推計したものである。推計の根拠となっているのは，主として「身

▶1　身体障害者福祉手帳
身体障害者福祉法に規定され，同法の別表に該当する種類と程度の障害がある人だけに交付される。障害の程度によって1級から6級まで分類されており身体障害者更生相談所が判定する。

▶2　療育手帳
都道府県および政令指定都市の判断で独自に知的障害児に交付される。知的障害の程度によって3段階もしくは4段階に分かれており，手帳の名称も「愛の手帳」や「緑の手帳」など自治体によって異なる。おおよそ知能指数70以下を目安とし，児童相談所が障害を判定して交付する。児童を対象としたものなので，成人してから手帳の交付を受けることは非常に難しい。軽度の知的障害がある人で，児童期に障害認定を受けずに成人している人が少なからずいると言われている。

▶3　精神障害者保健福祉手帳
精神保健福祉法により規定され，障害の程度に応じて1級から3級まである。障害の程度は，主治医の診断書をもとに精神保健福祉センターが判定する。

体障害児・者実態調査」と「知的障害児（者）実態調査」という全国規模のサンプル調査である。いずれの実態調査も障害者手帳保持者全員を数えたものではなく，統計的に選定された地区を対象として実施される。

一方，精神障害者数は「患者調査」に基づいている。「患者調査」は医療機関を対象とした統計的に偏りのない調査であり，身体障害者や知的障害者の数とは統計の性質が異なる。しかし，患者調査に基づいて発表される「精神障害者」の推計値約320万人は，精神科の治療を受けている患者総数の推計であり，そのすべての人が精神保健福祉手帳を保持しているわけではないので「行政上の精神障害者」の数とは異なる。

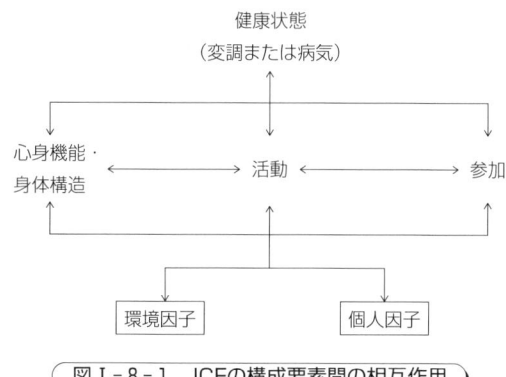

図Ⅰ-8-1　ICFの構成要素間の相互作用

出所：厚生労働省 HP より引用（http://www.mhlw.go.jp/houdou/2002/08/h0805-1.html）

## 3　客観と主観の間の「障害者」

行政による「障害者」の定義は，慢性腎臓病や心臓病など慢性疾患の一部が身体障害者とされる一方で，「難病」と呼ばれる難治性疾患の多くが障害者とは見なされないという矛盾がある。そのため，2012年に改正された障害者総合支援法では，従来の「難治性疾患克服研究事業」の対象とされている130の疾患が「障害者」の定義に追加された。しかし，130疾患以外の「病名もつかないような難病」については「障害」とはみなされない矛盾は続いている。

また，障害者の統計も，障害種別によって調査方法や調査対象が異なるので信頼がおける数字とは言えない。客観的で科学的な障害統計を必要とするのであれば，英米のようにICFをモデルとした健康アンケートを，全国民を母集団とした標本調査によって実施する必要がある。

しかし仮にこうした調査をしたからと言って，それが「障害者」数を明らかにするわけではない。なぜなら「障害者」という概念には，自分自身が「障害者」であると思うか否かという自己概念が深く関係しているからである。例えば，アメリカではガン回復者や極度な肥満の人の中にも「障害者」を名乗る人たちがいる。また，多発性硬化症（multiple sclerosis：MS）患者は欧米では「障害者」運動に参加する人が多いが，日本では「障害者」とは考えていない患者が多い。

このように「障害者」の定義には，特定の「障害」があるかないかという客観的次元と，その人自身が自分を「障害者」と考えるか否かという主観的次元（当事者意識）の両方が関係しているということを忘れてはならない。

（杉野昭博）

▷4　「身体障害児・者実態調査」と「知的障害児（者）実態調査」は原則5年ごとに実施されることになっている。調査に際して，調査地区は無作為抽出されているが，地区内の障害者をどのように抽出するかによっては標本に偏りが生じてしまう。

▷5　「患者調査」は3年ごとに全国の医療機関が特定の調査期間における患者情報を診療科別に報告し，これを厚生労働省が集計して発表される。患者調査では，500床以上の病院は悉皆調査，500床未満の病院は層化無作為抽出された病院について当日患者全員が集計される。

## Ⅱ　機器開発とユーザー視点

# 1 ユーザー中心の開発

## 1 国際規格によるユーザー中心の開発

　製品開発においては、「ユーザー中心の視点」を持つ必要があると言われている。ユーザーのニーズを把握し、使いやすさを追求することは異論のないところである。国際標準化機構（International Organization for Standardization）は1999年に「インタラクティブシステムの人間中心設計（Human-centred design processes for interactive systems）」（ISO13407）を国際規格化した[1]。日本でも「JIS Z 8530：2000」として翻訳され規格化された。これは、人間中心の設計サイクルを形成し（図Ⅱ-1-1参照）、ニーズを確認した後、使用状況の理解と明確化、ユーザーや組織の要求の明確化、設計による解決策の作成、要求事項に基づく設計の評価というプロセスをたどる。この規格は、2010年にISO9241-210に改訂され、追加事項の一つとしてUX（user experience：ユーザー体験）があり、ユーザーの主観的な捉え方、満足感というものがあらためて強調された。開発の一連のプロセスにユーザーの参加、ユーザー体験を取り込む、このユーザーとの対話型開発は最も今日的な開発手法である[2]。

▶1　ISO9241-210では、prosesses が外され、「Human-centred design for interactive systems」とタイトル変更されている。

▶2　この人間中心設計を具現化する上では「ISO/TR 16982：2002　人間中心設計のためのユーザビリティ評価手法（Usability Methods supporting human-centered design）」がある。これはユーザーのニーズを把握するために12種類のユーザビリティを評価する手法である。

## 2 ユーザーの要求とは

　では、「ユーザー」とは何か。ここでいうユーザーとは、製品の購買対象となる消費者群であるが、そのニーズをどのように見極めていくかが課題である。ここで、特定の消費者群を視覚障害者に置き、利用可能なオセロゲームを例に考えてみよう（図Ⅱ-1-2、図Ⅱ-1-3）。旧来型のオセロは、コマ（白コマは表面が平ら、黒コマは渦状の凸線がある）をマス（凸状の枠がほどこされている）に置き、同色で挟み込んだら相手のコマを返すというやり方であるのに対し、改良型（ユニバーサルデザインとも言われている）はひとつひとつのマスを回転させることで、白・黒・なしの3つのパターンを表示できる。コマを床に落としてしまう心配はなく、コマに触れてもコマ

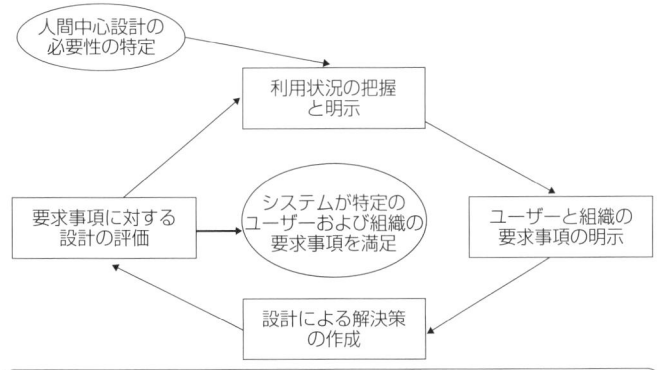

図Ⅱ-1-1　人間中心設計プロセス Human-centred Design Processes for Interactive Systems（JIS Z 8530:2000——インタラクティブシステムの人間中心設計のプロセス）

出所：日本規格協会、2013、『JIS ハンドブック37 人間工学』p.378

を飛ばす心配がない，枠も低く設定されているのでコマの位置関係を把握しやすい。日本では，これを用いて各地の視覚障害者団体が主催するオセロ大会も盛んである。

ただし，視覚障害となって間もない人はオセロとはコマを枠に置いていくゲームであるというイメージを強く持っている場合がある。そのため旧来のオセロゲームとしての楽しみ方を望んだり，触れることによる盤面把握に慣れてない場合には改良版オセロであっても習熟に時間を要することもある。

視覚が同時に全体的な認識をするとすれば，触覚は部分的な把握を連続させながら認識していくので，そこには記憶も必要であり，方位や状況判断の能力も必要となる。さらには，製品に対する興味関心を高め，おもしろさにつなげるモチベーションへと働きかけ，そしてゲーム進行におけるルール化などを工夫することも大切である。これらを総合的に検討する過程に開発の真髄があるといってもいいだろう。

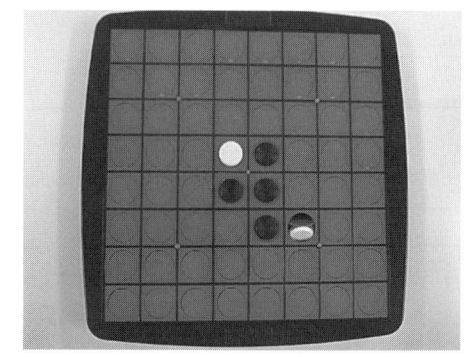

図Ⅱ-1-2　回転式オセロ

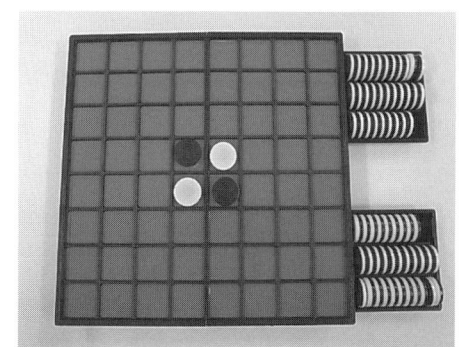

図Ⅱ-1-3　区切り枠つきオセロ

## 3　ユーザビリティとは

ISO9241-11では，ユーザビリティを有効性（effectiveness），効率性（efficiency），満足度（satisfaction）という要素で構成している。これらの要素を踏まえた開発プロセスは本書の中で具体的に示されるが，以下では少し違う観点から議論してみたい。

障害のあるユーザーは製品を使用するにしても，サービスを受けるにしても，そこに「自由さ」を求めているといえないだろうか。ユーザー視点には，目的を達成する上で負担感がないことや，また，機能を習得するプロセスを楽しみたいことも含まれるかもしれない。家族やヘルパーからの解放，社会の不必要な目配りからの解放，つまり，自らが対象をコントロールできること，あるいは他者との距離感を自らの意思でコントロールできる状態を作り出せること，それがユーザーの求める視点であると考えてはどうだろうか。

障害分野におけるユーザー視点，ユーザー参画という場合に気をつけることは，当事者の視点といえどその障害を代表することはできず，ある条件の下にある人を理解することしかできない。障害の程度や，受傷（症）後の経験，また，障害との向き合い方についての意識などが，利用する製品やサービスに対して大きく影響を与える。

とりわけ，福祉機器開発においては，家族や介護者を含む，より広汎なニーズ把握とユーザビリティ評価が求められるだろう。

（小川喜道）

**参考文献**

黒須正明・伊藤昌子・時津倫子，1999，『ユーザ工学入門──使い勝手を考える・ISO13407への具体的アプローチ』共立出版。

Ⅱ　機器開発とユーザー視点

# 2 開発者とユーザーの葛藤
## ニーズとシーズのコミュニケーション

### 1 ニーズにシーズを重ね合わせる

　開発者はシーズ（「種」の意味で，企業などが持つ技術，ノウハウ，アイデア，人材，設備などを指す）を持っているが，そのことをユーザーは知らないことがある。他方，障害者は暮らしの中にニーズを持っているが，そのことを開発者は明確には知らないことがある。ここに両者の協働が求められる理由がある。

　ユーザビリティに関する国際標準規格は ISO9241-11 に示されており，Ⅱ-1 で述べた通り，製品には有効性（effectiveness），効率性（efficiency），満足度（satisfaction）が備わっている必要がある。とりわけ障害者にとっては機能性のみではなく，他者との関係の中で感じる製品の違和感，利用上の習熟難易度なども大きく影響する。したがって，開発の中心におかれるべきはユーザーであることは異論がない。その場合の原則のひとつに「ユーザーの積極的な関与とユーザーやタスクの要求条件の明確な理解」というものがある。そして，「ユーザーと技術との間の適切な機能配分」を図りながら学際的な設計を行うことで目的を達成することになる。[1]

### 2 ニーズを持つ当事者主体

　開発途上国における地域に根ざしたリハビリテーション（Community Based Rehabilitation）の推進者として著名なデビッド・ワーナーは，1998年に，車いすをはじめとするさまざまな装具・生活用具・遊具等について350ページにわたる製作マニュアル（図Ⅱ-2-1）を作成しているが，そのタイトルは *Nothing About Us Without Us : Developing Innovative Technologies For, By and With Disabled Persons* である。[2]これは，技術支援が障害ある人たち自身を抜きにして専門家のみで行われることを批判的にみた表現でもある。問題解決のプロセスにおけるリーダー的役割は障害者自身であるという原則に立ち，福祉機器，自助具などの製作について事細かに紹介している。開発途上国のそれぞれの地域にある材料で作成するために，工業化した生産ラインで製作される機器ではなく，木材，紙，スチールなどを用い，また，既製品のパーツを使ってその地域に暮らす障害者が求める道具を作り出すことを主眼としたマニュアルである。つまり，障害者が利用するサービス，支援機器の開発においては，障害者のために専門職が作り出して"あげる"（For disabled persons）と

▶1　日本規格協会，2001，『ISO/IEC ガイド71』pp. 231-235；日本機械学会，2006，『HCD ハンドブック──人間中心設計』丸善，pp. 134-140。

▶2　Werner, D., 1998, *Nothing About Us Without Us: Developing Innovative Technologies For, By and With Disabled Persons*, Health Wrights.

いう発想ではなく、障害者による(By)、あるいは障害者とともに(With)開発プロセスを担うさまざまな立場の専門職を含めたパートナーシップにより、その目的を達成することを説くのである。

ちなみに、この Nothing About Us Without Us（「私たち抜きに私たちのことを決めるな」）のスローガンは、1993年に南アフリカで障害者団体の活動家である二人、マイケル・マスーシャとウィリアム・ローランドが、それぞれ別の機会に用いたことによって広まった。ところが彼らも、障害者の権利獲得を目的とした国際会議にて、東欧からの代表者の誰かがこのスローガンを使ったのを聞いて使うようになったと言われている。

図Ⅱ-2-1　Werner, D., *Nothing About Us Without Us.*

### 3　当事者との対等な関係構築

当事者参画を得ながら福祉機器のデザインをしたり、障害者施策を検討するためには、健常者の障害理解や関係の対等性を意識することが不可欠となる。そうした障害の理解および関係の対等性を求めるための方策としてイギリスの障害者運動を通して整備されてきた障害平等研修（Disability Equality Training）というものがある。この研修は障害者自身が教育・研修の主体となるものである。これは、安易な擬似体験ではなく、障害者とのディスカッションにより、自らを振り返ることに意味を見出すものである。大切なことは共感性を高めることにあるが、それは障害者の心理的な要素をしっかりと受けとめるためである。つまり、身体的、表面的な理解を促す研修ではなく、障害者が社会から受けている差別や偏見を、受講者が自らのこれまでを振り返りつつ理解に努めることで自己変革をしていくことがねらいとなっている。

技術者が障害平等研修を通して目標とすべきは、シーズを持つ側がそれに基づいて身勝手にものづくりをしないという態度を身につけることである。重要なことは、身体構造や身体機能の働きが低下している場合、その構造や機能を補償すれば問題が解決すると考えてしまうのではなく、福祉機器や支援プログラムが一般市民の認識にマッチし、障害者自身に違和感や抵抗感を抱かせないか、なども検討すべきである。

例えば、障害者一人一人のライフスタイルを尊重し、「福祉機器によって生活形態を変える」のではなく、「その人の生活形態を維持できるように福祉機器を活用する」という考え方に立つことが望まれる。そして、福祉機器の利用者の立場で操作性や快適性を考えることや、家族の立場で機器操作や維持管理ができるかどうかを考えることが重要である。

（小川喜道）

▶3　Charlton, J., 1998, *Nothing about us without us : Disability, Oppression, and Empowerment*, University of California Press.

▶4　ギャレスビー・セルズ, K.・キャンベル J.、久野研二訳、2005、『障害者自身が指導する権利・平等と差別を学ぶ研修ガイド』明石書店．

## II　機器開発とユーザー視点

# 3　私たちのことは，私たち抜きで決めないで
## Nothing about us without us !

### 1　サリドマイド児の義手製作に学ぶ

　1960年頃，妊娠中の催眠剤として発売されたサリドマイド剤を医師の処方に基づいて服用した妊婦から，両上肢が未発育な子どもが多数生まれた（わが国で認定されたのは309人）。なかでも重症な例としては，両上肢とも肩から欠損している例や，ごく短い上肢に指が2〜3本しか付いていない例などがあった。

　そのような子どもたちが同時期に多数生まれた例は過去になかったので大きな社会問題となり，医療，教育，福祉などさまざまな分野の人たちが対応に迫られた。

　両手がきわめて不自由な状態の子どもたちを見て，まず義手製作の取り組みがはじめられた。手の不自由は義手によって補うのが最適との考えに基づくものであった。科学技術庁（当時）は補助金を出し，大手電気メーカーは技術面からの協力を申し出るなどして，いくつかの大学を拠点として**電動義手**の研究開発が進められた。精密機械工学科にプロジェクトチームが結成され，機械，電気，補装具などの研究者が開発に取り組んだところや，医学部を中心に研究が行われたところもあった。被害児の家族も，子どもの将来のためと考え，子どもを積極的に利用者として協力させた。

　ところで，この結果はどうであったろうか。精密機械工学，ロボット工学，材料工学，医学など，当時の先端的な技術を応用していくつかの電動義手が試作され，子どもに装着して試用されたが，うまく使いこなせる子どもはいなかった。そして，成長して自分の意思で使うか使わないかを選択できる年齢になった子どもは，使わないほうを選択した。現在まで，電動に限らず何らかの義手を使用している人は一人もいない。

### 2　幼児の行動から学ぶ

　仮に1歳くらいの幼児が床に座っていて，目の前におもちゃがあったとしよう。その子はどのような行動をとるだろうか。

　一般には利き手が右なら，右手でおもちゃを取って，両手で遊ぶだろう。おもちゃの代わりにクレヨンがあったら，右手でクレヨンを持って，紙にぐじゃぐじゃと描きなぐるだろう。少し成長すると，チューリップや家やお日さまなどを描くようになり，さらにひらがなや自分の名前を書く。やがて，クレヨン

▶1　電動義手
電動モーターを用いて，手の指や肘関節を動かす義手。切断した断端の筋肉の動きを信号として用いるものを筋電義手という。

が鉛筆に代わり，普通の文章を書けるようになる。

　では，その子が左利きだったり，あるいは右手が欠損したり麻痺したりして使えない子だったらどうだろう。おそらくその子は，左手でおもちゃを取って遊ぶだろうし，左手でクレヨンを取って絵を描くだろう。そして，鉛筆を左手で持って文字を普通に書くようになるだろう。左手で文字を書く人のその字が右手で書く人に劣るということはない。

　では，その子が両手とも使えない子だったらどうだろう。その子は，右利きなら迷わず右足を出して（足にも利き足がある）おもちゃを取り両足で遊ぶのである。クレヨンなら右足で持って絵を描くし，鉛筆に持ちかえてひらがなや漢字交じりの文章を書くようになるのである。その文字は手で書いたものに見劣りすることはないし，書く速度もかわらない。

　**国際障害者年**[2]（1981年）の頃，サリドマイドで両手に障害を持った辻（現姓白井）典子さんをテーマにして本人が主演した『典子は，今』[3]（松山善三監督，1981年）という映画が製作，一般公開されて大きな話題になったが，映画の中では典子さんが両足を上手に使って書字や料理などさまざまな日常生活をこなしていく様子が描かれた。この映画を一見すれば，両足を使った生活がいかに自然であり，義手などを誰も利用しない理由が理解できると思う。[4]

## ③ 障害者のことは障害者から学ぶ

　児童，高齢者，障害者などの福祉を向上させようという目的で，さまざまな制度や施設がつくられる。しかし，なかには，多機能トイレができたので車いす使用者が行ってみたが使えなかったとか，多額の予算を使って大規模な施設ができたが，利用者が少なく赤字経営が続いている半面，真に必要な施設や制度はなかなか実現しないということを見聞きする。それは，企画する側の人たちが自分たちの考えのみで計画し，利用する当事者たちの意見を聞かなかったり，聞いても軽んじたりして作ったことが主な理由である。

　何かを計画するとき，恩恵的に障害者を参加させて，形式的にでも意見を聞きさえすればいいかというと，それも間違いである。

　2006年に国連総会で「**障害者権利条約**[5]」が採択され，わが国でも2014年1月に批准された。この制定を目指した障害のある人たちが提唱したのが，「Nothing about us without us !」というスローガンである。これは，「私たちのことは，私たち抜きで決めないでください」という意味である。障害のある当事者が計画段階から参加し，意見を表明して計画に反映させるのは，障害者の権利なのだ。障害者の社会参加を進める主体は障害者自身であり，専門職や行政はこれを周囲から支援する役割に徹するのが大切だと思う。

（大瀧憲一）

▷2　国際障害者年
国連総会で，1981年を障害者の権利を社会において実現することを行動に移すとして定めた国際年のひとつ。「完全参加と平等」をテーマとした。この後，1983年から10年間を「国連障害者の10年」としてキャンペーンを継続した。

▷3　現在，DVDで市販されている。

▷4　このように子どもの頃から足を使いこなす人にとっての電動義手は無用の長物だが，大人になってから利き手を切断した人にとっては現在も有効な補装具として使われている。Ⅴ-3 参照。

▷5　障害者権利条約
障害があっても，障害のない人と同様に生活する権利があることをうたった条約。障害者の権利宣言より一歩進めて法律に準じた条約とし，教育，就労，居住，移動などでの差別禁止を内容としている。

## Ⅱ 機器開発とユーザー視点

## 4 支援機器開発への願い
### 視覚障害のあるユーザーの立場から

▶1 視覚についての新しい障害者手帳の判定は次のようになっている。「1級：良い方の眼の視力が0.01以下のもの」，「2級：①良い方の眼の視力が0.02以上0.03以下のもの，②良い方の眼の視力が0.04かつ他方の眼の視力が手動弁以下のもの，③周辺視野角度（I/4視標による）の総和が左右眼それぞれ80度以下かつ両眼中心視野角度（I/2視標による）が28度以下のもの，④両眼開放視認点数が70点以下かつ両眼中心視野視認点数が20点以下のもの」，「3級：①良い方の眼の視力が0.04以上0.07以下のもの（2級の2を除く。），②良い方の眼の視力が0.08かつ他方の眼の視力が手動弁以下のもの，③周辺視野角度（I/4視標による）の総和が左右眼それぞれ80度以下かつ両眼中心視野角度（I/2視標による）が56度以下のもの，④両眼開放視認点数が70点以下かつ両眼中心視野視認点数が40度以下のもの」。なお「視力」とは，万国式試視力表によって測ったものをいい，屈折異常のある者については，矯正視力について測ったものをいう。4級〜6級は省略。このように視覚障害者の等級で最重度である1級といっても視力0だけでないことがわかる。また，中心の視力がたとえ1.0であっても，ごく一部の視野しか使えなければ重度の2級になる。

### 1 生活を変える物と人

　難病の進行性眼疾患を患って障害を持った私は，以前，都内で中途視覚障害者への訪問による生活訓練を仕事としていた。20歳すぎ頃から病気の進行が進んで徐々に見えなくなり，生活の中で当たり前のように使っていた道具が使えなくなったが，当時の私は仕方がないとあきらめていた。見えなくなったのだから不便になるのは「当たり前」と不条理さも感じていなかった。そのようななか，あきらめていた読み書きについて，パソコンでスクリーンリーダー（画面読み上げソフト）を利用してメールやインターネットが使えるようになり，さらに拡大読書器（図Ⅱ-4-1）やピンディスプレイ（図Ⅱ-4-2）でメモの読み書きが出来るようになることで，以前の日常生活を徐々に取り戻し，障害に対する考え方も変化した。仕事柄，多くの視覚障害者の声を聞き，ともに課題に取り組むうちに，「あきらめていた」夢をかなえてくれる支援機器の重要性を実感することが増えた。とはいえ，機器を学習するのも人の支援があってこそである。「支援機器」があってもそれを使いこなせなければ意味がない。「人的支援」の重要性も痛切に感じている。

### 2 視覚障害もさまざま

　視覚障害者というとまったく見えない人たちのことを思い浮かべる人が多いのではないだろうか。だが，実は何らかの光を感じたり，ある程度視覚を活用している人も多い。白杖を持っていなくても点字を読んでいる人がいたり，白杖を持っていても通常の文字を読む人がいる。進行性の眼疾患では見え方も変化するし，昼間は不自由なくても暗くなるとたちまち見えなくなってしまう人もいる。眩しいと見えにくい人もいる。まったく見えない人もそうでない人も，不自由さに違いはあれ同じ視覚障害者である。

### 3 ユーザーの憂鬱

　支援機器の有効性は理解できても実際のユーザーである私たちにとって使い勝手のよいものばかりではない。それは支援機器の問題だけでなく，進行性の眼疾患の場合は環境や状況の変化により必要度が変わっていくからでもある。例えば私もかつて，誘導ブロックは「まったく見えない人が使うもの」で自分

には必要ないと思っていた。ところが、だんだん見えにくくなって地上から地下鉄の入り口がわかりにくくなっても、あの誘導ブロックを目でたどれば安心して入り口に着くことがわかった。2011年の計画停電の折には、黄色の誘導ブロックは何とか眼で探せても茶色の誘導ブロックは路面とのコントラストが暗くて探せず困ってしまった人もいたと聞く。「黄色い誘導ブロックは景観を損なう」といわれるが、配色には意味があるとわかる。

私たちは、研究者や開発者の良識を信じ、生活に有効な支援機器が開発されるのを待ち続けるしかないもどかしさを感じる。ユーザーとして支援機器等の開発にかかわる場合、通常は被験者となったりアンケートに答えたりすることがほとんどである。その時、開発者や研究者の思いが先行してしまい、ユーザーの使い勝手やどう使いたいかが置き去りにされ意見が反映されないと思うことがある。

### ④ 開発者とユーザー

最近はよく開発途中で被験者として意見を求められるが、「最初から聞いてくれれば……」と残念に思いながら、「これでは使えない」「ユーザーの特性がわかっていない」とアドバイスすることがよくある。もちろんすべてではないが、電子白杖や歩行補助具などはそうした機器のひとつである。20年以上同じような研究がなされたり、国が開発にかかわったりしても「これだったらいまより自由に安全に歩ける」という機器には出会ったことがない。視覚障害のある人は「音」を聞き分けることで、車がいるかどうかなどを確認している。また環境音も手がかりにして安全確認や位置確認をしている。つまり道案内の音声ガイドを聞きながら歩くというのはかなりの訓練と困難を伴うのである。開発途中で意見を聞かれても振り出しに戻すのは困難である。ユーザーとして本当はこうして欲しいけど無理だろうと判断してしまい妥協した意見しか言わないこともある。また障害者のために尽力してもらっているのだからと遠慮して本音を言わないユーザーもいる。

### ⑤ 新しい支援機器等の開発への期待としくみづくり

科学や技術の進歩により、障害のない人たちの生活はますます便利になっている。障害支援機器はバリアを解消してくれるが、障害者用の特別な機器ではなく、誰もが使っている機器を障害者も使えるように配慮するというユニバーサルデザインも大切にして欲しい。そのためには、一部の意見にとどまらず多くのユーザーの声を吸い上げるしくみづくりとエビデンスの蓄積が開発・普及には重要であると感じている。

(金澤真理)

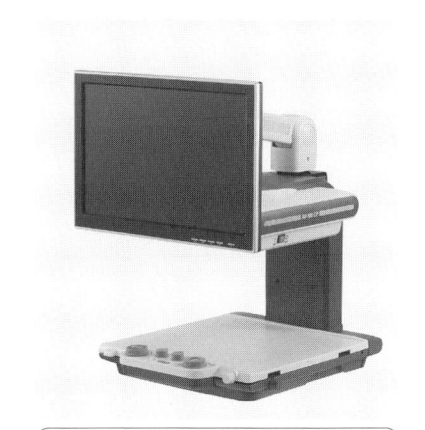

図Ⅱ-4-1 文字を拡大できる拡大読書器

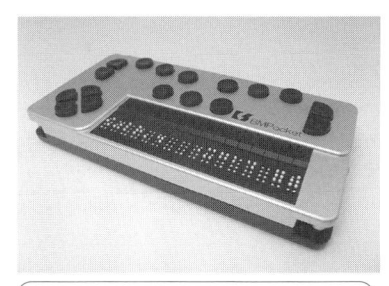

図Ⅱ-4-2 点字で読み書きできるワードプロセッサー「ブレイルメモポケット」

出所：日本点字図書館用具事業課 わくわく用具ショップ（http://yougu.nittento.or.jp/）

▶2 最近のスマートフォンでは画面に指を触れると音声が出て操作できたり、iPadでは弱視の人が白黒反転の画面や拡大文字を選ぶようにカスタマイズできるようなしくみがとられている。また、一般に流通しているアイテムでも視覚障害者向けに講習会が開かれたり、便利な使い方が共有できたり、ユーザーの要望が蓄積され開発に生かされたりしている。支援機器があればいいのではなく、それを使いこなしたり自分なりにカスタマイズするには「人」の支援も不可欠である。

## Ⅱ 機器開発とユーザー視点

## 5 共遊玩具
### 目や耳の不自由な友だちともいっしょに楽しめるおもちゃ

### 1 「共遊玩具」とは？

「目または耳の不自由な友だちとも楽しく遊べる」と認定されたおもちゃで，一般市場向けにつくられ販売されているものを「共遊玩具」という。スイッチのONとOFFが手でさわってもわかるようにONの側に小さな突起を付けたり，「はずれ！」や「ピンチ！」を音だけでなくビリビリ・ブルブルする振動でも伝えたり，ゲームのこまの色の違いをざらざら・つるつるなどさわっても区別できるようにしたり，ちょっとした工夫やおもしろさをプラスすることによって，より多くの子どもたちが楽しめるおもちゃをつくることができる。子どもたちだけでなく，子育てをする，目や耳の不自由な父親・母親たちにも扱いやすいおもちゃであるようにと考えていくことも「共遊玩具」の取り組みの一部だ。

### 2 「共遊玩具」の取り組みを支えるしくみ

日本玩具協会が事務局となり運用されている「共遊玩具推進部会」には，この活動に特に積極的にかかわっているメーカーと視覚障害関連施設からの代表者が月に一度集まり，①工夫事例集作成や玩具業界向けセミナーの実施などによる共遊玩具開発の促進，②共遊玩具選定のための基準の検討と玩具のモニター審査，③メーカーの枠を越えた共遊玩具カタログの作成（毎年発行）（図Ⅱ-5-2），④各種展示会やイベントへの参加，玩具の貸出などによる一般向けPR，といったさまざまな活動を行っている。

業界全体で，共遊の「基準」を守ることが大切である。あるメーカーがスイッチの「ON」側にさわってわかる小さな突起を付けても，他のメーカーが「OFF」側に同じような突起を付けてしまうと消費者は混乱してしまう。どのような印で何を表すかなど，業界全体である程度の基準（決まりごと）を作り守っていくことが非常に大切で，そのため「共遊玩具」の開発推進活動はメーカーの壁を越えて行われている。現在，共遊玩具の工夫事例集（開発のためのヒント集）が，日本玩具協会によって「共遊玩具ハンドブック」としてまとめられている。

▷1　共遊玩具は一般の玩具売場で販売されるので，識別しやすいように，可能な限り，そのパッケージに，目の不自由な友だちもいっしょに楽しめるおもちゃには「盲導犬マーク」，耳の不自由な友だちもいっしょに楽しめるおもちゃには「うさぎマーク」を表示することになっている。これらのマークを取得するには，玩具業界を取りまとめている「社団法人日本玩具協会」の「共遊玩具推進部会」によるモニター審査で認定を受ける必要がある（図Ⅱ-5-1）。

▷2　日本玩具協会「共遊玩具推進事業」(http://www.toys.or.jp/kyoyu/kyoyu.htm)

図Ⅱ-5-1　うさぎマークと盲導犬マーク

## 3 「楽しく遊べる」とは？

　目の見えない子どもたちは，日常生活の中で音や声は知っていても触ることのできない大きな乗り物や建物や動物の全体像，人気アニメのキャラクターや小道具の動き，お医者さんの道具のしくみなどをおもちゃを通して初めて知り，それが周囲の友だちとの楽しく活発なコミュニケーションを大いに助けることとなる。本物に近い触感でしっかりと形がわかり，あまりデフォルメされていないこと，あるいは簡単に触ることのできないものの特徴が立体化されていること，触っても崩れてしまったり動きが止まってしまったりしないこと，形だけでなくリアルな音がすることなども，優れた共遊玩具の要素と言える。

　一方，耳の聞こえない子どもたちは，市販されているおもちゃの大部分を楽しむことができる。しかし，音が遊びの重要な要素となっている場合（ゲームの「スタート」や「結果」が音で知らされるなど），それを補う何らかの「工夫」が必要となる。また，筆談などによる「コミュニケーション」を助ける，あるいは楽しくするおもちゃも，共遊玩具として認められている。

## 4 今後の課題：認定基準制定の難しさ

　目の見えない子どもたちは少数な上に個人差も大きく，おもちゃが備える「やりにくさ」や「難しさ」のどこまでを「楽しさ」として許容し，「共遊玩具」として認定するかの判断は非常に難しい。また，耳の聞こえない子どもたちから求められる「共遊玩具」の要素についても，当事者からの意見や要望はまちまちで，はっきりとした基準化は困難なのが現状である。

　しかし，そのような状況下でも共遊玩具カタログへの歓迎の声は大きく，障害のある子どもたちとかかわる多くの施設や家庭でおもちゃを選ぶ際の参考資料とされている。保育園や幼稚園，学校などで障害のある子どもとない子どもがともに学ぶ機会が増えてきたいま，ともに楽しめるように工夫された「共遊玩具」へのニーズはこれまで以上に高まっていくと思われるため，玩具業界としてそれにどう応えていけるかは今後の大きな課題である。

　なお，視覚障害のある筆者は，玩具メーカーで共遊玩具の開発推進部署に所属するとともに，日本玩具協会共遊玩具推進部会の運営にもかかわっている。ゲーム機の普及などによって，実際に求められる遊びも，メーカーが提供する遊びも，以前に増して視覚優位になり，目の見えない子どもたちと周囲の友だちとの遊びを介したコミュニケーションは難しくなっているが，障害を越え，流行をもできるかぎり分かち合えるように努めていくことが，「共遊玩具」の世界に身をおく自分の役割と考えている。

　　　　　　　　　　　　　　　　（高橋玲子）

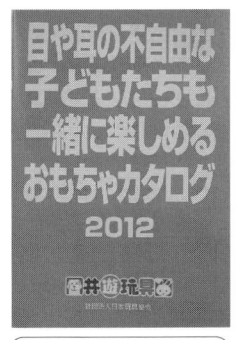

図Ⅱ-5-2　共遊玩具カタログ

▷3　日本玩具協会「共遊玩具ハンドブック」のHP参照（http://www.toys.or.jp/kyoyu/kyouyu_handbook.pdf）

▷4　2012年時点で200アイテムを超えるおもちゃが「共遊玩具」として認定されている（図Ⅱ-5-3）。

図Ⅱ-5-3　共遊玩具いろいろ

## Ⅱ　機器開発とユーザー視点

# 6　携帯電話と視覚障害者

　私は視覚障害当事者の立場で，携帯電話のユニバーサルデザイン化・製品化にかかわってきた。ここではその経験を通じて，ユニバーサルデザイン（以下，UD）と，バリアフリー（以下，BF）の持つ社会的な意義や，私にとっての「障害」の意味について述べてみたい。

### 1　携帯電話のUD化の取り組みのきっかけ

　携帯電話はいつでもどこでも持ち運べるため，視覚障害者にとって夢のような機器だ。急速に進化する情報通信技術を使用すると，視覚障害があっても「できること」の可能性は無限に広がり，その能力を最大限に発揮することができるからだ。

　取り組みのきっかけは21世紀の幕開け前後だったと思うが，当時の横浜市立盲学校の女子生徒が発した「私も携帯電話を使いたい」という一言だった。当時同校で教員をしていた私は，教え子が漏らしたそのことばに心を動かされた。「盲学校の子どもたちはたまたま目が見えにくい／見えなかっただけ。視覚障害の有無に関係なく，どんな子どもも夢を持てる社会にすることが大人の責任である」と思っていた私は，すぐに東京のNTTドコモ本社に出向き，「視覚障害者も使える携帯電話を作ってほしい」と訴えた。

　このとき当時法人営業部にいた平賀一樹さんが対応してくれたのだが，後になって聞いたところでは，平賀さんは，私と会うまでは視覚障害者が携帯電話を使っているとの認識は持っていなかったという。その後2001年9月，幅広い年齢層の人が利用しやすい機能およびデザインを採用し，しかも音声読み上げ機能を搭載したらくらくホン（F671i）が発売された。

### 2　UDとBF

　平賀さんとの話の中で，最大のネックになるのが採算性とわかった。視覚障害者専用の携帯電話を実現するというBFの考え方で開発したのでは，買う人が限られる。そうなると製品化は難しい。そこで視覚障害の有無にかかわらず，誰にとっても使いやすいデザインをというUDの考え方によって開発・製品化することが重要だと痛感した。つまり，UDの携帯電話を実現することにより，誰もが高い技術を備えた製品を安価で使えるようにし，少しずつであっても視覚障害者も使えるBFの製品に近づけていくことが重要になると確信した。

そこで私が理事長を務める View-Net 神奈川が上述の「F671i」を10台購入し，使い勝手の検証を兼ねて盲学校の生徒たちに貸与してその結果をまとめ，2001年12月に NTT ドコモと1回目の意見交換会を開いた．このとき以来，UD としてのらくらくホンの開発に尽力してくれているのが平賀さんである．また当時，携帯電話に関するマーケティング研究をしていた慶應義塾大学総合政策学部の桑原武夫研究室の学生たちが独自に500人の視覚障害者にアンケート調査を実施し，その結果をドコモに報告してくれたことも大きな後押しとなり，らくらくホンの製品化が継続されることになった．

### 3　障害者が開発段階からかかわることの重要性

　1回目の意見交換会で一人の開発者と交わした会話が，私にはいまも強く印象に残っている．それは，「次の機種は折り畳み式にしようと思うのですが，視覚障害者の人たちは大丈夫でしょうか」と聞かれ，「まったく問題ないです」と答えたことである．画面が大きく，ボタンも大きくなれば使い易くなるかもしれないと考えたからだ．

　この会話によって私はその時，商品開発側もノウハウがなく，どうすればよいのかわからないのだと気づいた．これはきわめて大きな発見だった．

　私はこれらの経験によって，視覚障害者の視点から携帯電話の画面の見やすさや操作のしやすさ，音声の聞き取りやすさなどをアンケート調査し，その結果を持って多くのユーザーとともに NTT ドコモおよび機種開発を担う富士通の担当者との話し合いの場を設け，視覚障害者の立場からの情報・意見交換会を毎年実施するようにした．その結果らくらくホンは毎年のように機能改善が図られて進化し，大ヒット商品となったのである．

### 4　障害の持つ意味

　私にとって「障害」は，社会に対する不完全さを直感し理解できる力や，健常者にはない視点とノウハウをもたらしてくれる．不完全なものを改善することが健全な社会の発展につながるのであれば，私にとって「障害」は最大のメリットになるはずだ．私はこのように発想の転換を図ることで，私自身の新たな可能性を見いだすことができたのである．

　障害を有するか否かを問わず，人は本来皆違う身体・個性を持っている．しかも，身体や個性は同じ人であっても年齢とともに変わるし一時的な病気やけがによっても変わる．そう考えると，人は皆違うのがあたりまえなのだ．私は，「視覚障害」という「違い」を通して，誰もが豊かに暮らせる社会づくりの取り組みに引き続き尽力していきたいと思っている．

〈新城　直〉

## II 機器開発とユーザー視点

# 7 食事支援ロボットの開発とユーザーの役割

## 1 地域生活に欠かせない支援機器

　私は1983年に交通事故に遭い，第4頸髄完全損傷による四肢麻痺の障害を持った。リハビリテーション病院に8年間入院後，身体障害者療護施設[*1]に5年間入所する。その後1997年に東京都内で地域生活を始める。生活の変化とともに支援機器の必要性が高まり，現在では支援機器は毎日の生活に絶対に欠かせない。また，十数年前より支援機器開発のモニター・アドバイザーを務めたり，リハビリテーション工学カンファレンスでの発表や，大学・専門学校・企業での講演などユーザーとしての活動も行っている。

　身体障害者療護施設で生活している1992年頃には支援機器の重要性や商品開発などあまり興味がなく，「現在ある商品を使う」だけであり，ユーザーが直接，研究や開発に携わることなど考えられなかった。

　しかし，地域で暮らすようになって電動車いすやリフターなどを毎日必ず使うようになると支援機器に対する自分自身の興味は増してくる。そのため地域生活を始めて以来リハビリテーション工学カンファレンスや国際福祉機器展などに参加するようになり，いまではインターネットを利用して新製品をチェックしたりイベントなどに参加することで，実際に支援機器を研究・製作・販売している方々と交流することも多くなった。

## 2 食事支援ロボットの開発にユーザーとして携わる

　1994年には国立身体障害者リハビリテーションセンターから食事支援ロボット開発のための利用者モニターの依頼を受け，年6回～7回のモニターテストで，使用感・デザイン・価格等をユーザーの立場からアドバイスするという経験をした。はじめは「ロボットに食事介助ができるか？」「食事に支援機器は必要か？」と機器の重要性に半信半疑であり，そのためユーザーの意見も重要とは感じていなかった。しかし，モニターを繰り返すたびに使いやすく，食べやすくなるのを実感するようになりユーザーの意見の重要さに気づかされた。

　2002年4月にモニターを繰り返した食事支援ロボット（図II-7-1，図II-7-2）が商品として発売されると，私自身も新聞・雑誌の取材，テレビ出演・販売促進ビデオ出演，パンフレット撮影などでユーザーとして協力したが，その反響の多さには本当に驚かされると同時に，開発に携わる喜びや意義なども実

▷1　身体障害者福祉法による入所施設のひとつ。入所期限がなく医療ケアにも対応し，最も重度な利用者を想定している施設。VI-2 参照。

感させられた。

また2003年4月には韓国・テジョンで開かれた国際リハビリテーションロボット会議（ICORR 2003）に招待され会場での実演も行い，多くのメディアに紹介された。

### 3 ユーザーの生の声とかかわり方

障害を持って20年以上たつが，支援機器の多様化，高性能化，小型化，低価格化には本当に目を見張るものがあり，ユーザーの生活の質の向上への貢献を実感している。しかし一部には，ユーザーの意見が反映されているのかどうかわからない支援機器があることも確かである。

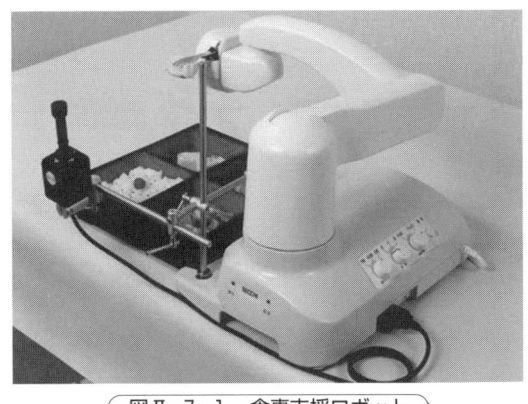

図Ⅱ-7-1　食事支援ロボット

いまでは個別のニーズに合致した支援機器の開発にユーザー本人の生の声は必要不可欠なものになっており，今後もいっそうのユーザー協力が求められる。ただしそのためには支援機器についてのユーザーの知識向上や開発者・エンジニアとの橋渡しができるユーザーエキスパートの存在，そして何より

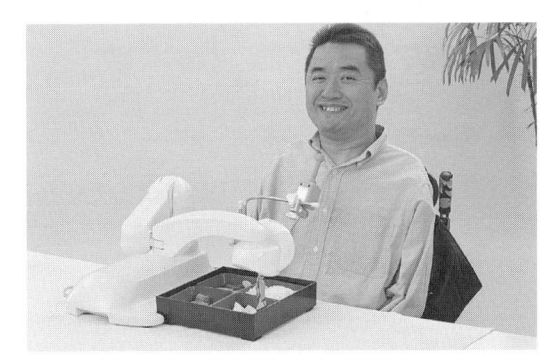

図Ⅱ-7-2　食事支援ロボットと筆者

私たちユーザー側からの積極的な支援機器開発への参画が非常に大切である。

### 4 支援機器開発を通したユーザーの成長

昨今のさまざまな技術の進歩には著しいものがある。このような先端技術を盛り込み，ユーザーのニーズにあった支援機器の開発に力を注いでもらいたいのはもちろんだが，市場が小さいことや社会制度上の複雑な問題などがあるのも事実である。

いろいろな企業が支援機器分野へ参入したり，私たちユーザーの声を全面的に取り入れたりしているが，「完成しました。使ってみてください」ではなく，開発設計段階から多くのユーザー本人の意見を取り入れ，ユーザーの生活やニーズをよりリアルに想像するなかで具体的な機器として表現することが問われている。

食事支援ロボットの開発に協力するなかで本当に多くの経験ができた。支援機器についての知識はもちろんだが，多くの開発者・関係者と知り合い，協力して支援機器を創り上げ，障害を持つ仲間の生活の向上につなげられたことを嬉しく思う。そしてこの経験は私自身の自信にもつながった。

これからも支援機器の開発にユーザーとして協力し，より重度な障害を持つ仲間のために役立てるよう努力していきたい。

（麸澤　孝）

▶2　食事支援ロボットなどに共通して言えることは，ある限られた障害を持つユーザーが使う機器であり，障害が重度な人が使うことを想定してユーザーのきめ細かい意見を取り入れることが重要である。使用者の多い支援機器も大切であるが，特定のユーザーに絞った商品開発も重要である。コスト面や需要数の難しい面もあるが，より重度な障害を持つユーザーのための商品開発も忘れないで欲しい。

## II　機器開発とユーザー視点

# 8　インクルーシブデザインと商品開発への当事者参画

これまで筆者は企業が主催するユニバーサルデザイン（以下，UD）のワークショップに参加したことがあるが，企業側のワークショップに対する目的・期待に応じて障がい当事者たちの参加度・コミットメントのあり方が決定されてきた。往々にして「障がい者理解」のためにワークショップが行われるため，参加した社員たちからはおおむね好評を博し，和気あいあいとした雰囲気で終了するが，持続的にものづくりのプロセスを企業とユーザーが共有するというまでにはなかなかいたらなかった。

## 1　コクヨでのインクルーシブデザインワークショップ

そうしたなか，「障がい者理解教育」ではなく，最初からインクルーシブデザイン（以下，ID）を戦略として捉え，継続的なワークショップから生まれるユニバーサルな商品の開発を最終ゴールとしていたのが，オフィス機器メーカーのコクヨである。パートナーである障がい者をワークショップ指導者である荒井利春（金沢美術工芸大学教授）の発案でセンシティブユーザーと呼び，ワークショップには常に障がい者が4～5名参加した。各ユーザーの障害の程度は車いす使用者，盲導犬使用者，全盲，半身マヒなどさまざまである。ユーザーたちは「障がい者だから招かれた」というより，身体の状態・使い方，ファニチャーへのアプローチという点で，これまで見過ごされてきた「多様な身体性」をデザイナーに見せる役割を果たしていたように感じる。

## 2　ワークショップの流れ

ワークショップはコクヨのショールームを病院待合室，役所窓口といった公共施設に見立てて長いす，机，いすといったファニチャーを配置し，これらの公共空間に対してセンシティブユーザーたちがどう感じているのか，モノの配置がそこにいる人たちにどういった行動をとらせ選択させているのか，などについて丁寧に聞き取り，検証作業が繰り返される。といってもそれは単なるロビーチェアの座り心地や机の使いやすさにとどまらない。例えば，病院の待合室のような公共空間では長いすが隙間なく置かれているため，車いす使用者の待合スペースがなく居場所に困ることがある。歩行者のじゃまにならず，かつ受付から呼ばれた時にすぐに動けるようにという動線のシミュレーション，さらにたまたま隣あった他人と適切な距離をとり，お互いの心理的スペースに浸

▶1　インクルーシブデザインとユニバーサルデザインはともに「個人から出発する全体に向けたデザイン」と説明できる。あるいは，より多くの人たちに使いやすい製品を作る（ユニバーサルデザイン）ための手法・手段がインクルーシブデザインだとも言える。

食しないようにという「空間の使い方」にまで検証範囲は及ぶ。

## 3 ワークショップの意味・効果

　何度かワークショップ参加を繰り返していくうちに，センシティブユーザー側とデザイナー側に商品開発以外の副次的な効果をもたらすのではないか，と思いあたるようになった。例えば，仕事を退職したユーザーたちからは「現役時代に戻ったような感覚」との感想が度々聞かれた。趣味，ボランティア，子育てなど成人にとって社会参加の入り口はいろいろあるが，企業の経済活動のプロセスに自分も貢献しているという意識が社会参加を強く実感させるのだろう。そしてともすると経済，物理，心理，情報バリアのため社会から孤立しがちな障がい者に「役割」が与えられ期待されることによって充実感を感じさせる機会にもなっている。そしてセンシティブユーザーが障害を持たない人たちに合わせて生活していく中で，無意識に感じている，使いにくさ，居心地の悪さ，緊張感などの感覚を認識し，どうやってモノ，空間，人と適切な距離を保っているのか，を言語化し他者に伝える訓練の機会になっていると感じる。

　一方でIDワークショップ初参加のコクヨスタッフを見ていると，だいたい最初は数名の障がい者ユーザーを目の前にかなりぎこちなくなる。「障がい者に障害について聞くのは失礼」，「体の不自由な人をまじまじと眺めるのはだめ」という社会的ルールを意識しているからだが，ワークショップ中の「聞き取り」や「観察・検証」は，その「聞いてはいけない，見てはいけない」タブーを破ってもよい場なので，不安感や緊張感軽減に役に立っていると思われる。また「一対一でのコミュニケーション」ではなく，ファニチャーなどモノをはさんでのやりとりがコミュニケーションの取りやすさにもつながっているのだろう。今後のIDワークショップの課題として，ユーザー参加によって企業にかかる「時間とコスト」の問題，そしてユーザーメンバーを固定化するメリット・デメリットについて詳細に検討していく必要があると考えている。

## 4 ポスト3.11とインクルーシブデザイン

　2011年の東日本大震災以降，被災地では復興，コミュニティ再生が進んでいる。そのときUD/IDの視点を取り入れたコミュニティ再生を目指すことで，東北が超高齢化・人口減少に対応したモデル地域として，国内で先駆的役割を果たす可能性がある。また日本だけの現象ではない超高齢化は，中国，台湾を含めたアジア諸国も同様であり，そこでもID商品の需要は見込まれる。しかし当事者を巻き込むIDの動きはほかのアジア諸国ではあまり聞かれていない。日本がその動きのリーダーシップを取っていけるのではないだろうか。

（岩隈美穂）

▷2　エドワード・ホールが提唱した近接学の考え方が参考になる。ホール，E. T., 日高敏隆・佐藤信行訳, 2000,『かくれた次元』みすず書房。

▷3　財団法人たんぽぽのいえで行われた，ワークショップへの参加者に対するアンケート調査でも，他の人にわかりやすく説明したり，自分と違う障害を持った人の話を聞いたりする貴重な機会，といった意見が述べられていた。

Ⅱ　機器開発とユーザー視点

# 9 障害者の暮らしにかかわる製品の配慮設計指針

## 1　JISとは

　障害を個人の問題として捉えるのではなく，その個人を取り巻く人的および物理的な諸環境に起因する問題として捉えると，障害のある個人の暮らしに困難をもたらしているのは，日常生活において使用している各種の消費生活製品であり，情報通信機器であり，施設・設備などであると考えられるのではないだろうか。そうすると，身の回りにある膨大な製品のひとつひとつが障害者にとって使いやすいものになっていることこそ求められる。

　わが国は，工業標準化法（1949年，法律第185号）に基づいて制定される日本工業規格（JIS: Japanese Industrial Standards）というものがある。2014年3月末時点で1万525件がJIS規格に制定されている。JISは26部門にわたっており，生活上，業務上のすべての工業製品に当てはまるといってよい。この規格そのものは，生産・消費の合理化，生産・技術の向上促進，品質の改善を図ることを目的としており，経済産業省に設置されている日本工業標準調査会が標準化のための調査・審議を行っている。規格に適合したものにはJISマークを付けることができ，5年ごとに見直しがなされる。

▶1　日本工業標準調査会（http://www.jisc.go.jp/index.html）

　近年，このJISに「高齢者・障害者配慮設計指針」が加えられた。2013年度までの指針として，基本規格1件，視覚的配慮3件，触覚的配慮8件，聴覚的配慮2件，包装・容器の配慮5件，消費生活製品の配慮3件，情報通信の配慮6件，施設・設備の配慮5件，コミュニケーションの配慮2件が定められている。その他，福祉機器関連の指針として，用語の配慮2件，義足の配慮11件，義手の配慮8件，装具の配慮3件，聴覚障害機器の配慮1件，排泄用具の配慮6件，ベッドの配慮6件，車いす・つえの配慮9件，移動機器の配慮8件，浴槽用具の配慮4件などが示されている。

▶2　日本規格協会，2013，『JISハンドブック38――高齢者・障害者等（アクセシブルデザイン）』日本規格協会．

## 2　JIS原案の作成プロセス

　この「高齢者・障害者配慮設計指針」の原案作成にあたっては，独立行政法人産業技術総合研究所の人間の感性・特性に関するデータベースなどを基に，障害者を含む関係者で構成した「JIS原案作成委員会」が審議し，成案化する。

　例えば，筆者が以前にかかわった「高齢者・障害者配慮設計指針―触覚情報―触知図形の基本設計方法」の原案作成委員会は24名の委員で構成され，その

内，視覚障害者団体から2名，大学・研究機関7名，視覚障害支援機関から3名，製造企業3名，関連企業の協会4名，消費者団体等3名，行政・規格協会2名であった。24名の委員のうち5名が視覚障害者であり，その分野は開発，教育機関，サービス支援，当事者団体とさまざまであった。議事は，視覚障害のある委員の発言を中心に進められ，それに基礎データからの解釈，関連有識者のコメントなどを組み合わせていく。また，原案に対する質問・意見・提案とそれに対するコメント，修正などについてはメールを介して委員会開催以外の期間に行われた。

委員会で検討されたのは，交通機関，エレベーターなど移動用機器，ATMなどの公共サービス機器，住宅設備，包装容器，家電製品などについて，視覚障害者を含む多くの人々に触覚情報を提供することで利便性を高めることだけでなく，幅広い情報の選択肢を提供するための方策を生み出すことである。科学的根拠とともに，障害のある消費者の暮らしへの意識に基づいたものづくり，サービスが行われるために，製品設計上の指針は重要である。

## 3　ISO/IEC ガイド71

「高齢者・障害者の配慮設計指針」は，その国際標準である ISO/IEC（国際標準化機構/国際電気標準会議）のガイド71に明確に示されている。これは「規格作成における高齢者・障害者のニーズへの配慮ガイドライン」と名づけられたものであり，2001年11月に日本が提案し制定されたものである。このガイドラインは原案作りも日本が担当したが，それに大きく貢献したのは本書の執筆者の一人で，障害当事者でもある高橋玲子氏であり，翻訳・点訳作業の中心となり各国委員の信頼を得ながら作業を進められた。ガイド71は，世の中にある生活必需品をはじめ，あらゆるものづくり，サービス提供が障害者に配慮されていることを求めた「標準化」であり，これからの社会における基本的考え方と解釈すべきであろう。ガイド71は序文で障害の説明をしているが，例えば「たとえ軽度とみなされる障害であっても，加齢等によってそれらが重複することで，非常に大きな問題となる場合がある」というように，標準化機関では加齢や障害にかかわる問題に取り組むときに「高齢者及び障害のある人々のニーズを熟知する人々の参加を保証することが重要である」と示されており，当事者参画の重要性を唱っている。

本書の中で当事者参画の必要性が随所でうたわれているが，JIS による工業製品の標準化プロセスもまた当事者参画が重要である。これまで，多数の配慮指針作成にかかわる委員会にその考えが活かされてきたことは高く評価できる。今後は，示された指針を有効なものにするためのアドバイザリー・システムを築いていくことが求められる。

（小川喜道）

▶3　日本規格協会，2013，『JIS ハンドブック38──高齢者・障害者等（アクセシブルデザイン）』日本規格協会，p.17。

## II 機器開発とユーザー視点

# 10 ICTの国際規格と当事者参画

## 1 規格の種類

規格には次の3種類がある。

(1) デジュール規格:国際標準化機関，国内標準化機関など，公的な機関であらかじめ定められた手続きを踏んで作成された規格をいう。主要な国際標準化機関として，国際標準化機構（ISO），国際電気標準会議（IEC），国際電気通信連合（ITU）の3機関がある。

(2) フォーラム規格:複数の企業や団体や個人が参加して組織を作り作成した規格をいう。ワールド・ワイド・ウェブ・コンソーシアム（W3C）により作成された HTML，CSS，XML などの規格はこのフォーラム規格である。

(3) デファクト規格:ある企業や団体が作成した独自規格で，当該分野で事実上標準規格として機能しているものをいう。

国際規格というのは，これらのうち国際標準化機関で策定されたデジュール規格のことをいう。一方グローバルスタンダードであるかどうかは，規格の種類とは無関係であり，その規格が世界的に通用していれば，そのように言うことができる。

ところで，これまで ICT 分野のアクセシビリティは，アメリカの国内の障害者政策により牽引されてきた側面が強い。なかでも**リハビリテーション法**[1] 508条は，連邦政府に対してアクセシブルな情報機器やサービスの調達を義務づけている。また同法により設置されたアクセス委員会には多数の障害者が委員として参加し，具体的な技術基準を策定，改定するとともに，監視や勧告等の役割を果たしてきた。

Microsoft 社の WindowsOS や office アプリケーション，Adobe 社の PDF などがアクセシビリティに一定程度配慮していることも，Apple 社の iPhone や iPad に VoiceOver というタッチ操作に対応して画面を読み上げるスクリーンリーダーが組み込まれていることも，Google が Android をアクセシブルにするために TalkBack というスクリーンリーダーの機能強化を行っていることも，Amazon の電子読書端末の Kindle Fire が音声読み上げ機能を内蔵していることや Kindle アプリが VoiceOver や TalkBack に対応していることも，アメリカの国内法や監視機関の活動，米国盲人連合（NFB）などの障害者運動なしには考えられない。

▶1 リハビリテーション法
1973年に制定されたアメリカの連邦法で，障害者の公民権のほか，多様な障害者サービスを規定している。1998年の改正に際して，508条によって障害者がICTを利用するための配慮を連邦政府と取引する事業者に義務づけた。

## 2 ウェブアクセシビリティ

　一方ウェブのアクセシビリティについては，ウェブのフォーラム規格の策定団体のW3Cの活動に負うところが大きい。W3Cにはウェブ・アクセシビリティ・イニシアティブ（WAI）というドメインがあり，ICT企業，障害者団体，政府機関，研究機関などが参加している。このWAIがウェブ・コンテンツ・アクセシビリティ指針（WCAG）を策定してきた。これまでにWCAG1.0が1999年に，WCAG2.0が2008年にW3C勧告として公開されており，ウェブアクセシビリティのグローバルスタンダードとなっている。日本でも，JIS X8341-3というウェブアクセシビリティの日本工業規格が改定され，2010年に公示された。JIS X8341-3:2010はWCAG2.0との整合性が確保されている。日本では，公共サイトのウェブアクセシビリティを促進する政策として総務省が取り組んできた「みんなの公共サイト運用モデル」があり，一定の成果をあげてきたが，JIS X8341-3はこの運用モデルが準拠する規格である。

　実は，WCAG2.0は2012年10月にISO/IECの国際規格となった。その意義は大きい。例えば世界貿易機関（WTO）の政府調達協定（GPA）に影響が及ぶ。GPAには，政府調達の技術仕様は国際貿易に不必要な障害をもたらしてはならず，国際規格，国内強制規格，国内任意規格又は建築基準法規に基づいて定められるものとするという条文がある。日本はGPAの締約国であるから，一定規模以上の政府調達においては，技術仕様は，国際規格がある産品やサービスにおいては，当該の国際規格に準拠する必要がある。だからアクセシビリティに関する規格が国際規格となれば，政府調達においてはアクセシビリティに関する国際規格に準拠した機器やサービスを調達しなければならず，企業の立場からすれば，アクセシビリティの国際規格に準拠しなければGPA締約国の政府調達における技術仕様を満たせなくなる。

　国際規格の策定作業は，各国際標準化機関の専門委員会において行われる。ISOとIECの加入機関は，各国の代表的な標準化機関で構成されている。国際規格の策定は，高度な専門知識，国内および国際的利害調整，人的ネットワークの組織化，規格策定作業を実際に担う技術者の確保等，一大事業である。国際規格策定作業への当事者参画はこれからの課題である。まずは各国の標準化機関と障害者組織，障害者の権利条約批准後は国内監視機関との連携が重要である。また国際的障害者組織は，国際標準化機関やフォーラムとの連携を追求する必要がある。国連の障害者の権利条約の策定過程や策定後の障害者の権利委員会では，障害当事者の弁護士や研究者が専門的な知識を持って参加している。アクセシビリティに関する国際規格策定は，障害当事者の技術者や支援技術の専門家の参加が求められる分野である。

（石川　准）

▶2　この間ウェブ標準という考え方がウェブデザイナーの間で浸透してきた。インターネットでWWWというしくみを使って情報交換を行うためには，共通のルールにしたがう必要がある。また，すべての人が等しくWWWを活用するためには，アクセシビリティを確保する必要もある。これらを実現するためには，ウェブ標準に準拠したウェブサイトを制作しなければならないという考え方である。それはW3Cが勧告しているWWW関連の規格や指針に準拠することと同義であり，自由と開放性を望み，独自規格で固めた垂直統合型のビジネスモデルを嫌うインターネットの文化から支持されている。

Ⅲ　工学技術と障害者の暮らし

# 1 障害者の暮らしと支援機器

## 1 生活の意思決定と支援機器

　工学的支援機器を重度身体障害者はどのように捉えているのだろうか。Ⅲ章の中で，金子寿氏は，望む時に介助者に気兼ねすることなく自由に生活の一部を自らコントロールすることができること，それが支援機器であるという見方を，環境制御装置を例に示している。生活行為の中では，介助者を必要とする場合と，支援機器を活用する場合がある。その際，障害者の望むライフスタイル，リスクを管理する力，家屋環境や居住地の特性など，さまざまな内的，外的要素によって，人と支援機器との関係は異なる。金子氏の場合は，家族と過ごす時間帯と一人で過ごす時間帯があり，それぞれに連続性を持たせ安心感と快適さを維持することに，呼気スイッチを利用した環境制御装置，すなわち家電製品などを制御するインターフェイスが貢献している。それは，健常者がリモコンを扱ってエアコンやテレビを操作することと同じであり，呼気スイッチや音声入力によって操作するところが異なるにすぎない，とみなすこともできる。このことは，Ⅱ-7 の麩澤孝氏の利用する食事支援ロボットの開発にも通じる。特定の生活行為の時間をどのように使うかは障害者自身の意思にあり，その意思決定にどこまで沿うことができるかは，支援機器の技術的レベルに依存する。

▶1　環境制御装置については，利用者である金子寿氏が Ⅲ-2 で，開発者である畠山卓朗氏が Ⅴ-2 で触れている。

## 2 給付対象の「日常生活用具」と一般生産品

　障害者福祉における「**日常生活用具**」は厚生労働大臣が定める種別として，①介護・訓練支援用具，②自立生活支援用具，③在宅療養等支援用具，④情報・意思疎通支援用具，⑤排泄管理支援用具，⑥居宅生活動作補助用具に分類される。具体的な対象品目は市町村がそれぞれの地域事情に応じて決定することになっている。この中には，一般生産品の範疇に入るものも含まれている。例えば，電磁調理器，火災警報器，ファックスなどである。障害者は，障害に特化した支援機器と一般生産品を心身機能のレベルに合わせて取り入れながら暮らしを成り立たせている。つまり，障害者が自らの生活のために利用する道具には"特別なもの"だけではなく身の回りにあり誰もが便利に感じている"一般的なもの"も含まれている。一般生産品は，特定の機能障害を補完しようというものではないが障害者の生活に貢献する例も意外に多い。支援者は，

▶2　日常生活用具
日常生活用具とは，障害者総合支援法第77条第1項第6号の規定に基づき厚生労働大臣が定める日常生活上の便宜を図るための用具である。給付にあたっては，地域生活支援事業のひとつに位置づけられており，区市町村の自治体により，基準額や種目が若干異なる場合がある。

障害者の暮らしにかかわる心身機能とともに，どのように暮らしたいかという意思を十分考慮し，一般生産品を含めて広範囲に支援機器を把握しておく必要がある。

ところで，「生きる」ことそのものを支えるために，ネブライザー（吸入器）や電気式たん吸引器，酸素ボンベ運搬車などを使用する人たちにとって，これらが「日常生活用具」に加えられていることには大きな意味がある。これらの機器はかつて病院内での生活を余儀なくされていた重い障害を持つ人たちに地域で生活するすべを提供している。糖尿病性網膜症による視覚障害の加藤明彦氏は，Ⅲ-4 で，血糖値計，血圧計，体重計，体温計に音声機能が備えられていることで，自ら健康を維持し，他者に頼ることなく自己管理を行えることを紹介している。こうした機能付加は製造元の設計指針に基づくところであり，義務付けられているわけではないが，近年では，健康維持や生きがい，快適さの基盤として，それぞれの障害に応じた製品が増えてきていることは確かだろう。

## ❸ 支援機器と障害者の意識

人間は，さまざまな道具を使い，暮らしを便利にしてきた。自動掃除機は不在時にも部屋の掃除をしてくれる。最近では，さまざまな家電製品がスマートフォンなどで外出先から操作できる時代となりつつある。これらによって人間は何を獲得しているかと言えば，それらに費やす「時間」であり，「自由」である。一方，障害者にとって，支援機器や自助具は「自由」や「主体性」を獲得させるものとおおげさに言うこともできない。その出発点に立つための最低ラインと言うほうが妥当かもしれない。

支援機器がすべての不便や問題を解決するものではないことは言うまでもない。支援機器とは視覚，聴覚，運動などの機能を補い，代替手段を提供するものである。つまり，目的を達成するための手段として選択されたものであるが，その手段としての機器に含まれる"思い"や"意識"というものは，個々人からみれば，抵抗感や違和感を覚えさせたりする場合がある。代替手段には学習や慣れが必要であり，機器を受け入れるという意識も必要となる。そのため支援機器の利用は個々人によって評価が分かれることもしばしばである。つまり，「便利さ」の基準は個々人で異なるとも言える。したがって，そうした意識の中で"道具"の価値が決まってくる。

考慮すべきことは，支援機器の利用が他者との関係性をどのように反映しているかを捉えることである。障害が問題となるひとつの理由として，人間関係の中で対等性を築きにくいということがある。各種支援機器がその観点からどのような役割を果たしているかを検討しなければならない。生活のさまざまな場面で他者とどのような関係を持つか，そうした障害者の思いが大切なのであり，支援者はそのことを絶えず意識する必要がある。

（小川喜道）

## Ⅲ 工学技術と障害者の暮らし

# 2 私の暮らしと環境制御装置

## 1 環境制御装置とは

　環境制御装置とは，けがや事故，または疾病により四肢麻痺などの重度の障害がある人が，身体に残されたわずかな動きを利用して，生活に必要となる身の回りの電気製品などを操作することを可能にするための装置のことである。

　環境制御装置の基本システムは，入力装置（センサー部）・表示器（ディスプレイ部）・本体（制御部）の3つの部分から構成される。入力装置には主なものとして，手のひら，肘，あご，足などで押す「押しボタンスイッチ」，指先や舌先などで触れる「タッチスイッチ」，息を吹いたり吸ったりする「呼気スイッチ」，目の動きやまばたきを感知する「光ファイバースイッチ」などがある。最近では，音声認識精度の向上により「音声認識スイッチ」も取り入れられるようになってきた。

　操作できる電気製品は，テレビ，ビデオ，オーディオ，エアコン，電灯，電動ベッド，電話（専用電話であるシルバーホンふれあいS限定）・インターホン，コール（呼び鈴）などが一般的であり，特殊なものとしては，玄関錠，電動ドア・カーテン，自動ページめくり機なども操作できる。また，意思伝達装置やパソコンを操作することも可能である。原則として，スイッチで操作できる電気製品ならば，環境制御装置の操作対象となりえる。

　多くの環境制御装置は赤外線リモコンを学習する機能を有しており，赤外線リモコンで操作できる電気製品のリモコン信号を記憶させることで簡単に装置に接続することができる。ただし，高機能エアコンなど一部の製品では，リモコン信号を記憶させられない場合もあるので事前に調べておく必要がある。

　また，赤外線リモコンのない機器の場合には有線で接続する。具体的には，電話（シルバーホンふれあいS）などは専用コネクターを使用して接続し，赤外線リモコン機能のない扇風機や電気スタンドなどは，AC100Vコンセントを ON/OFF するための環境制御装置用リレー端子に電気製品のコンセントを差し込んで接続することになる。さらに電動ベッドの場合は，手元スイッチ（有線式リモコン）を改造することによって，背もたれや全体の上下操作が可能となるが，改造を加えることによってメーカーの保証などが得られなくなる可能性があるので注意が必要である。

　特に重度の四肢麻痺の人が在宅生活を送る上で，本人の望む時に介助者への

気兼ねなく，自由に自らが生活の一部を自分でコントロールすることのできる環境制御装置は，本人および介助者の心理的・肉体的負担軽減にとってとても大きい意味を持つ。

### ❷ 環境制御装置と自立生活

私は1978年に高校のクラブ活動中のけがが原因で，肩から下を動かすことができない四肢麻痺の障害（頸髄損傷C4）を負ってしまった。私が初めて環境制御装置と出会ったのは，受傷1年後に神奈川リハビリテーション病院に転院して，リハビリを受け始めたときである。当時，この病院のリハビリテーション工学研究室に勤務されていた畠山卓朗氏が，研究開発中であった環境制御装置を私の病室のベッドサイドに設置してモニターとして利用させてくれた。

そのときの環境制御装置は，8インチの小型モニター（表示器）を見ながら口元の呼気スイッチで操作するタイプで，ナースコール，電動ベッドの背もたれの上下，オーディオ（ラジオ／カセットテープ），カタカナタイプなどの操作ができた。それまで，ナースコールは手で押す大型タイプのものを頭の下に置いて頭で押していたが，ズレてしまい押せなくなることが度々あった。また，電動ベッドの背もたれの上下も自分で調節が出来るようになり，それまで困ったり不便に感じていたことも改善され，環境制御装置を使い始めてからは快適に入院生活を送ることができた。

さらに，病院を退院して在宅生活をスタートする際にも，畠山氏が自宅まで環境制御装置をセッティングに来てくれた。このときに一番苦労したのは電話機で，当時はまだ呼気で操作できる福祉電話（シルバーホンふれあいS）が製品化されていなかったため，受話器をモーターで持ち上げたり，受話器を持たずに話ができるように音声部分をスピーカーに接続したりといったことは畠山氏のご助力がなければ実現できなかった。電話に自分で出られることで，介助者がいなくても一人で過ごせる時間が増え，自立的意識が高まったことをいまでも覚えている。退院後の在宅生活をイメージすることもできず，とても不安だった在宅生活に踏み出せたのも，畠山氏から支援をいただいた環境制御装置があったことが大きな要因である。現在市販されている環境制御装置の元となっているのは，畠山氏が研究開発された環境制御装置であるといっても決して過言ではない。

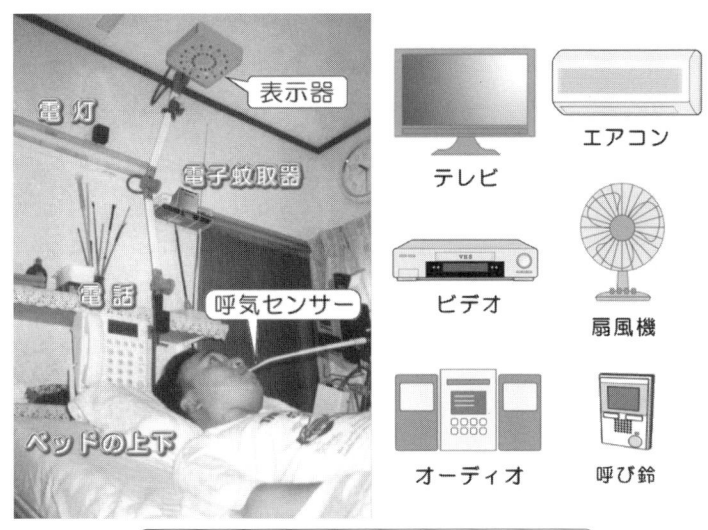

図Ⅲ-2-1　環境制御装置を操作している様子

▷1　首の骨の中にある頸髄から頸神経といわれる8対の神経がのびており，上から順にC1〜C8と呼ぶ。傷つく神経の部分が脳に近いほど，麻痺する障害が重くなり，C4では一般的に肩から下を動かすことができなくなる。

▷2　Ⅴ-2 参照。

現在，私は60チャンネルの環境制御装置を使用して，テレビ，ビデオ，オーディオ（ラジオ／CD），電灯，エアコン，扇風機，福祉電話（シルバーホンふれあいS），電動ベッド，呼び鈴，電子蚊取り器などを操作している（図Ⅲ-2-1）。例えばテレビ操作の場合，電源スイッチ，音量の大小，チャンネル選局（スキャン），また地デジ化への移行に伴い増えた各ボタン（データ連動，矢印，決定，番組表）なども操作している。

　私のように四肢が麻痺してしまう重度な障害を負って在宅生活を送る場合，更衣，排泄，入浴，食事など生活全般にわたって介助者の手を必要とする。さらにもっと細部にわたる身の回りの電気製品の操作などを含めると介助者は一時も気を休めることができず，精神的な負担は想像を絶するものがある。また，本人にとっても身の回りのことすべてを介助者に頼らなければ何もできないという精神的なストレスを抱えてしまうのが現実である。そのような重度な障害者にとって，自分自身で身の回りの電気製品をはじめとした生活に必要な機器を操作することのできる環境制御装置は，必要不可欠であり非常に重要な装置であることはすでに述べてきた通りである。この装置を活用することにより，介助者がいなくても一人で過ごせる時間が増える。重度な障害があってもさまざまな福祉制度と併せて，環境制御装置の機能を最大限に活用することで家族に介助を依存することなく，自立生活の道も拓けてくる。私自身，もし環境制御装置が無かったら30年以上にわたって在宅生活を継続できたかどうかわからない。仮に在宅生活を送ってこられたとしても，もっと質（QOL）[3]の低下した生活を送ってきたに違いないことは断言できる。

　また，私だけでなく環境制御装置を利用している頸髄損傷の知人などからも，「簡単な介助を頼まなくてもよくなったことで，プライバシーを確保することができるようになった」，「長時間一人で過ごせるようになり，介助者が買い物などで外出しても不安がなくなった」，「電動ベッドの背上げや足上げが自分でできることで体位変換の減少につながった」との声，さらには「趣味活動などにもつながっている」との声も聞かれる。

### ３　環境制御装置と余暇活動

　前述したように自立生活に大変有意義な環境制御装置であるが，私の余暇活動にもとても役立っている。けがで肩から下の自由を失い，一生このままの状態だと知ったときは生きる希望を失ってしまった時期もあったが，家族をはじめ多くの人たちの励ましや支えによって少しずつ前向きな気持ちを持てるようになった。2001年の結婚を機に，妻や今までお世話になった方々への感謝の気持ちや，多くの人に命の大切さを伝えたいと思い，口に絵筆をくわえて詩画（草花の絵と詩）を描きはじめた（図Ⅲ-2-2）。

　しかし，首から上しか動かないため，筆をくわえて描ける範囲は限られてし

▶3　QOL（Quality of life）
生活の質。Ⅷ-6 参照。

まう。絵の具の色合いは妻の手を借りているが、スケッチブックの位置をこまめに調整してもらうことは妻の負担にもなってしまう。最近では、リモコンで上下・傾斜・伸縮の動作が可能な電動式のイーゼルも販売されているが、テーブルの上に置いて使えるような小型のものではなかったり、金額も20～30万円程度と高価である。その様な場面でも、ベッドの背もたれの角度や高さの上下の調節を環境制御装置で行うことで、絵筆の可動範囲が狭い私でも自分である程度位置の調整ができ、余暇活動にも欠かせないものとなっている。

図Ⅲ-2-2　口に絵筆をくわえて詩画を描いている様子

### 4　環境制御装置導入における留意点と課題

　環境制御装置は、その機種によって操作できる上限（チャンネル数）が決まっており、その上限を超えて利用することはできない。事前に導入する環境制御装置のチャンネル数を確認するとともに、使用する本人がどんな電気製品のどの機能を操作したいのかということを検討しておく必要がある。

　また、一般的に環境制御装置はベッド上で使用することが多いので、体位変換も含めたベッド上での姿勢を把握し、入力装置や表示器の設置場所や設置方法などについても十分に検討する必要がある。

　さらに、車いすに乗車した状態でも環境制御装置を操作したいというニーズもある。その場合は音声認識による環境制御装置が有効だと考えられる。前述のように、最近では音声認識の性能も向上し、指向性の高いマイクと併用することで生活雑音下でも誤認識が少なくなってきた。例えば、専用の音声認識ソフトをノートパソコンに組み込み、接続されたマイクに向かって発声するだけで操作できる環境制御装置も市販されるようになった。この場合、従来の据え置き型装置ではないため、大がかりな設置工事なども必要なく、音声認識環境制御装置の本体であるノートパソコンを移動させることで、ベッド上や車いす乗車時など場所を問わずにどこでも利用することが可能である。

　ところで、現在のところ環境制御装置は障害者自立支援法に基づく日常生活用具給付対象品目に認められていないという問題がある。私の生活する神奈川県の場合、県の単独事業として1997年から「住宅設備改良費の補助」の中の項目として「環境制御装置の設置」（助成額：60万円）が助成対象として認められている（政令指定都市の横浜市・川崎市も同様の事業がある）。しかし、同様の助成事業を行っている自治体は全国にもまだまだ少なく、環境制御装置の供給や新たな開発を妨げていることは容易に想像される。今後は国や自治体などに対して、重度な四肢麻痺者における環境制御装置の必要性とその導入のために必要な制度化を訴えていく必要があるといえる。

（金子　寿）

▷4　絵を描くときにキャンバスやスケッチブックを載せる台。

▷5　重度障害者等の日常生活がより円滑に行われるための用具を給付または貸与することにより、福祉の増進に資することを目的とした事業。具体的な対象品目は、市町村が地域の実情に応じて決定している。

Ⅲ　工学技術と障害者の暮らし

# 3　重症心身障害児者の暮らしと福祉機器

▶1　重症心身障害児（者）
児童福祉法上，重度の知的障害および重度の肢体不自由が重複している状態を指す。

▶2　療育手帳
法律による判定基準は存在しない。1973年厚生省（現厚生労働省）通知「療育手帳制度について」に基づき各都道府県知事が知的障害と判定した者に発行している。

▶3　胃ろう
食物・飲料・医薬品などの経口摂取が不可能または困難な患者に対し，人為的に皮膚と胃に穴をあけ，チューブ留置し食物・飲料・医薬品を流入させ投与するための処置。

## 1　重症心身障害者となるまで

　最重度の知的障害（**療育手帳**A1）を持って生まれた障害者である1980年生まれの二男は，20歳の時に麻疹から肺炎を発症し，呼吸不全への緊急措置として気管切開をし，さらにその後21歳で**胃ろう**を増設した。それ以前からてんかんの小発作のコントロールがなかなかうまくいかず，嚥下障害による誤嚥や転倒によるけがが絶えない状況で，歩行も困難になったため身体障害者手帳1種1級を18歳で取得していた。

　わが家は長男も最重度の知的障害者で，グループホームで生活している。週末は，長男が帰宅し家族4人の生活になる。長男も運動機能は生まれつき低く，年齢を重ねるとともに歩行も不安定で介助をしないとすぐ転倒してけがをしてしまう状況である。そんな環境の中で，二男は2002年に長い入院生活から在宅生活を中心とした生活へと移行した。

## 2　日常生活の中で福祉機器と付き合うということ

　4LDK100㎡の集合住宅の我が家で，二男の居室は日当たりのいいベランダ側の6.2畳である。家の中で過ごす時間が多くなることを念頭に，一番日当たりが良くリビングやキッチンから様子が見える場所にしている。

　日常生活用具の購入補助を申請し，パラマウントの介護用3モーターベッド，エアマット，入浴シャワーチェアー，吸入器，吸引器を退院時に揃えた。

　場所を取るこれらの機器のうち，特に吸引吸入器と吸引カテーテル，消毒用アルコール綿，精製水，多種類の服薬類をどの介助者も間違えないよう，使いやすく整理して管理するために，手作りのワゴンを父親が市販のキッチンワゴンをベースに改造した（図Ⅲ-3-1）。

　このワゴンは，電源コードを動かすことで出かける寸前でもベッドまで戻らず吸引できる。車いすに移動した後でも，そこまでワゴンを運べば痰の吸引，気管の消毒がすぐできるのでとても便利である。通院やデイサービスへの通所，ヘルパーさんとの散歩など，それなりに忙しい毎日の中で，居宅の介護を家族の暮らしと共存しながら行うためには，本人の快適さはもとより介助者にとっても融通がきき，不便にならないよう工夫することは大事なポイントである。

図Ⅲ-3-1　父親作成のワゴン

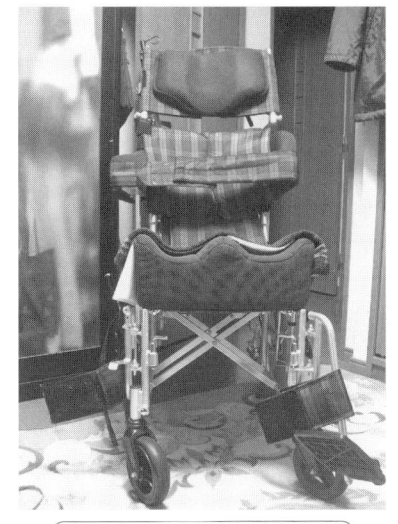

図Ⅲ-3-2　2台目の車いす

### 3　介助者が福祉機器を決める難しさ

　二男は身長170cm，体重54kgと重症心身障害者としては大きい方である。その彼を，身長154cmの私が車いすに一人で移乗させなければならない日がある。柔道の背負い投げの要領で息子を持ち上げる技を訪問看護師さんから伝授され，できるだけ腰に負担がかからないように注意しながら移乗する。重症心身障害になって10年が経過し，筋力の低下によって体幹の維持も低下してきたため，2台目の車いすを作成することになった（図Ⅲ-3-2）。リクライニング機能の設置に加えて，頭部を支えるクッションの追加，座位を支える複数の幅の違うシートベルト，移乗の際の落下事故やけがの防止のための足置き部分の折りたたみ機能，肘掛部位が上下に動く機能などを追加した。製作に当たっては，リハビリテーションセンターで医師の助言を受けながら，父親が細かい要望を伝えて何度も調整をしたが，いざ出来上がってみると反省点は山積みである。

　本人の意思確認が出来ないとはいえ，クッションとお尻の相性や，座り心地，足置きの位置の微妙なズレ，座って動いたときの体幹保持の難しさなど息子の意見を聞いてみたいと思ったりする。ことばでの意思表示ができない息子のような障害者の意思確認が出来る福祉機器が近未来には実現してほしいものだ。また，介助する側にとっては，重量も大きな課題のひとつである。忙しい朝の時間，シートの取り外しをせずに車に収納でき，一人で持ち上げられる重量が好ましい。スロープの付いた福祉車両対応のワゴン型乗用車は車高が高く，立体駐車場などの高さ制限もあり，わが家の現状では対応が難しい。重症心身障害者と年を取っていく介助者が出来るだけ長くこの住まいで家族として暮らし続けるために，居宅で使う福祉機器には両方のニーズを叶える視点が欠かせない。

〔石野えり子〕

Ⅲ　工学技術と障害者の暮らし

# 4　ロービジョンにとっての環境とユニバーサルデザイン

## 1　ロービジョンとそれを取り囲む環境

　ロービジョンとは，病気やけがによって視機能の低下した状態のことであり，WHO（世界保健機関）の定義では，両眼の矯正視力が0.05以上0.3未満の状態をロービジョンと定義される。

　視覚障害にはロービジョンのほかに，まったく見えない（視機能がない）状態の「全盲」があり，それに対して視機能に異常がない状態を「晴眼」という。ロービジョンといっても，その見え方は原因となる病気やけがの種類・状態によってさまざまであるが，見え方のイメージとしてはピントのボケた写真を見ているような感じ，という表現がわかりやすいだろう。

　私の場合は糖尿病の合併症のひとつである**糖尿病性網膜症**[1]の悪化に伴って網膜剝離を発症して一時期は失明状態になり，いまはロービジョンである。現在の矯正視力は，右眼が0.05前後で，左眼は失明の状態である。

　この状態での見え方はというと，人の顔の表情は1mくらいの距離ではわかるが，3m以上の距離になると，たとえ親でも，人だということはわかっても表情まではわからない。

　ロービジョン者の置かれている環境について，当事者からはどう見えているのか，例を挙げてみよう。

◎駅の改札付近やホーム上あるいは車両内の路線図・運賃表・時刻表などの文字が小さくてわかりにくいし近づきにくい状況もある（バスの停留所やバスの車内も同様）。

◎乗車券や食券などの自動券売機や自動販売機に表示されている文字が小さくてわかりにくい。

◎金融機関のATM機も，最近でこそ数字や文字の表示が少しは大きくなっているが，画面を見ようとして顔を近づけるとエラーメッセージが出たり，誤作動してしまうことがある。

◎エレベーターの階数表示，タクシーの空車表示や料金表示などは，近づいて見ることができないのでわかりづらい。

◎道路標識・案内板・看板・ポスターやお知らせの貼り紙などは近づいて見なければわからない。

◎飲食店のメニュー，商品の値段や説明書き，会計伝票やレシートなどは手に

▶1　糖尿病性網膜症
糖尿病の三大合併症（神経障害・腎症・網膜症）のひとつ。

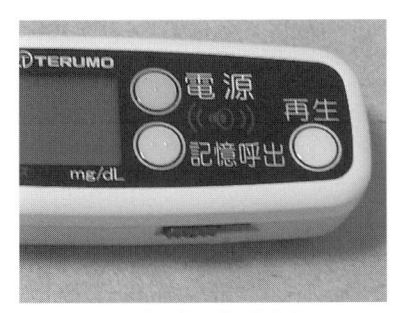

Ⅲ-4 ロービジョンにとっての環境とユニバーサルデザイン

スイッチは、緑、黄、白の3色に色分けされていて、全盲の人にも、触ってわかるように凸点が1個、2個、3個とそれぞれに付いていて配慮されている。

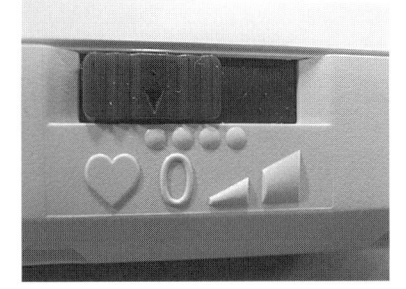

音量の調節はスライド式で、左のハートマークは「ささやきモード」「切」「小」「大」の4種類が選べる。「ささやきモード」は、本体に耳を付けると自分だけ聞けて、周囲の人には聞こえないように配慮されている。

図Ⅲ-4-1　メディセーフフィットボイス

取って見ることは出来るものの、文字は小さくてわかりにくい。

以上のような不便があることから、ロービジョン者はこれらの問題を解決するために単眼鏡や拡大鏡（ルーペ）などを持ち歩かなければならない不便さを強いられる。こうしたロービジョン者の現状を知ってもらいたい。

## ❷ ロービジョンとユニバーサルデザイン

病気によるロービジョンや全盲など、視覚に障害を持つ患者は、日常生活において不便を強いられている上に病気の治療や健康管理まで一人でケアすることはとても困難であり、かつては諦めてしまう人もいたが、現在ではその様子は変わってきている。

私も、糖尿病と**人工透析**の治療を行っているロービジョンの患者として、毎日何回も血糖と血圧、その他に体重や体温を測定するという生活を送っているが、音声で知らせる血糖計・血圧計・体重計・体温計などの機器のおかげでこれらは可能となっており、このように自己管理ができるような現状は20年前では考えられない。

これらの音声機器の中でもユニバーサルデザインの考え方を顕著に表す血糖計、「**メディセーフフィットボイス**」（図Ⅲ-4-1）の配慮点を見てみよう。

ほとんどの血糖計は「ピッピッ」などの報知音が鳴るだけで状態の説明がないが、この「メディセーフフィットボイス」は「電源が入りました」「正しいチップが付いていません」など音声メッセージで現状を説明してくれる。

またスイッチも、緑・黄・白と色が変わることで視認しやすくしていたり、全盲の人でも凸点の数を触ってわかるよう配慮されている。見える・見えないにかかわらない、優しい配慮を感じる。

障害があってもなくても、誰もが幸せを感じて楽しい生活を送ることが出来る社会を実現するためには、ユニバーサルデザインは必要不可欠な存在だと私は実感している。

（加藤明彦）

▷2　人工透析
腎不全の治療のひとつ。腎臓の機能を代行する装置によって血液を体外に導いて老廃物を除き、必要な電解質などを補給して体内に戻す。

▷3　メディセーフフィットボイス
テルモ（株）から発売されている業界唯一の音声血糖計。

## Ⅲ 工学技術と障害者の暮らし

# 5 ユーザーが生かす過去の機器

## 1 iPadを指先で読む？

　先日，ある視覚障害者との会話の中で，「iPadの画面をオプタコンで読んでいる人がいる」という話を聞いた。すでに「過去の遺物」と思われているオプタコンが，こうした形で使われていることに驚くとともに，その価値を再確認した思いである。

　オプタコン（Optical-to-Tactile Converter）は1971年にアメリカ・スタンフォード大学のリンビル博士が，全盲のお嬢さんに墨字（普通の文字）を読ませたいとの思いから開発したもので，その構造は，右手で持ったカメラで捉えた文字や図形を，本体の触覚ディスプレイに埋め込まれたピンに伝え，その振動を指で感知することで形を認識する機器である。初期の「オプタコンⅠ」では，ピンの本数が縦24×横6の計144本であったが，後に開発された「オプタコンⅡ」では，縦20×横5の計100本となり，軽量化とともに精度の向上が図られた（図Ⅲ-5-1，図Ⅲ-5-2，図Ⅲ-5-3）。

　日本では，故**松井新二郎**氏[1]が1970年代に導入し，リハビリテーション施設や盲学校などで訓練と普及が図られたが，音声パソコンや**OCR**[2]などが使われるようになったこと，また価格が高い（オプタコンⅡで約50万円）ということもあり，アメリカのメーカーが生産を打ち切った後，1990年代終わりには日本での代理店のキヤノンが販売を終了し，現在では入手することができない。

　ただ，手軽に持ち運べることや，OSなどに左右されないこと，また文字だけでなく，ロゴやマークといった図形も認識できることなどから，少数だが活用している視覚障害者が現在でもおり，私もその一人である。

## 2 オプタコンの価値と有用性

　オプタコンは，導入からずっと「触覚読書機」という位置づけで多くの視覚障害者や教育関係者に理解されてきた。確かに，最初はほかに方法がなかったこともあり読書機として利用されていたが，パソコンやOCRの出現で，読書という点では，これらの新しいツールにその座を譲ったといえよう。

　それをきっかけとして，オプタコンの役割は「読書」から「形の認識」に変化していったような気がする。パソコンやOCRでは，ことばの意味はわかっても「形」を認識することはできない。また，形を伝えるには**立体コピー**[3]とい

---

[1] 松井新二郎（1914-1995）
日中戦争での負傷がもとで失明。日本大学大学院中退。国立東京視力障害センター相談室長・研究室長などを歴任。日本カナタイプ協会，社会福祉法人日本盲人職能開発センターを設立。視覚障害者のリハビリテーション・職業教育において大きな功績を残した。

[2] OCR
Optical Character Readerの略で，印字された文字や手書きの文字をスキャナーなどで光学的に読み取り，コンピュータで扱える文字データに変換するしくみ。

[3] 立体コピー
専用用紙に熱を加えて，印刷部分を浮き出させる。地図やグラフを触覚で読み取ることができるほか，盲学校での漢字教育などで利用されている。

う方法もあるが，いつでも手軽に使えるというわけではない。それに対して，オプタコンは，対象物にカメラを当てるだけで，早ければ秒単位でユーザーが「形」を知ることができるのである。

　私は，ほぼ毎日オプタコンを活用している。用途は，受け取った名刺を読んでパソコンに情報を入力したり，レシートの金額を確認したり，音楽CDのジャケットに印刷されている曲名や演奏者を読んだり，時には，形を忘れてしまった漢字を確かめたりもする。さらに，自分で書いたものの状態をチェックするのにも利用しており，まさに「現役」である（図Ⅲ-5-2，図Ⅲ-5-3）。

　何よりも，私がオプタコンの有用性として実感するのは「指先で読んだものは忘れにくい」ということである。耳で聞いたことは案外忘れてしまうが，オプタコンで読んだことはなかなか忘れない。これは点字にも共通していることだが，最近はこの「触覚の価値」が見過ごされているように感じる。こうした時代の流れもあってか，オプタコンに続く，触覚で形を認識する機器の開発が進んでいないのはとても残念である。

　私は，視覚障害者であっても「形」を知ることは，社会生活を送る上で大変重要だと思っている。だから，今後より安価で高性能な触覚で形を認識する機器が出現することを切望してやまない。

　iPadの液晶画面をオプタコンで読むという発想，そしてスマートフォンやタブレット端末のスクリーンキーボードを操作する視覚障害者が出てきているという事実は，もしかすると「触覚への回帰」の兆しかもしれないという期待を持たせてくれる。

　なぜなら，触覚は，聴覚と並んで視覚障害者にとっての大切な情報入手の手段だからである。

（北神あきら）

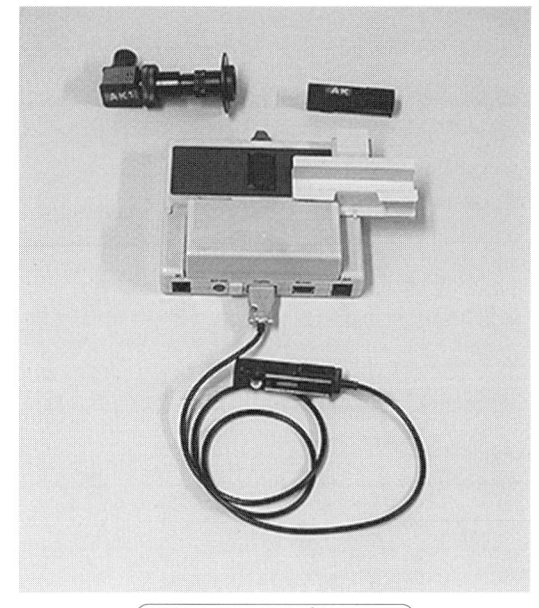

図Ⅲ-5-1　オプタコンⅡ

左上が画面読み取りアタッチメント，中央がオプタコン本体，右上が拡大レンズ。

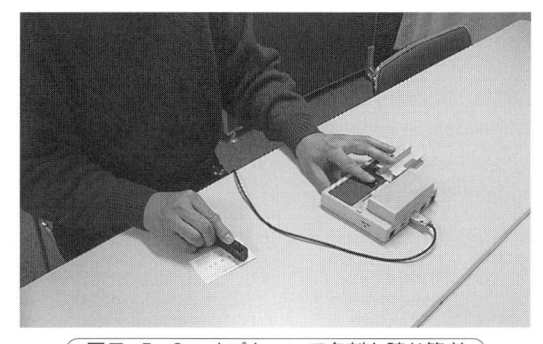

図Ⅲ-5-2　オプタコンで名刺を読む筆者

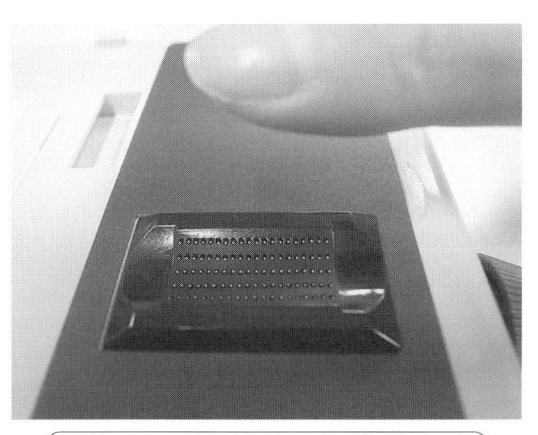

図Ⅲ-5-3　オプタコンのピンディスプレイ

## Ⅲ　工学技術と障害者の暮らし

# 6　聴覚障害と支援技術

## 1　聴覚障害の種類とインペアメントの中身

　聴覚障害者は，事情のわからない人からは，単に「聞こえにくい」「聞こえない」人として十把一絡げに受け取られ，また支援の内容や方法についても単純に考えられがちである。しかし，一口に「聴覚障害」といっても聞こえの程度はさまざまであり，主なコミュニケーション手段も多岐にわたる。それゆえに，必要とする支援内容や方法には個人差が大きい。補聴器などをつけていなければ，ただでさえインペアメントがあるとは外部からはわからないだけに，周囲の抱くイメージと実際の困難さとの落差が激しい障害のひとつである。

　聞こえの程度は，専用機器（オージオメータ）を用いて測定され（オージオグラムというグラフ形式），デシベル（dB）という単位の数字で表される。この数字が大きいほど聞こえの程度が良くないことを意味する。聴覚障害分類の仕方はさまざまであるが，例えば世界保健機関（WHO）のものは，表Ⅲ-6-1の通りになる（dBHL の HL とは Hearing Level のこと）。

　ちなみに「ろう」▼1と言った場合は，医学的には「非常に高度」なレベルで聞こえない状態を指し，それより聞こえない程度が軽い場合は「難聴」と言い表されている（後述する，社会文化的な意味での「ろう」とは意味が違うので注意）。音声・書記言語（文法）の習得には聞こえの程度が影響してくるので，先天的，あるいは幼少時から「ろう」である場合は，正確な発音が難しい，もしくは日本語の助詞や擬音語などの使い方で困難を覚えることもある。それゆえに，「ろう」や高度の「難聴」の場合，音声・書記日本語で学んでいく上で困難に直面し，学校の成績が振るわないケースも見られる。聴覚障害児が直面し易い学力面での困難，いわゆる「**9歳の壁**」▼2にはこうした背景があるとされる。

　そもそも聞こえない音を正確に発音するのは難しいし，難しいものを無理にさせられるのも苦痛である。ろう学校（現在の聴覚特別支援学校）では，かつて音声言語一辺倒の教育（いわゆる口話教育）が主流であったのだが，ろうの子どもたちに音声言語（だけ）を教えることへの批判があったのは，こうした事情ゆえである（今日でも「ろう教育」においては，手話重視の立場がある一方で，学力的な面から口話教育を再評価する立場もあって，論争が続いている）。

　聴覚障害は，聞こえの程度が悪くなる原因の観点から，「伝音性難聴」，「感音性難聴」および「混合性難聴」と区別もされる。伝音性難聴とは，その漢字

▶1　英語では「deaf」が「聴覚障害」全般を意味する単語で，医学的な意味での「ろう」という場合もこの単語が使われる。一方，「Deaf」は，社会文化的な意味での「ろう者」を意味する。なお，難聴の場合は「hard of hearing」と表現することもある。

▶2　**9歳の壁**
初等教育において，抽象的な概念が多くなる小学校3年，4年で学習に躓くことがあり，そこを乗り越えなければ，高学年以上での学習についていけないという意味で用いられている。1949年から1968年まで東京教育大学付属ろう学校（現筑波大学付属聴覚特別支援学校）の校長であった萩原浅五郎が最初に用いたとされる。聴覚障害児は耳からの情報量が制約されることから，抽象的な論理能力の獲得，形成が難しくなり，小学校高学年の学習で成績不良に陥ることが多いという。脇中起余子は，生活言語（basic interpersonal communicative skill : BICS）と学習言語（cognitive/academic language proficiency : CALP）という概念を用いて，「9歳の壁」現象を説明している。つまり，聴覚障害児において前者は身につけたとしても（そもそも小学校低学年の言語教育は BICS 中心），

名称のとおり，外耳から中耳にかけての，音を伝える経路に原因を持つ。一方，感音性難聴は，内耳から聴覚中枢における病変に由来するもので，内耳までの音の伝達（空気振動または頭蓋骨の振動（骨振動））には問題がないが，それを音として「感じる」部位に故障が生じたものであり，音が歪んで聞こえる，明瞭に聞こえないなどの困難が生じる。そして混合性難聴は，以上のふたつを併せ持つ。

したがって，同じdB値であっても，こうした違いゆえに当然，聞こえの質は相当に異なってくる。一般的に，伝音性難聴の場合は，音の伝わり方が問題なので，補聴器などによる音声の増幅によって聞こえの程度をカバーできる余地が大きいとされる。それに対して，感音性難聴の場合は「音を感じる部位」のインペアメントであるために，単純に音を大きくすれば「正しく聞き取れる」というようなものではないことが多い。不明瞭に聞こえる音をいくら大きくしても，ただ不明瞭な音が大きくなるだけである。それゆえに，感音性難聴では補聴器を使っても十分に聴力をカバーできないことも少なくない。

また，高音が聞こえにくい人（女性の声が苦手），低音が聞こえない人（男性の声が苦手），高音も低音もダメな人，サ行とタ行が区別できない人など，苦手とする音の種類にも個人差が相当あり，それゆえに困難の内容は一人一人まったく違うと考えてまず間違いない。単純に，dB値だけでもって聞こえの困難さをイメージすることは難しいのであり，そのことは同時に支援の仕方にも個別的な対応（の組み合わせ）が必要であることを意味している。

## 2 さまざまな支援技術

聴覚障害は，情報障害，コミュニケーション障害であるとよくいわれる。コミュニケーションの本質が双方向性にあるとすれば，聴覚障害者とコミュニケーションをとろうとする側（多くは「聞こえる人」＝「聴者」）によって障害が引き起こされている側面（環境要因，社会的障壁）もあることが理解できるだろう。したがって，聴覚障害＝コミュニケーション障害を軽減除去するためには，聞こえる側の工夫や努力，そして（聴者中心）社会の側の配慮もまた欠かせないことを銘記しておきたい。

ところで，聴覚障害者に対する支援技術を，大きくハードとソフトに分類してみよう。前者は物理的な器具とそれを動かすための技術を意味し，人工内耳，補聴器，磁気誘導ループなどがその例である。パソコンなど音声認識の機具やそのためのアプリケーション（それ自体はソフトウェアであるが）もここに含めてよい。最も代表的な支援機器である補聴器は，近年コンパクト（小型）化，デジタル化が進んできている。

注意したいのは，これら機具を用いることで音が大きく聞こえるようになったとしても，その音の意味理解はそれとは別だということである。例えば，感

表Ⅲ-6-1 WHOによる聴覚障害の分類

| | |
|---|---|
| 軽　　　度 | 26〜40dBHL |
| 中　等　度 | 41〜55dBHL |
| やや高度 | 56〜70dBHL |
| 高　　　度 | 71〜90dBHL |
| 非常に高度 | 91dBHL以上 |

後者（教科書に使われる言語）の獲得が聞こえの制約のために十分ではなく，それがそのまま成績に反映されてしまうことがある。脇中は，学習言語（CALP）獲得に向けて聴覚特別支援学校での教育のあり方についての議論の必要性を訴えている。

▷3　英語では「cochlear implant：CI」。外科的に器具を埋め込み，蝸牛を電気信号によって刺激する（健康保険適用）。聴力回復には個人差があり，成人の場合はあまり効果がないこともある。言語獲得の関係もあり，年齢が早いほど効果が大きいとされる。ただし幼少時の手術は本人の意思に関係なく実施されることへの批判，あるいは結果的に手話言語や「ろう文化」存続への挑戦と見なされ，その是非について議論がある。なお欧米では，装着率は日本と比較して高い。Ⅰ-2参照。

▷4　開発された順に，ポケット型，メガネ型，耳かけ型，耳穴型（一部が外耳外にでるカナル型，完全外耳埋没型）などのタイプがある。耳穴型のようにサイズが小さければ性能も制約を受けたが，近年のデジタル化などで小型でも高性能のものが開発されてきている。骨伝導型の補聴器もあり，使用者の状況に合わせ

て使い分けられている。なお毎年6月6日は「補聴器の日」とされる。

▶5　ヒヤリングループともいう。磁気を発生させ，音声を直接，補聴器に伝送するので，雑音が少ないクリアな音が聞こえる。磁気発生ワイアをループ状に設置することからこう呼ばれる。常置型と移動型がある。

▶6　近年，テレビ番組では字幕放送が増えてきており，聴覚障害者にとって便利になっている。しかし，(邦画の) 映画やDVDについては一部にとどまっており，また洋画についても近年は字幕なし日本語音声が人気を集めていることから字幕上映が縮小される恐れも指摘されている。

音性難聴の場合は音が大きく聞こえたとしても，その音を明瞭に識別できないことがある。識別しにくい音はいくら音量を大きくしても聞こえ難いことには変わりない。また，騒音環境のもとでは補聴器は雑音まで拾ってしまい，かえって聞こえ難くなる傾向がある。パーティ会場などは補聴器が特に苦手とする環境である。こうしてみると，ハードは決して万能ではないことが理解できる。聴者は往々にして，補聴器や音声認識の機械などがあれば大丈夫でそれ以上の支援は不要だと思いがちであるが，それは大きな間違いなのである。

遠隔コミュニケーションは，電話が主流であった時代の困難は大きかったが，今日は電子メールが多用されるようになっている。この点での恩恵は大きく，携帯メールなどで，いつでもどこでも遠隔コミュニケーションが可能になった。災害発生時に聴覚障害者は情報孤立状態に置かれがちであるが，電子メールや携帯などからのwebアクセスによってかなりカバーができるようになった。

一方，ソフト面での対応は，言語聴覚療法士（ST）によるリハビリテーション，要約筆記，手話通訳，字幕挿入（テレビなどの字幕放送を含む）から，ゆっくり喋る，筆談するといった配慮まで幅が広い。ソフト支援の場合は人間・人手に依存するのが特徴であり，そうした専門スキルを有している人，あるいは配慮ができる人を育成していく，また広く啓発していくことが欠かせない。さらに，要約筆記にパソコンやスマートフォンを使用する例のように，ハード機器をそこに組み合わせていくことで，よりスムースな支援，あるいは迅速なコミュニケーションが可能になる。

ただし，例えば要約筆記は相手の発言を100％カバーできるものではなく，手書きの場合だと，話すスピード，発音の明瞭さや周囲の静粛さなどにも影響されるが，話された内容の2割から3割程度をカバーするに留まる。テレビや映画の字幕にしても，俳優が喋っている内容の一部にしか過ぎず，どうしても省略されがちである。そう考えると，ソフト支援についてもハードのそれと同様に決して万能ではないことが理解できるだろう。要約筆記があるから「これでまったく大丈夫」と周囲が勝手に即断すべきではない。なお，中途失聴の場合には，聞こえなくなったことへの心理的葛藤を抱える場合もあるため，カウンセリングや自助グループなども支援メニューとして用意されている。

「聞こえない」程度やその質は人それぞれであるし，さまざまな支援にも長所，短所，あるいは向き不向きがある。結局は，一人一人の困難やその人が置かれている状況に合わせて，最良の組み合わせを見つけ出す努力が欠かせない。その義務は，聞こえる側にもあることを確認しておきたい。

### ３　「聞こえない」インペアメント体験

最後に，筆者自身の聞こえないというインペアメント体験を記して，この項を終わりたい。筆者は，身体障害者手帳4級を所持する難聴者である。両耳の

感音性難聴で85〜90dB程度の聴力のため補聴器を使用している。高音部が苦手で，ホイッスルの音が聞こえず体育競技ではスタートがいつも遅れていた。母によれば，3歳頃まで後ろから声を掛けたら振り返っていたのが，それ以降は振り返らなくなったとのことなので，その時期くらいから聴力が低下したと思われる。幼児期での中途失聴ということになるだろうか。

聞こえが悪くなった原因は不明であり，それから両親に連れられての病院めぐりが始まった。最後には（両親からすれば）藁にでも縋る気持ちで鍼灸の治療も受け，中学進学前まで鍼灸治療で有名な病院に通い続けていたが，子ども心に，病院への一人通いを億劫に感じていた（同時に，嫌がる私を宥めるためか通院時には特別にお小遣いをもらったのだが，それで鍼灸の病院の地下食堂でおでんを食べることを楽しみにしていたのをよく覚えている）。

幼児期の，ことばを覚えていく時期に聞こえが悪くなっただけに，正確な発音ができるように母はそれこそ必死だったと思う。幼稚園に上がるまで，毎晩のように繰り返される儀式があった。ベッド横の壁に貼られた五十音表の母が棒を使って指し示す字（「あ」とか「ら」）を声に出すのである。私が正しく発音できないと，その棒で叩かれたものであった。いまから思えば，おもちゃの棒で，叩いてもけがするような類のものではなかったのだが，子どもの目から見て本当に母が鬼に思えた。もちろん，いまではあの時の母の思いが痛いほどわかるし，むしろ感謝しているくらいである（そうはいっても，聞こえにくい音，発音しにくい音があり，あるいは聞き間違いなどはいまでもしょっちゅうである）。

補聴器は小学校2年の時にはじめて使用したのだが，それこそ世界がひっくり返るくらいの衝撃を受けたものだった。車のエンジン音，商店街の音楽，道行く人の下駄の音まではじめて聞き，世界には音が豊かに溢れていることに気付かされた。それまでは，人は小さな声で「ぼそぼそ」と「至って上品な」仕方でコミュニケーションを取っているものとばかり思っていた。それにもかかわらず相手の言っていることを皆がはっきりと聞き取っているのが本当に不思議だったのだが，その疑問もその時に一瞬で氷解した。同時に補聴器を使うことの意義を痛感させられた「ファーストコンタクト」だった。

それ以降は，現在にいたるまでボックス型の補聴器を愛用している。いまや旧タイプになり，単三乾電池を頻繁に交換する手間があるにもかかわらず自分の耳や聞こえに馴染んでいるように思えて，小型デジタル補聴器に乗り換える気持ちにはなかなかなれない。人工内耳については，筆者が高校生くらいになった頃に祖母が新聞記事を読んで，手術を勧めてくれたことがあった。いまから思えば，手術を受けても当時の技術力では聴力回復が可能だったのかは疑問なのだが，その時は「手術」と聞いただけで怖じ気づき，その提案を断ったことを覚えている。果たしてそれで良かったのか，いまでも正直答えに迷うところである。

（松岡克尚）

参考文献

脇中起余子，2009，『聴覚障害教育これまでとこれから』北大路書房。

脇中起余子，2011，「聴覚障害児と『9歳の壁』——『生活言語』から『学習言語』へ」『聴覚障害』1月号(http://www.normanet.ne.jp/~ww100114/library/li-74.htm)

Ⅲ　工学技術と障害者の暮らし

# 7　私の暮らしと電動車いす

## 1　歩くということ

　街を歩いていると，道ゆく人から「いい車ですね」と声を掛けられることがよくある。けれど私は，いつも何気なくいわれるこのことばに不快感を覚えてしまう。その人たちのいう「車」とは，私が日常使っている「電動車いす」のことだ（図Ⅲ-7-1）。私は，幸か不幸か，産まれてから一度も自分の脚を使って歩いた経験がない。したがって，室内では手動（自走）車いす，屋外では電動車いすを使用している。しかし，他者の目にはその電動車いすというものが「便利で快適な乗り物」と映ってしまっているようだ。その快適な乗り物を想像，連想させることばが「いい車」だ。

　そもそも，一般的にいう「車・自動車」とは，遠距離を移動するための道具であるが，もう一方では所有者のステータスであったり，道楽や優越感というものを満足させている要素も多くあるように思う。しかし，電動車いすという「道具」の持つ要素はどうだろうか。

　つまり，電動車いすの故障とはまさに生死の問題なのだ。電動車いすは障害者にとっての「脚」であり，私にとっては，いい車でも，愉しい乗り物でも無く「義足」のようなものなのだ。しかし，義足を使用している人間に，「いい義足をお持ちですね！」とは言わないであろうし，聞いたことも無い。

　義足を誉めることはタブーなのに，電動車いすを誉めることは励ましになると思われてしまうことこそが，「快適な乗り物」という偏見の根にあるのではないだろうか。

　私は，自身の**骨形成不全症**という疾患の特徴としてとても身長が低いため，座面が昇降するタイプの電動車いすを愛用して8年になる。いまでは，駅の券売機や飲み物などの販売機にまで手が届くようになったし，一人での行動もしやすくなった。しかし，暮らしのなかで何よりも安心感を持てるようになったことは，人と話をする際に，目線を合わせることが出来るようになったということだ。

　車いすを使用する者にとっては，常に見下ろされるという状態は精神的にとてもプレッシャーを感じてしまうものだ。目線の高さは社会の中の自分自身の位置を意識させてしまうものでもあると思う（余談をいえば，男性と腕を組んで歩くことも出来るようになった）。

▷1　例えば，電動車いすの所有者，使用者は，ひとたびその電動車いすが故障し，動かなくなってしまえば，自力で家に帰ることも，その場から移動することも不可能になる。もし故障してしまった場所が，踏切の真ん中であったならどうだろうか。自動車で踏切を渡る途中に線路上で故障してしまった場合，運転手はそのまま車を乗り捨てて避難すれば，車は大破しても命までは失わずにすむ。しかし，電動車いすの使用者は，その場から一人で避難することも出来なければ，車いすから自力で路上に下りることすら出来ないという人も多い（実際の事故例もある）。

▷2　**骨形成不全症**（Osteogenesis Imperfecta）コラーゲンの代謝異常により全身の細胞組織の結合が弱い難病。骨の形成に表れるのが顕著で全身の骨が脆く骨折を繰り返し易いが，骨粗鬆症とは異なる。

## 2 電動車いすは凶器か？

　昇降型の電動車いすに乗ることで，私自身のQOLは向上したし，「便利で快適」な部分は確かにあるのだが，それが「娯楽性」のある乗り物などでは決して無いと思っている。また，「娯楽性のある乗り物」という見方の他にも，一般健常者社会の中には電動車いすを「邪魔で危険性のある乗り物」とみなす人たちが少なく無いのも事実だ。

　私の体験としてあげれば，外出時に，少し混み合った道やデパートの中などで，小さな子ども連れの母親が，こちらを見ながら「ほら，危ないからこっちにいらっしゃい！」と強めの口調で強く手を引き，私の前から遠退かせるということがある。その何気なく発せられた母親の「危ない」とのことばに傷付くことも多い。

　「障害者が操作する」車のように見える（四輪車のため）「乗り物」は，あまり信用が出来ず，自分の子どもに危害を及ぼすことを懸念してのことばだとも感じられるからだ。なぜ，母親たちは「邪魔にならないように，どいてあげなさい」などといえないのだろうか。それはまるで，私が社会の中で害を有し，差し障りのある者にされてしまった瞬間のようでもある。

　街を行き交う暴走自転車は「歩道」を通る私自身とても怖いと感じるが，その自転車よりも電動車いすの方が危険だと思われていることを私は憂いている。

　自転車とは，本来，軽車両であり，基本的には車道を走行しなくてはならないが，ある条件のみ，歩道の走行を許可されている。しかし，「電動車いす」は法律上「歩行者」の扱いになっているので正々堂々と歩道を歩いていいはずである。なのに，車輪が4つあるがために「小さな自動車」と勘違いされ，「歩行者にとって危険な乗り物」と考えられてしまっているようで，使用者である私としてはとても肩身が狭い思いをしている。

　最近思うのは，電動車いすの名称を「電動義足」に変更して欲しいということだ。義足を辞書でひいてみると，失った足をおぎなうため人工的に作った足，とあった。電動車いすは私にとってのまさに疑似的な脚なのだ。

　そして，その電動義足を使ってぜひもっとたくさんの人たちが，街に，映画館に，コンサートホールに，レストランやバーに，友人や恋人，夫婦や親子で出かけて欲しいと思う。そんな光景が当たり前になることがノーマライズされた誰もが生きやすい居心地のいい街といえるのではないか。そんな街を私は私の義足で歩きたい。

（須釜直美）

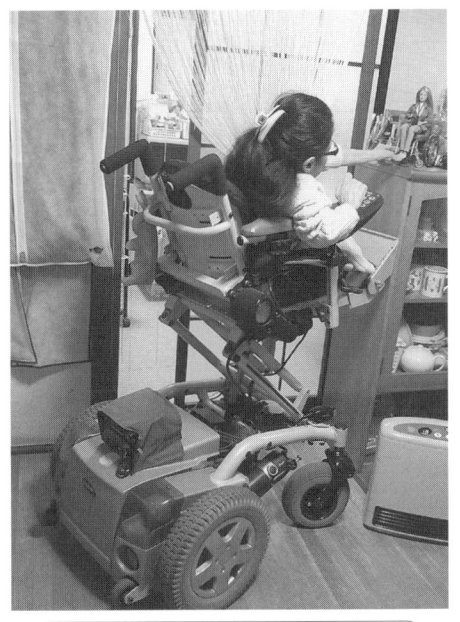

図Ⅲ-7-1　自立生活を支える車いす

▷3　母親の意識としては，私の進路を妨害しないための配慮の気持ちであるのかもしれない，が「危ない」ということばを使うのは「危険」が及ぶ可能性を子どもに意識させてしまってはいないだろうか。

▷4　道路交通法第2条において，普通自転車は車両（軽車両）であり，車道を通行しなければならないことになっている。ただし，普通自転車の運転者が児童，幼児，70歳以上の者，身体障害者であるときは歩道通行可とされる。

▷5　また最近では，電動車いすは歩道を走行するのではなく，免許証をとらせて車道の白線内を行かせればよい，とも言われ始めている。その意見は，一般的な人たちだけでは無く，施設職員などの福祉職の中にも多いという。

## Ⅲ 工学技術と障害者の暮らし

# 8 共用品の量産化と個別性

## 1 共用品市場の現状

日本において"ユニバーサルデザイン"の推進役を果たしている共用品推進機構は、早くから「共用品」ということばを使い、その市場調査、標準化の推進、国際規格化への働きかけ、普及啓発などを行っている。共用品推進機構が示す「共用品」の定義は「身体的な特性や障害にかかわりなく、より多くの人々が共に利用しやすい製品・施設・サービス」とされ、原則として次のことを挙げている。

①多様な人々の身体・知覚特性に対応しやすい。
②視覚・聴覚・触覚など複数の方法によりわかりやすくコミュニケーションできる。
③直感的でわかりやすく、心理的負担が少なく操作・利用できる。
④素材・構造・機能・手順・環境などが配慮され、安全に利用できる。

さらに、共用品・共用サービスとは、次の三者を包含する概念である。
・はじめからすべての人々に適合するよう考える共用設計
・一般製品の利用上の不都合をなくすバリア解消設計
・福祉用具がもとで一般化した福祉目的の設計

こうした定義をもとに、共用品推進機構では製造企業に対するアンケート調査やその他の方法を用いて共用品の市場規模を算出している。2010年度の市場規模は3兆6324億円と推計され、前年比で約5.9%（2022億円）の増加となったが、2000年度が2兆1924億円だったので、約1.6倍の市場規模となっている。なかでも最近は電気・機械分野が大幅な伸びを示している。これは、地上デジタル放送への完全移行などの制度的・政策的影響により映像機器の売上台数が増えていることによるが、家電製品全般にわたって、点字や凸表示の装備、点字や音声による取扱い説明書、操作方法や操作結果の状態が音や音声によって表示されるなどの配慮ある製品が多く出ている結果といえる。

家電製品の多くは特定の障害に適用している製品も多く、なかでも視覚障害者への配慮として象徴的な付加機能を備えた製品が多いことも特徴的である。共用品推進機構が示す、配慮された製品27品目中16品目は点字や凸表示を備えている。それらは、割高になるにせよ製造過程に組み込み可能な配慮事項とみることができよう。別の見方をすれば、製造過程に導入可能な配慮については

▷1 共用品推進機構(http://www.kyoyohin.org/)

▷2 共用品推進機構では、共用品を"アクセシブルデザイン（Accessible Design）"としている。本書では、アメリカに発したユニバーサルデザイン、そしてヨーロッパにおけるデザイン・フォー・オールやインクルーシブデザインなどの類似概念が用いられているが、それぞれの定義に着目されたい。なお、経済産業省は事例をマンガにした「『アクセシブルデザイン』ってなに？」というパンフレットを発行し、市民啓発を行っている。

▷3 共用品推進機構, 2012.『財団法人共用品推進機構平成23年度活動報告書』共用品推進機構, p.26。

▷4 共用品推進機構, 2012.『財団法人共用品推進機構平成23年度活動報告書』共用品推進機構, pp.27-28。

標準化してさらになる普及を求めることができるとも言える。開発プロセスにおいて，共用できる配慮・工夫と量産化のコスト・パフォーマンスとをいかに兼ね合わせるかが課題となるだろう。

さらに大切な視点は，産業界全体が多様な人々にとって使用しやすい製品，環境，サービス等の提供に心がけることである。例えばE＆Cプロジェクト活動と言える。E＆Cは，1991年に発足，1999年に発展的解散を遂げ2000年に共用品推進機構として再編されている。このプロジェクトは現在でも継続されているもので，企業，福祉機関，行政，障害のある市民，学生，主婦などさまざまな分野の人たちが集まり，自由で創造的な議論を積み重ねている。筆者も，一時期この活動に参加する機会を得ていたが，①課題発見，②製品・サービスへの配慮や標準化の検討，③普及，啓発，という作業とともに，障害者・高齢者の日常の不便さについて徹底的に調査を行っていた。この活動に流れているのは，「企業センス」というよりも，「市民感覚」「草の根活動」としてのパワーであり，社会を動かす重要な要素がそこにあるように感じた。

▶5 共用品推進機構，2003，『共用品白書』ぎょうせい，pp.72-73。

## ❷ 真の共用を目指すには

開発，生産，販売のすべてのプロセスに障害者と障害にかかわる専門職が参画することで共用品の開発に近づける。例えば，そのために開発の段階におけるユーザビリティテスティング（usability testing）に協力できる障害者団体や個人を組織化していくことも考えられる。こうした協力は障害者の社会的役割とみることもできる。ユーザビリティテスティングは，その製品が対象とするユーザーに試用してもらい，問題や改善点などを発見し，より利便性の高いものに改良することを目的としているが，ターゲットとなるユーザーに偏りがないか，あるいは偏りがあっても異なるユーザーを想定した分析手法を取ることができるか，などを検討する必要がある。

また，共用のためのさまざまなアイデアを市民レベルで考えるためには，初等中等教育の中での共用を意識する取り組みも求められる。さらに，障害者個人や団体が担う啓発的活動の中に，身の回りの生活用品の使い勝手を考えたり，一緒に遊ぶことができる方法を編み出すことを考えたりするプログラムを組み込むことで，こうしたプロセスを通して社会のあり様を変えていくことができるだろう。

製品の量産化は，大多数の人々の用途に対応するものと言えるかもしれないが，その「大多数」は人間の人体計測データの蓄積に基づく場合もある。しかし，その枠の外に置かれがちな個別性，多様性の取り込みを一般生産品に取り込むことこそ今日的な開発プロセスであり，そこには企業感覚ではなく，「市民感覚」「草の根意識」が求められる。

（小川喜道）

## Ⅲ　工学技術と障害者の暮らし

# 9　障害文化としての技術

## 1　障害者の暮らしの中から生まれる技術や工夫

　ある盲学校の講話で，次のような話を聞いた。東洋医学のハリ（鍼）は，中国と日本では異なる鍼を使用している。中国鍼は，日本のものより長くて太く，鍼を直接皮膚に押し付けて挿入する。日本も昔は中国鍼と同じものを使っていたのだが，江戸時代に杉山和一という視覚障害の鍼師が，管の中に鍼を入れて身体に挿入する「管鍼法」という方法を開発して以来，現在のような日本鍼になったそうだ（図Ⅲ-9-1，図Ⅲ-9-2）。視覚障害の杉山は，鍼を直接ツボに入れる中国鍼ではなかなか的確に鍼を挿入できなかったので，手で触れてわかりやすい管をツボに当てた後に，管を通じて鍼を挿入するという方法を発明したそうである。

　この講話の趣旨は「目が見えなくても努力と工夫次第でできることはある」ということにあり，日本における管鍼法の開発に関する話の真偽のほどはわからない。だが，日本には中国鍼と異なる独自の「管鍼法」という技術があるということ，また，この技術は視覚の有無にかかわらず利用可能な技術であるということは事実である。「管鍼法」は杉山和一の発明というのが定説だが，これを実際に発明したのが杉山本人か他の人か，あるいは視覚障害者か健常者かということは定かではない。しかし，江戸時代の鍼師の多くが視覚障害者だったからこそ，日本だけで管鍼法が普及したと言える。このように，障害のある人が利用する技術の多くは，障害のある人たちの暮らしのなかで開発されたり，彼ら自身によって活用されながら発展した。そのなかには管鍼法のように一般の人たちにも利用されるようになった技術もある。したがって，障害のある人たちは，単に「技術の利用者」という役割だけでなく，「技術を支える集団」としての役割も果たしている。

## 2　技術とユーザーの育て合い

　あらゆる技術に一般的に言えることだと思うが，技術がユーザーを作り，ユーザーがその技術をまた育てていくという関係がある。例えば，パソコンが開発されることによってパソコン・ユーザーが生まれ，彼らが新しい機能を求めることによってパソコンという道具がさらに改良され，技術的に発展していく。こう考えると，技術はさまざまな流行現象と似ている。流行した技術は多

▷1　私が勤務していた1980年代の大阪府立盲学校では，年に2回春と秋に「塙検校祭」と「杉山検校祭」という行事があり，その日は高等部全体で長時間朝礼を行い，毎回，教師が交代で塙検校と杉山検校の事績をたたえていた。その杉山検校祭で私はこの話を聞いたのである。

▷2　駅のエレベーターも，最初は車いすの人のために設置されたが，後にこれをベビーカーやシルバーカーやキャリーカートなどの利用者も使うようになった。

▷3　川内美彦は，ユニバーサル・デザインを構想する上で，「利用の専門家」としての「ユーザー・エキスパート」の役割を強調し，すべてのユーザーが「利用の専門家」として，技術を育てる役割を果たせるように支援することの必要性を指摘している。川内美彦，2006，「ユニバーサル・デザインについて」村田純一編『共生のための技術哲学』未來社，pp.102-104。

▷4　技術の「専門家」が，便利な技術を提供することによって，障害のある人の生活が改善され，技術者は感謝されつつ立ち去るとい

くのユーザーを集めて多くの改良がなされていくが，時間がたつと陳腐化してユーザーが離れていってしまうこともある。アナログのオーディオ機器や光学フィルムのカメラなどの技術は，デジタル技術という新しい流行の登場とともに，愛好家を対象とした「少数派の技術」になっていく。この意味で，技術の発展は，流行の盛衰と同様に，きわめて社会的な現象だということがわかる。

ところで，少数の愛好家によって支えられて維持される「少数派の技術」は，特定のユーザーと技術開発者との間に濃密な関係をつくることがある。こうした関係が長期間継続すれば，そこで開発され利用された技術の集積は，ひとつの「文化」と言ってもよいだろう。これまで，障害のある人と支援技術との長い歴史は「障害文化」と呼べるような技術の蓄積と伝統を生んでいる。支援技術にかかわる人には，こうした「伝統」や，その伝統を支えてきた多くのユーザーがいることを忘れないでほしい。また，技術を通じて，障害のある人と一生おつきあいをしていくことに魅力を感じてほしい。

自分で開発した技術を活かしたければ，その技術のユーザー集団を作り，この集団が維持されることが大切である。技術的解決ができればおわりではない。その技術を使用する人が，日々の暮らしもできないような経済状態になれば技術の利用もできなくなる。障害者の所得保障あっての支援技術であり，この意味で技術者も障害年金に無関心ではいられないはずだ。また，障害のある人が一般の人と同様の教育や余暇や職業生活を体験することによって，暮らしのなかでの興味や関心や選択肢が増えて，技術に対してもさまざまな新しい要請が生まれてくる。障害のある人が，車いすで社会のあらゆる場面に参加するからこそ，もっと軽い，目立たない，スマートな車いすがほしいというニーズが生まれる。施設か自宅で閉じ込められた暮らしをするだけなら，車いすそのものも不要になる。この意味で技術者は，障害者の社会参加にも無関心ではいられない。このように支援技術と障害者は，これまで手を携えて育ちあってきたのであり，それは今後も変わらないだろう。

（杉野昭博）

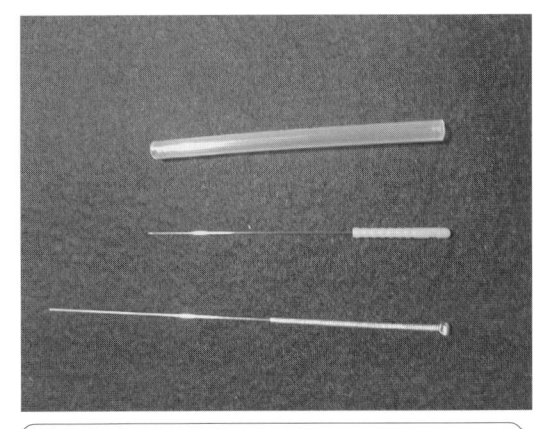

図Ⅲ-9-1 日本の鍼と中国鍼（上：鍼管，中：鍼，下：中国鍼）

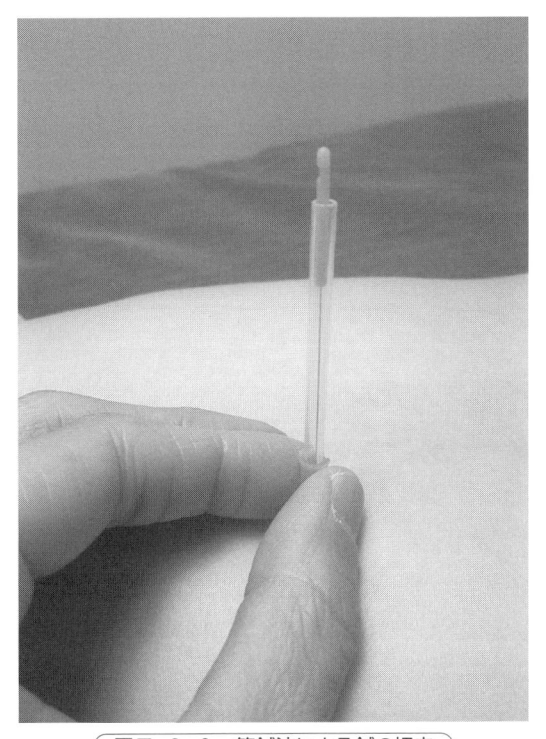

図Ⅲ-9-2 管鍼法による鍼の切皮
鍼管を経穴にあて，中の鍼をたたいて挿入する

うイメージがあるとすれば，それは技術者の不遜であり，障害学が批判する「医学モデル」，すなわち「障害のある無力な人を支援技術で助けてあげる」という考え方である。支援技術そのものが，障害のある人たちによって支えられているのである。

## Ⅳ 暮らしのなかでの障害

# 1 障害者の暮らしと社会

### 1 暮らしを支える人間関係

　Ⅳ章では，障害者のさまざまな暮らし，すなわち，結婚，出産，育児，仕事など，それぞれの地域での暮らしが自然体で描かれている。障害者の暮らしを客観的にみようとすると，とかくパターン化したものを思い浮かべる。例えば，心身機能からみた障害の種別・程度や日常生活の行為の自立度，社会参加する上での制度・政策の状況などである。もちろん，そうした個人の心身機能の状態と社会的環境との間に起こる葛藤や妥協などが，一人一人の暮らしを作り出す。Ⅳ章では，障害の有無にかかわらず，個人と環境の相互作用で，暮らしが成り立っているなかで，障害のある人たちの語りから，地域での暮らしというものを捉える。

　「地域」というと地理的空間をイメージするが，ここでは地域での人間関係が強く意識されている。地域生活とは，その人が居住する半径何m四方に暮らす他人との関係という意味ではなく，障害者のライフステージにおいてかかわりを持つすべての人々との関係と考えたほうがよいかもしれない。つまり，あいまいな物理的空間ではなく，人と人とのつながりからどのような地域生活が成り立っているかをみることで具体性が出てくると思われる。

　暮らしというものは，当然ながら，他者によって作られるものではなく，自らが主体的に作り出すものである。健常者の場合，さまざまな妥協を余儀なくされても，自らの意思をそこに反映させられる。では障害者の場合はどうであろう。聴覚障害のある松森果林氏は，"井戸端手話"と称する地域生活でのコミュニケーションを楽しく生き生きしたものにするためのアクションを行うことで，地域のコミュニケーション・ネットワークを作り出している。暮らしは，さまざまな特性を持つ人々との双方向のかかわりの中で存在している。そして，そのきっかけ，発信元は障害者自身である。

　では，そのきっかけはどこから生み出されるのだろうか。視覚障害のある定家陽子氏も肢体不自由の池田まり子氏も，周りの「できない」という先入観によって当たり前の暮らしに疑問符を打たれる経験を記述している。健常者が「できない」と判断するのは，標準的な心身機能を持っていることが社会生活を成り立たせる基本的な要件とみなしているからである。だが，その「できない」という先入観は，障害者自身からのコミュニケーションによって変えてい

## 2 暮らしを支えるしくみ

　障害者の暮らしには，いくつかの下支えがいる。フルタイムで仕事をしている人でも，補装具の支給や日常生活用具の給付，訪問介護や重度訪問介護を利用していたりする。また，自立訓練（機能訓練・生活訓練）や自立支援医療などを受けている場合もあるだろう。こうした障害者福祉制度の利用は欠かせないものであり，それらが生活基盤を作っているとも言える。また，働く上では「障害者の雇用の促進等に関する法律」やその他雇用に関する各種援助制度も存在する。ただし，雇用促進に関しては，保護的な要素も含まれている。障害者雇用率制度が達成されると雇用制限もあり得るという読み取りもできる。重度の身体または知的障害者一人を二人とカウントして雇用率算定をする制度などは，企業保護と障害者保護の妥協的考え方と言える。こうした現在におけるわが国の障害者の社会参加に向けた到達点は，完全参加と平等をうたった1981年の国際障害者年の標語にはいまだいたっていない。

　障害者差別禁止に関する法律も，公的機関のみに遵守を義務化し，企業への負担を緩めれば，障害者の暮らしに健常者との平等性を求められないということになる。法律に関しては障害者の欠格条項が存在し，それを取り除く運動も行われている。日々の暮らしを健常者と対等なレベルに引き上げるには，こうした制度・政策の基盤づくりも求められる。

## 3 余暇の楽しみ方

　高度情報化社会となった今日，地理的なコミュニティの中に生きるばかりでなく，一人一人がその興味・関心に基づいて，地理的空間を超えたコミュニティを形成している。ソーシャル・ネットワークにより，遠く離れた人たちと人間関係を作り，さまざまなアクティビティを行える。いまや，障害の種別や程度に応じて，さまざまなインターフェイスが用意されている時代である。障害者の暮らしはどんどんと広がりを見せている。本章では，神野幸康氏がスキューバダイビングを楽しんでいる様子を記述しているが，こうした余暇活動の仲間たちとのつながりが広がっているのである。

　本章に登場する人たちは，その暮らしにおいて「障害」が周りの人々との関係にダイナミクスを生じさせていると思われる。障害は，「不便」「ハンディ」「できない」というネガティブな「状態」を示すことになりがちであるが，実はそこから発する「パワー」がある。障害を取り上げているようでいて，実はその障害をわざわざ取り出すまでもなく，自然に生き抜く力を示してくれている。障害があろうとなかろうと，この誰もが本来備えているであろうパワーを発揮できる社会のしくみというものが求められる。

　　　　　　　　　　　　　　　　　　　　　　　　　　　　（小川喜道）

▷1　Ⅵ-11 参照。

▷2　Ⅵ-6 参照。

▷3　障害者欠格条項をなくす会という，日本の法令，諸制度に含まれている障害者欠格条項をなくすために取り組んでいる団体がある。啓発，調査・研究，各省庁・各政党への働きかけを行っている（http://www.dpi-japan.org/friend/restrict/）。

## Ⅳ 暮らしのなかでの障害

# 2 子育て，コミュニケーション，地域，そして手話

### 1 聴覚障害と子育て

　聴覚障害は「コミュニケーション障害」「情報障害」といわれる。そのため子育てにおいては子どもといかにコミュニケーションを確立していくのかが重要になっていく。一言で聴覚障害といっても，障害の程度やコミュニケーション方法は人それぞれだ。私の場合は，中途失聴で両耳とも聞こえないが発話はできる。だから息子が生まれた時から音声と手話の両方で話しかけてきた。健聴の息子は生後5ヶ月には手話を使い始め，まわりの子どもが音声言語でコミュニケーションがとれない時期から，私と息子は手話で気持ちを伝えあっていた。

　乳幼児期は，母と子一対一のコミュニケーションが中心なのでそれほど問題はない。しかし保育園や幼稚園に入園し，子どもの社会が広がっていくと同時に，「子どもの友だち」「友だちの母親たち」「先生」「PTAや保護者会」とさまざまな人間関係が広がっていく。その広がりに，聴覚障害者が対応していくことは容易とはいえない。コミュニケーションの困難さから人とのつきあいを避けてしまう傾向もあるからだ。

### 2 井戸端会議から井戸端手話の会へ

　私が住むマンションは511世帯が入居し，息子の同級生が20人以上いる。当然のように幼稚園バスの送迎時には母親同士での井戸端会議が繰り広げられる。

　「いつもの井戸端会議を手話でできるようにしようよ！」手話に興味を持ったママ友だちの一言がきっかけで，2003年春に「井戸端手話の会」を立ち上げた（図Ⅳ-2-1）。コミュニケーションを避けるのではなく，楽しめる環境を作っていこうと思ったのだ。目的は「自分の話したいことを手話で伝えられるようにする」こと。毎週1回，子どもたちが登園，登校した後の約1時間，マンション内の集会室に10〜20名ほどが集う。手話を学ぶだけでなくテーマを決めて手話で話す「井戸端コーナー」もある。例えば「近くの病院の評判」「家事のコツや節約術」「育児の悩み相談」など，生活に密着したテーマなので，母親同士のリアルな相談と情報交換の場としても活かされている。

### 3 井戸端手話の会がもたらしたもの

　母親たちが手話で会話をしている様子を見て子どもたちも育つ。そこで子ど

もを対象とした「井戸端手話キッズ」というイベントも開催するようになった（図Ⅳ-2-2）。未就園児から中学生まで多いときには50人近くの子どもが集まり、歌やゲームを通して手話を楽しむ。子どもたちは覚えた手話を学校で使い、学校にも手話が広まっていく。そんな子どもたちは私と話しをするときには肩を叩いたり、目を合わせてから話し始める。口の形をはっきりとさせ、手話で挨拶をしてくれる子どもも多い。話したいことを手紙に書いてくれる子どももいる。心が柔軟なときから耳の聞こえない人と接する中で、コミュニケーション方法には音声言語だけでなく、手話、筆談、お絵かき、ジェスチャーとさまざまな方法があることを実体験していれば、この先聴覚障害者と出会っても、心のバリアを感じることなく自然と対応できるだろう。そう考えると、母親同士でのコミュニケーションを目的としてスタートした「井戸端手話の会」だが、子どもたちにも多大な影響を与える価値ある財産になっている。

図Ⅳ-2-1 和気藹々とした雰囲気の「井戸端手話の会」

図Ⅳ-2-2 子どもを対象とした「井戸端手話キッズ」

### ❹ いざというとき助け合えるコミュニティを

「井戸端手話の会」は2009年に「あしたのまち・くらしづくり活動賞」で162団体の中から「振興奨励賞」を受賞し、2013年には活動11年目を迎えた。

子どもの成長とともに母親の生活スタイルは変わっていくが、再就職等で退会した母親も含めると50名近くがこの会を通して手話に触れていったことになる。最近ではマンション内の主婦が集う合唱クラブから手話指導の依頼があり、毎年行われるマンション内の夏祭りで手話を交えた歌を披露している。子どもたちの通う小学校では「井戸端手話の会による出前講座」も実現した。地域との交流も生まれ、手話の輪が広がる近所づきあいを実感している。

聞こえる人たちの社会の中で、聞こえない人がともに生活をするということは、「聞こえない障害を伝えること」「コミュニケーションの工夫や配慮を一緒に考えていくこと」そんな努力と互いの歩み寄りが求められる。しかもそれは、子どもが幼稚園、小学校、中学校、高校、大学と成人するまで繰り返し続けていかねばならない。そんななかで、一人でも二人でも身近なところからわかりあえる人を増やしていくことが大切だ。それは、いざというとき助けあえるコミュニティづくりにつながっていく。

（松森果林）

Ⅳ　暮らしのなかでの障害

## 3　子育てと視覚障害

### 1　地域で暮らすこと

　2012年現在，私には小学生と幼児の，二人の娘がいる。私自身は盲導犬使用者，夫も白杖使用で，ともに全盲である。

　私はJICA（国際協力機構）に勤務し，夫は神奈川県内の盲学校で教員として鍼灸を教えている。夫婦共働きで子育てをしているわけだが，特に出産後「地域」で暮らしている，いや暮らせているということを実感している。

　長女の出産のときには助産師や看護師からいろいろと心配されたものだった。子どもが熱を出したらどうするの，見えないのに子育てなんてどうするの，と。

　私自身，「熱は触れば熱いのでわかるだろうし，見えない人でも子どもを育てているんだから，何とかなるだろう」とは思ったものの，周りのこうした声がプレッシャーだったというのが本音である。実際に，ちょっと熱いかなと思って熱を測るとだいたい予想通り微熱があったりする。そういう時は「なぜ晴眼者は見えているものにしか頼らないのだろう。なぜ他の方法を工夫しないのだろう。なぜ見えていることですべて解決すると思うのだろう」とよく思った。

　小さな工夫の一例として，小さい子どもに薬を飲ませるときは，シロップでは1回の量が計れないので，病院には粉薬を処方してもらったし，薬が複数ある場合はシールなどを貼って対応してもらっていた。保育園との連絡も，ノートではなく，メールでやりとりをさせてもらってきた。毎日の検温のときは，子どもの頃に使い方を習ったオプタコンを使用して体温計を見ている。30年前に教わった当時はこんなところで役に立つなんて思いもしなかった。

　また外出の際にはできるだけ子どもを連れていくようにした。子連れの買い物を重ね，お店の人やご近所さんにも「大きくなったね〜，かわいいね〜」と声をかけてもらうようになり，少しずつ地域で暮らせるようになってきた。

### 2　子どもの成長を実感する

　わが家の子どもたちは「親が目が見えない」ということをごく当たり前に，そして自然に受け取っているようで，特に「なぜ」と問われることもなく，これまでやってこれた。というよりも「世の中にはいろいろな人がいること」「みんな違って当たり前であること」を日々こちらから言い聞かせてきたというのが実際のところだろう。長女は学校でお友だちから私の目のことを訊かれ

▷1　Ⅲ-5 参照。

たことがあるようだが,「さあ。なんでそんなこと訊くの」と答えてそれで話は終わったようだ。

わが家では「見えないからといって子どもたち（現在二人とも視力には何ら問題はない）に頼らないようにしよう」と夫婦で日々話し合っている。ただし,自発的にやってくれるお手伝いについては大歓迎。特に長女は「みんなお仕事してるんだから」と積極的に次女の世話,夕飯の盛り付けなどを手伝ってくれる。私が残業で遅くなる時は,夫に連絡するよりも長女に「冷蔵庫のあれ,チンして食べて」と言っておいた方がスムーズだったりもする。親と一緒に外出することもいまのところ嫌がらず,買い物などにはよくついてきてくれる。

次女も,「手をつないで歩く」というわが家のルールにやっと慣れてくれて,外出するのもずいぶん楽になってきた。ただ,好奇心旺盛なところはまだまだおさまらず,先日も買い物中にお金を払おうとちょっと手を離したすきに少し離れた八百屋さんでトマトをかごに詰めようとし,お店の人に連れ戻してもらうというハプニングがあった。

どうしてもできない手紙の整理や子どもたちの手続き関連の書類の記入,学校や保育園のお便りの確認などは週に1回自立支援の家事援助としてヘルパーさんに来てもらって対応している。

### ③ 仕事と家庭と

そんな私のいまの悩みはやはり時間がないことかもしれない。朝5時過ぎには起床し,6時には子どもたちを起こし,7時には次女を保育園へ送り出す。その後長女の支度を手伝って学校へ行くタイミングで一緒に家を出る。私は電車で出勤し,会社へ向かう。電車の中で一週間の買い物をまとめ,注文は携帯電話からインターネットで行っている。新聞のかわりにワンセグテレビで情報収集をするのも電車の中である。

会社では音声読み上げソフトでメールや書類の作成,確認などを行っている。どうしても音声では対応しない部分については周囲のスタッフに手伝ってもらう。多くの仕事が紙ベースで行われ,ワードやエクセルもなく,音声対応ソフトなどもほとんどなかった30年前だったらこの仕事には就けなかっただろう。

そして残業がなければ6時過ぎには帰宅し,夕飯の準備をする。さらに,週末は子どもの習い事の付添い,具合が悪ければ病院への付添い,また自分が趣味でやっているハンドベルの練習にと飛び回っている。基本的に食事の準備,買い物,掃除などは私の担当で,洗濯とごみ出しは夫の担当になっている。

どの母親もそうかもしれないがとにかく時間がない。毎日綱渡りのような生活をしながら,「今日もみんな元気で一日過ごせてよかった」と日々を過ごす今日この頃である。そしてこの地域で生活ができることを嬉しく思っている。

（定家陽子）

Ⅳ 暮らしのなかでの障害

## 4 子育て，家族，障害者運動

　制服売り場の試着室のカーテンが開き，照れくさそうに微笑む顔——この膝の上にちょこんと座っていた頃の面影を残しつつ，成長した君に微笑み返す。2012年に長男は中学生になった。小学校卒業まで学校行事や説明会などが続き，ふとした瞬間に12年間の日々の記憶がよみがえる。

### 1 障害を持つ私の妊娠：おめでたくないの？

　私は脳性マヒで，手足と言語に障害がある。日常は電動車いすで移動し，生活全般に介助を必要とする。1999年早春，同じ障害を持つ人と結婚，妊娠——いまでも病院に続く大通りの桜並木をよく覚えている。桜並木をくぐり闘いの日々が始まったのだ。

　長男を出産する時は病院探しから大変だった。重度の障害者の出産が理解されない，怖がられる——妊娠検査をやっと引き受けてくれた病院でかけられたことばは「おめでたです。おめでとうございます」ではなく，「堕ろしますよね」という一言。切迫流産になりかけて一週間入院した時も，私の食事介助をしながら「赤ちゃん産まれるんだから，一人で何でもできるようにならなきゃね」と看護師がいった。一人で何でもできたらどんなにいいか——とても悲しかった。理解ある保健師さんとともに出産まで病院との話し合いを続け，育児指導も私の障害や生活状況に合わせたやり方を一緒に考えてもらった。そして帝王切開で誕生したわが子——私たちが望んで，この世に望まれて産まれ，希望をもって生きてほしいという願いを込めて，希望(のぞみ)と名付けた。2年後に次男を授かった時には，同じ病院の医師も看護師も「おめでとう」と明るく迎えてくれた。後にこの病院は仲間の障害者の出産も受け入れた。

### 2 ワタシ流子育て：抱っこできなくても

　私は近くに親類がいなかったので，出産，育児——本当に不安だったが，すでに育児経験のある障害者の仲間や周りの人たちの支えもあり，パートナーと協力しながら育児をしてきた。一人目が産まれたのは1999年，制度が整っていない頃で逆にそれが良かった面もあった。市から派遣されるヘルパーのほかに，有料介助（夜間や泊まりの介助），ボランティア（沐浴や定期検診・予防接種の付き添い，子どもとの散歩），友人（余暇や緊急時）等，さまざまな人にかかわってもらった。当時の市からの派遣ヘルパーは，時間帯の制限もあり，基本的に子育

てのサポートはしないなどの制約があったが，それ以外は枠に縛られず頼むことができ，そのおかげでワタシ流の育児ができた。私のこだわりは，おむつもミルクも私が判断して，私の指示で目の前でする。食事も私の味で作り食べさせたい（家事も身辺もほとんど介助が必要だが，いまも食事作りには細かく指示している）。日々の世話も大変だったが，健診や急病で病院に連れて行く時の人探しも大変だった。

　障害を持つ仲間からのアドバイスも参考にしながら，ミルクの飲ませ方や抱っこの仕方などいろいろな工夫もした。1歳を過ぎた頃からは電動車いすの後ろにショイッコをつけて乗せては走り回っていた。やがて二人目が産まれると，車いすの前と後ろに乗せて走っていたが，子どもたちの成長は早く，私がうまく抱っこできなくても自分から膝の上によじ登り，いつしか電動車いすの後ろに立ち乗りするようになっていた。

図Ⅳ-4-1　子どもと私

　介助者とのかかわりも一人目はこだわった。産まれたばかりの頃は，私が立って抱けないので，私の高さで子どもが慣れてくれるように，介助者が抱っこする時も立ち上がってあやさないでもらった。おしゃべりができるようになってからは，「お菓子もジュースも母ちゃんに聞かないとダメ」といって聞かせることが大事だった[1]。「ヘルパーさんは母ちゃんのできないことを手伝ってくれるお仕事の人。だから遊ばないよ！」——少し言い過ぎたのか，遊びに来た私の友人にも確認してから遊んでいた。自転車に乗るのも口で教えた。根拠のない「大丈夫，大丈夫」を繰り返し，「いまだー，いけー！」と叫んでいた。しだいに子どもたちは，器用に車いすの横を歩くようになり，寄りかかり，つなげないけど，まるで手をつないでいるかのように——。

図Ⅳ-4-2　子どもたち

### 3　離婚，シングル，再婚：社会とのかかわり

　長男が小学1年生の時，さまざまな事情で約7年間の結婚生活にピリオドを打ち，私はシングルマザーの道を選んだ。その頃は保育園，学童，社協の子育て支援等を利用していた。「子どもの利用できる制度」と「私の利用できる制度」がバラバラで，制度上どちらも対応できないことも出てくる。障害者が子育てをしていく時にそれら制度のリンクと柔軟なサービスが必要だと，障害を持ちながら子育てと仕事をするシングルマザーとして痛感した。

　結婚前までは養護学校（現，特別支援学校）から更生施設，当事者団体での活動と，「障害」を意識することさえ薄らぐ錯覚に陥るぐらい，仲間や周囲の人々に護られていたのだろう。病院での出産から始まり，保育園，小学校など子育てを通してあらためて社会とかかわり，偏見や差別と向き合うことになった。そして自分が体験したことのない事態も次々と押し寄せてくる。同世代の

▷1　お菓子の袋が開けられない時などは，まどろっこしいが，まず私のところに持ってきて，私が介助者に頼む。そして開いた袋を私から子どもに手渡すようにした。

障害のないお母さんたちとのかかわりが正直怖かった。「一人の母親」として対等に見られるか，私に対する偏見がわが子に影響してしまわないかと，いきなりこんなに大勢の「健常者」といわれる人たちの中に，無防備なまま放り投げられたようで不安だった。それはお互いの誤解と偏見と無知が不自由さを生み出しているのに過ぎないのである。

　ある時ふと思った。だめじゃん！　私……。もっと堂々と生きよう。偏見に怯えながら生きるために子どもたちを産んだわけではない。いろいろな違いがあって，認め合い一緒に生きるから面白いんだよ，と身をもってわが子に伝えたい——そんな思いを持っていたはずなのに，足踏みしている自分に気がついた。やっぱり近づこう，自分の子が通う学校にかかわろうと考え，懇談会で委員に立候補してみた。1年目，担任の先生に無理ですよといわれた。2年目，他のお母さんたちに無理ですよといわれた。学校長にメールを書き続けた。いろいろな人が認め合い，お互いできることで協力しあっていく。それが大人たちにできないのに，どうして子どもたちに伝えられますか——と。3年目，補助つきで文化広報委員になった。補助にさせられたお母さんとは付き合いもなく，困った様子で初回の委員会についてきた。委員会では，私ができること，できないことをはっきり伝えた。補助は必要ないということになった。私がパソコンを操作できると知ると，これまでが嘘のように仕事がどんどんきた。

　2009年に再婚し，20年住み慣れた土地を離れ，子どもたちも転校した。引っ越してから3年目の2011年度，委員希望調査表の広報委員に○を書いてみた。また3年かかってもとりあえず○することに意味があると思っていたら，あっさり委員になってしまった。委員長のお母さんとのメールのやり取りが始まり，新しい出会いによってよい関係性が築け，一年間充実した委員会活動ができた。

　いまのパートナーも脳性マヒで障害者運動にかかわってきた人なので，私の不安もよく理解してくれて，「それでもやってみれば」と応援してくれる。パートナーと連れ子である子どもたちの関係性もよく，私が仕事や委員会活動など忙しく動けるのは家族の支えがあるからだと感謝している。こうして私の生き方を理解してくれる多くの介助者（人生のサポーター）との出会いに恵まれ，私らしい生き方を続けられていることに感謝している。

### ❹　障害者運動：強い衝撃から20数年

　現在私は横浜に住み，町田の自立生活センターで働きながら，相模原での障害者運動も続けている。前述したが，私は小・中・高と12年間を養護学校で過ごし，卒業後に入所した更生施設で相模原の障害者団体の仲間と出会い，強い衝撃を受けた。どんなに重い障害があってもサポートを受けながら街の中で自分らしく生きたい。それはあたりまえの権利。社会を変えていくのは障害者自身。"障害者が暮らしやすい社会は，誰もが暮らしやすい社会"と声を上げて

いくことが大切と障害を持つ仲間から教えられた。その頃出会ったK君の一言が忘れられない。彼は重度の脳性マヒで緊張のため身体も変形し，車いすに天を見上げるような姿勢で座っていた。言語障害もあり，単語ひとつひとつを絞り出すように「僕は，僕よりももっと障害の重い人たちのことばを周りの人たちに伝えていきたい」といった。障害者運動とはとにかく大胆な行動から始まる——そんな錯覚に陥りそうな私へのK君からの平手打ちのようなことばだった。運動あっての生活ではなく，生活から生まれるのが運動なのである。しかしK君は24歳の若さで逝ってしまった。「でも，僕は，やっぱりいずれは施設かな」と悩みながらも，彼はなおも前向きに「施設の現状を調べてみたいんだけど，手伝ってくれないかな」と言い残したまま……。

## 5 歩み続けること

次男の名前は夢に歩むという意味を込めて歩夢(あゆむ)と名付けた。生きること，小さな一歩が大きな前進につながっていくこと，そして障害の有無にかかわらず，一人一人が夢に向かって自分らしく歩み，認め合いともに生きていける社会になることを望み続けたい。

最近，ふと青い芝の会が声を上げた40数年前の障害児殺しに思いをはせる。もしあの子が生きていたなら，私と同年代。どんな人生を送っていただろう。私は家族がいて，運動や仕事，多くの人に支えられ，自分らしく"今"を生きている。私を殺さないでくれた亡き母に宛てて数年前に書いた詩を最後に記す。

『来る道　帰り道　照らしましょう』
迎え火　／　裸足で飛んだ幼き日　／　あなたが逝った夏　／　提灯の薄青に照らされた影　／　膝を抱えた背中であなたの声を　／　ただただ待った　初めての盆　／　あれから　25の歳月をかぞえ　／　またあなたを迎える季節　／　気がつけば　あの頃のあなたの歳に　／もうすぐ手が届く　／　気がつけば　母となり　／　あなたに似た影を自分にみる　／　子どもの手をひき　／夜のやぐらの輪の中　／　ふと　空を見上げる　／　ほら　にぎやかでしょ　／　明るいでしょ　／　来る道　帰り道　照らしましょう　／　みえますか？　あなたから…　／　ヨーヨーつりをしているのが　あなたの初めての孫ですよ　／　そこで　綿菓子に顔をつっこんでいるのが　やんちゃな弟　／　ふたりの息子に会わせたかった　／　つぶやき続けてきたけど　／　きっと　あなたは　／　みつめてくれているでしょう　姿なくても　／　あなたからもらった日々のすべてが　／　私を「母」に育てる　エッセンス　／　辛い日　悲しい夜　／　あなたを思い　／　うれしい瞬間　／　あなたに　／　伝われと願う　／　そのときこそ　／　そばにいるということなのでしょう　／　ありがとう

(2006年8月19日作)　　　　　　　　　　　　　　　　　　　　(池田まり子)

Ⅳ 暮らしのなかでの障害

# 5 無視された日常生活動作と自助具
## 身体障害者のセクシュアリティ

### 1 あたりまえの生活行為

例えば食事をする際，もしも箸が使えなければフォークやスプーンを使うことがあるだろう。それは箸の代わりとなる別の"器具"である。さらにフォークやスプーンが握れない人の場合には，**カフ**のような"自助具"を使うことになるかもしれない。そういう発想や知識，経験はリハビリテーションにかかわる作業療法士などの専門職であれば，当然持っているであろう。障害者の側に知識がなくても，専門職の側からそういう発想がさまざまな形で情報提供されるに違いない。

食事のような基本的な生活動作に関することであれば，機能的な制限がある場合には，身体的な機能評価を行い，福祉用具や自助具などを選択し，製作するなどしてその動作を補完することになる。そうした基本生活動作の中には，すべての人ではないかもしれないが，例えばマスターベーションという動作も含まれる人もいるはずである。

自助具のレベルで考えてみよう。男性の身体障害者がアダルトグッズを使うとする。箸が使えるか否かの判断をすることと同様に，何をどうすればそのグッズが使えるかを，専門職は考えて対応してほしい。箸だったら，あるいはフォークだったらこういう工夫をすると考えるのと同じように，アダルトグッズをどのようにすれば使えるか，工夫すべきことは何かということをあたりまえのように考えてほしい。「自分で食事ができる」ようになる補助と同様に，スプーンやフォークなどを使うレベル，カフを使うレベル，もしカフを装着できないなら，カフの装着援助レベルというように，その動作の補完を機能レベルで考えてくれればよい。マスターベーションの介助をあなたにお願いしたいと要求しているわけではなく，また動作を手伝ってくれといっているわけでもない。

施設，病院などでの介助にも，身体機能によって段階がある。できるできない，しているしていないなどのアセスメントを行い，その上で，残された機能でその工夫を考える。その見極めをするのが専門職であろう。しかし性に関する動作機能の補完については，現状ではリハビリテーション分野の教科書にも書かれず，無視されている。これからの専門職は，性に関する動作や自助具などについてあらゆる知識，技術を総動員して考えてほしい。

▷1 カフ
万能カフとも呼ばれ，頸髄損傷やリウマチなどでスプーン，フォーク，ブラシなどが握れない人が，手のひらにバンド状のものを装着して，手指機能を補完する自助具。

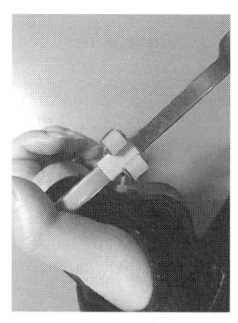

図Ⅳ-5-1 カフ

## 2 性についても関心を

　専門職には，マスターベーションが，日常生活動作の中に含まれるという認識がない。障害分野にかかわる専門教育においてもこのことに触れないカリキュラムとなっていることに問題があるのではないだろうか。それは，医療・福祉・介護などの分野で共通にいえることだと思う。

　医療・福祉の専門職を目指すということは，法律分野の教育や道徳的な教育も受けることになるだろう。その中で，障害者に対して「手を差し伸べなければいけない」というイメージが植えつけられる。いわば社会的弱者であってもらわなければならないという考えにつながる。マスターベーションにしてもセックスにしても能動的行為である。「受動的な」障害者がマスターベーションをしたいなど，能動的なことをいうと専門職は理解できなくなる。

　「性はプライベートなことだから支援できない」というのは言い訳にならない。なぜなら食事もプライベート，排泄もプライベート，趣味や余暇活動もプライベートなことである。時として専門知識が邪魔をして，性的な話になると短絡的に「直接介入はできない」ということで話が進まなくなることもある。アセスメントをして，できるかできないかをはっきりさせてくれればいいのである。

　例えば，アダルトビデオを見るにはどういう動作が必要かを考えてみる。パッケージから取り出す，デッキに入れる，ボタンを押すなどの動作があるが，それを手伝ってほしいのではない。どのようにすれば自らできるかを考え，工夫することについて，他の日常生活動作と同じように考えてくれればいいのである。

　なぜ性的な事柄への介入を避けてしまうのだろうか。専門職が好んでICF（国際生活機能分類）を語ることがあるが，ならばICFと「性」をめぐる項目を引き合いに出そう。ICFのなかには，性に関する項目がきちんと位置づけられているではないか。

## 3 身体障害者のセクシュアリティは「タブー」か？

　身体障害者（以下，障害者）のセクシュアリティをめぐるさまざまな問題や出来事をマスメディアが取り上げる際，度々「タブー」という表現が用いられる。果たして，本当に「タブー」なのであろうか。

　タブーとは元来ポリネシア語で，ta（＝印をつける）とpu（＝強烈さを示す副詞）が結合して，「はっきり印をつけられた」とか「くぎられる」とかを意味することばであった。そこから派生的に「神聖」とか「禁止される」といった意味が導き出されるようになった。日本語としては「禁忌」であり，俗信上の禁止事項に近い意味合いを持つが，忌みと物忌みとの区別が明確でなく，禁忌

▶2　ICFにおける性に関連する分類項目の抜粋（ICFについてはⅠ-8参照）

心身機能
b6　尿路・性・生殖の機能
b640　性機能
b660　生殖の機能
b670　生殖機能に関連した感覚

身体構造
s6　尿路性器系および生殖器系に関連した構造
s630　生殖器系の構造

活動と参加
d5　セルフケア
d7　対人関係
d7702　性的関係

環境因子
e1　生産品と用具
e3　支援と関係
e4　態度
e5　サービス・制度・政策

は本来，生活の知恵というべきものである。

## 4 海外の状況

福祉が進んでいる，あるいは性に関して開放的と思われている海外，主に北米・南米と西ヨーロッパ各国においても，ネットを検索すると「障害者のセクシュアリティはタブー」という表現が散見される。きちんと議論できるだけの情報提供や問題意識が共有されており，当事者はもちろんのこと医療・福祉の専門職や一般市民，時にはセックスワーカーまでがそれぞれの立場で発言・行動しているのに，である。ただし国や州によって，政治体制，税率，売買春の合法非合法，福祉制度，宗教的・歴史的背景などさまざまな相違があるにせよ，障害者が性について自ら発言・行動し，議論できる土壌がある，ということは海外諸国で共通している。

さらに付け加えると，身体の仕組みや妊娠・出産，性教育，性感染症やHIVといった性の健康に関する情報サイトには，必ずといっていいほど「障害者の性」や「高齢者の性」といった項目があり，専門的ではないがそれなりにきちんとした説明がなされている。それは別のいい方をすると，興味や関心のない層へのアピールでもあり，議論をするための最低限の情報提供でもある。

また，日本の研究者やライターが海外の事例として紹介するほぼすべてがオランダのSARという団体だが，欧米にはSARと同様の直接的支援や間接的支援あるいは法的整備を訴える主張があり，障害者・関係者のブログなどを含め少なくとも50以上のサイトが存在し，研修や啓発活動をしている。その一例としてカナダのDisabilities Health Research Networkというサイトで配信されている『Pleasure Able』というパンフレットがあげられる。

## 5 日本の状況

翻って，日本ではどうなのか。欧米のように「タブーについて議論できる状況」があるのか。海外の事例と比較し，結論を一言でいえば「否」である。関連情報の提供や問題意識が共有されていないこと，障害者が発言・行動していないことから，「タブーにすらなっていない」といういい方ができる。

ではなぜ，問題意識が共有されないのか。障害者が発言・行動しないのか。あるいは発言・行動できないのか。そこには，医療・福祉の専門職養成課程においてセクシュアリティ関連のカリキュラムがほぼ皆無であること，そのため，障害者が性的な言動をとると「問題行動」とみなされることなどが考えられる。

近年では，いみじくも世界標準とされるICF（国際生活機能分類）が障害の定義として多用されているが，専門職養成課程での教育においては機能面における性や生殖，活動面での（性的な）コミュニケーションの項目が省かれており，そんな項目が存在していることを知らない専門職が大半である。また，小学校

▶3　SAR (Stichting Alternatieve Relatiebemiddeling，選択的人間関係の財団）
1982年設立。障害者の青年が性に悩み，「死にたい」と医師に訴えたのを医師が止め，ワークグループやボランティアでセクシャルな補助を無料で始めたことが活動のきっかけ。現在では有料（交通費こみで90分約1万500円）で高齢者や三障害の性のニーズに応じていて，年間1300件程度の利用がある。利用料が一般の障害者にとってはやや高額なため，利用について公費での助成を行う自治体もあるが，公費助成に対しては反対の声もある（http://www.stichtingsar.nl/index.html）。

▶4　Pleasure Able (「できる喜び」)
副題は「障害のある人のための性的補助具マニュアル」。2009年に作成されたカラー図版入りの40頁ほどの小冊子で，インターネットで無料でダウンロードできる（http://www.dhrn.ca/files/sexualhealthmanual_lowres_2010_0208.pdf）。
著者は，Kate Naphtali と Edith MacHattie というカナダのブリティッシュコロンビア大学に所属した2名の作業療法士で，医師が監修している。

▶5　▶2参照。

の頃から道徳教育において障害者は社会的弱者であると教え込まれており，専門職養成課程においては制度や措置の対象者イコール受動的な立場とされ，いまもってマスメディアにおいては性的な存在ではない障害者像ばかりがもてはやされている。社会的弱者であり受動的立場である障害者と，オナニーしたいセックスしたいという性的に能動的な障害者像は容易に結びつかない。こうした現状を考慮すれば，障害者は「生活を円滑に進めるため」に性的な言動を控え，一般社会からの役割期待を演じることになるのが自然だろう。

　当事者がニーズを口にしなければ，専門職は対応策を講じることができない。専門職に知識や技術がなければ，あるいはそれらがあっても介入しないといわれれば，当事者がニーズを表出することはできない。ニワトリとタマゴのようにどちらが先かではなく，車の両輪のように同時に回り始めなければ話は先に進まないのである。せめて欧米並みに，性的支援の当事者団体がいくつも立ち上がり，議論のできる環境があるなかでの「タブー」になってほしいものである。

## 6　専門職は，我がこととして考えよ

　道徳の話ではないけれど，「相手の立場に立って考えましょう」という考えに対して私は懐疑的である。相手の立場になんか立てないはずである。そこで，「もし自分だったら」と考えてもらったら，少しは切実感が出てくるのではないかと思う。例えば，転んで両腕を骨折してギプスをした。そして，病院で「ご自宅へお帰りください」と言われ，帰ってきた。おしっこしたい，さあどうする。男性はまだよい。女性が同じ状況になったとき，明日から生理が始まるとしたら，どうする。

　専門職を目指す人，専門職として働く人，あなただったらどうしますか。ぜひ順序立てて考えてみてほしい。男性の家族に頼むのか，女性の家族に頼むのか，他人に頼むのか。誰の介助だったら自分のストレスや恥ずかしさが軽減されるか。相手の立場に立って考えることはできない。自分のこととして考えなければならない。このことを，強調しておきたい。

　あらためて強調したい。あなたはその時どうするのですか。同性介助か異性介助か。どちらをどの程度優先させるのか。どのような介助を望むのか。ギプスは一定期間を経れば外せるが，障害者はずっとこのような経験をしなければならない「日常」が続くのである。

〔熊篠慶彦〕

Ⅳ 暮らしのなかでの障害

# 6 介助犬と暮らす

## 1 介助犬クロエとの生活

　私のパートナークロエ（Chloe）は，7歳のラブラドール・レトリーバー。甘えん坊で可愛い性格の女の子だ。仕事は「介助犬」。

　クロエは日本盲導犬協会のパピー（子犬）として生まれ，生後2ヶ月から1歳までパピーウォーカーというボランティアさんに愛情たっぷり可愛がられて育った（図Ⅳ-6-1）。1歳になり日本盲導犬協会の訓練センターへ入所し，盲導犬の訓練を1年くらい行った。しかし，お仕事と何より人が大好きであったクロエは，盲導犬よりもむしろ介助犬に向いているということで，キャリアチェンジをして日本介助犬協会へ引き渡された。介助犬の訓練を始めるとあっという間に介助作業を憶え，2008年12月から私とともに合同訓練を開始し，2009年3月にめでたく介助犬としてデビューをした。

　私は病気で「四肢体幹機能障害」になり，車いすを使用して生活している。握力もほとんどないため，気をつけていても物を落としやすい。物を落とすと人にお願いして拾ってもらわなければならない。しかし，家や職場ですら1～2度ならば「拾って」と頼めるが，それ以上になるとお願いしづらく，まして屋外では見ず知らずの人を呼び止めてお願いするのは気が引ける。クロエが来てくれるまでは，たくさんのことをあきらめて生活していた。

　けれど，クロエが来てからは物を落とすとクロエが「拾う？」と私を見上げ，指示をすると嬉しそうに尻尾をふりながら拾ってくれる（図Ⅳ-6-2）。拾ってくれた物をすぐに落としてしまっても，何度でも「拾う？」と聞いて楽しそうに拾ってくれる。コインでも紙でもクロエが口でくわえられる大きさの物であれば何でも拾ってくれる。しかも喜んで！

　外出先で歩道の段差に車いすが引っ掛かり，身動きが取れなくなったとき，以前は通りすがりの人にお願いして介助してもらうしか方法がなく，人の往来がない場所では何十分，何時間もただひたすら待ち続けるしかなかった。しかし，クロエがいてくれることで，車いすに付けてあるロープをクロエがくわえ，歩道の上へ引っ張り上げてく

図Ⅳ-6-1　パピーウォーカー宅でのクロエ

図Ⅳ-6-2　お仕事中（ペットボトルを拾う）

れる（図Ⅳ-6-3）。自動車の運転時も，握力がないため駐車場のパーキングチケットを取ることが出来ず，後ろの車からクラクションを鳴らされ続けたことが何度もある。普段はリーチャーという道具を使ってチケットを取るが，発券機の力が強く，引き抜けないことが多い（図Ⅳ-6-4）。けれどクロエがいてくれれば運転席にいる私を乗り越え，窓から顔を出し，チケットをくわえて取ってくれる。こんなにも頼もしい存在がいるだろうか。[※1]

他人からみれば「些細なこと」かもしれない。けれど，その「些細なこと」が出来ず，「人に頼むしか方法がない自分」が，クロエがそばにいてくれるだけで「自分で出来る」に変わる。これは非常に大きな心と生活の変化である。

介助犬というと「手助けをしてくれる犬」と思う方が多い。確かにその通りだ。しかし，介助犬はパートナーであり，介助犬の世話は基本的に使用者（ユーザー）が行っている。これは，身体障害者補助犬法にも定められており，使用者は，補助犬の飼育・衛生・行動管理を行う義務を課せられている。法律で定められた管理ではあるが，これらを使用者が行うことにより犬とのパートナーシップを強めることが目的でもある。法律や義務というと「やらされている」ように思うかもしれないが，私を含めた多くの使用者は喜びを感じながら犬の世話をしている。なぜなら，それまでは「面倒をみてもらう側」だった自分が，「面倒をみる側」に変わるからだ。正直なところ世話は大変だ。それでも私のために一生懸命に，嬉しそうに，楽しそうにお仕事をしてくれるクロエ，そばで見る可愛い寝顔，あそぼう！と誘うしぐさもイジけたお尻もクロエのすべてが愛おしくてたまらない。そんなクロエの世話は時間がかかっても自分でやりたいと思う。いつまでも元気でいてほしいと願いながら。

## ❷ 同伴拒否

介助犬を含めた補助犬は，公共施設や公共交通機関はもちろん，スーパー，ホテル，飲食店，病院など不特定多数の人が利用する場所への同伴ができる。

▷1　現在は，体調の変化により車の運転は止めている。

このロープをくわえて引っ張る。

図Ⅳ-6-3　車いす牽引ロープ

図Ⅳ-6-4　リーチャー

その際には，ケープまたはハーネスに身体障害者補助犬の表示（クロエの場合は「介助犬」と記載されている，図Ⅳ-6-5）を見える場所につけ，使用者は身体障害者補助犬認定証および健康手帳を所持していなければならない。これを怠っていた場合については同伴拒否をされても仕方がないが，所持していた場合でも介助犬の同伴拒否をされることがまだ多い。その度に「身体障害者補助犬法」について説明し，相手側の理解を求めなければならないのが現状である。介助犬などの補助犬はペットではない。しかし，特に飲食店や病院では「犬を外に置いてお客様だけお入りください」といわれることが多い。これは，まったく補助犬というものを理解していない発言で非常に悲しくなる。わかりやすく言うと，杖や車いすを使用している人に車いすや杖は外に置いて入ってくるようにいっているようなもの，視力が弱い人にメガネ，コンタクトをはずして店や病院に入ってくるようにいっているようなものだからだ。補助犬は使用者のパートナーであり，社会参加に必要なマナーを身につけ，必要な予防接種や衛生管理，行動管理を行っている犬である。

　なかには犬が苦手な人もいるだろう。その場合は，使用者に伝え，犬が苦手な人と離れた席へ案内するなどの対策を取ってほしいと思う。

　けれど，どんなに説明しても受け入れられない場合は，その建物が所在する都道府県または政令市の補助犬相談窓口へ連絡し，行政指導を行ってもらっている。本当はこんなことはしたくない。いつか補助犬法を説明しなくても一緒に受け入れてもらえる社会になることを心から願っている。

### 3　補助犬からのお願い

　介助犬たち補助犬は，スーパードッグではない。人とお仕事が大好きな犬た

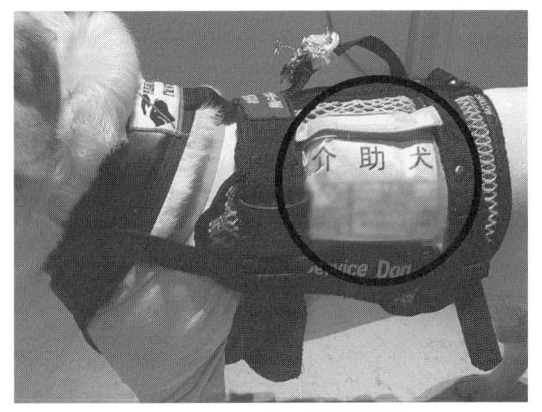

図Ⅳ-6-5　補助犬の表示

丸で囲んだ部分が「身体障害者補助犬の表示」で，これをハーネスやケープ等，胴体の見える場所に表示しなければならない。また，これとは別に「身体障害者補助犬認定証」と「補助犬健康手帳」を所持しなければならない。

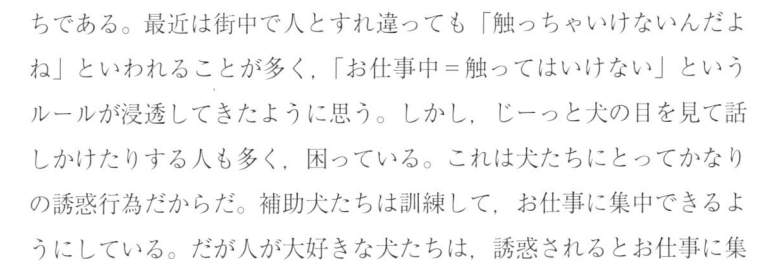

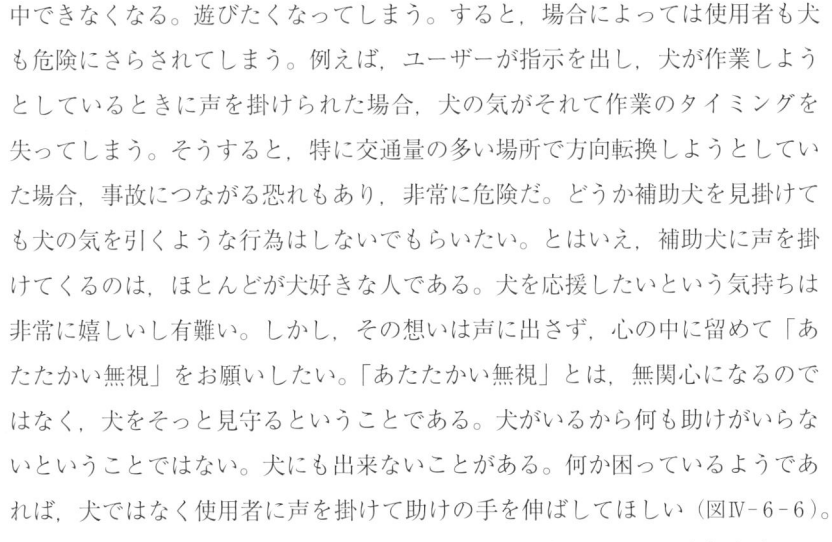

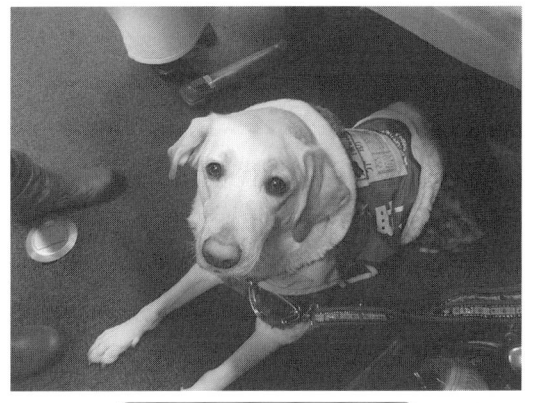

図Ⅳ-6-6　机の下で待機中

図Ⅳ-6-7　ほじょ犬マーク

ちである。最近は街中で人とすれ違っても「触っちゃいけないんだよね」といわれることが多く，「お仕事中＝触ってはいけない」というルールが浸透してきたように思う。しかし，じーっと犬の目を見て話しかけたりする人も多く，困っている。これは犬たちにとってかなりの誘惑行為だからだ。補助犬たちは訓練して，お仕事に集中できるようにしている。だが人が大好きな犬たちは，誘惑されるとお仕事に集中できなくなる。遊びたくなってしまう。すると，場合によっては使用者も犬も危険にさらされてしまう。例えば，ユーザーが指示を出し，犬が作業しようとしているときに声を掛けられた場合，犬の気がそれて作業のタイミングを失ってしまう。そうすると，特に交通量の多い場所で方向転換しようとしていた場合，事故につながる恐れもあり，非常に危険だ。どうか補助犬を見掛けても犬の気を引くような行為はしないでもらいたい。とはいえ，補助犬に声を掛けてくるのは，ほとんどが犬好きな人である。犬を応援したいという気持ちは非常に嬉しいし有難い。しかし，その想いは声に出さず，心の中に留めて「あたたかい無視」をお願いしたい。「あたたかい無視」とは，無関心になるのではなく，犬をそっと見守るということである。犬がいるから何も助けがいらないということではない。犬にも出来ないことがある。何か困っているようであれば，犬ではなく使用者に声を掛けて助けの手を伸ばしてほしい（図Ⅳ-6-6）。

　私はクロエと歩くようになってから私たちを取り巻くやさしい空気を感じている。みんなクロエを見て微笑んでくれる。応援してくれる。そんなやさしい空気に包まれ，私は幸せだ。「人にも動物にもやさしい社会」これが私たちの願いだ。

（ジッペラー景子）

Ⅳ　暮らしのなかでの障害

# 7　頸髄損傷と在宅就労

## 1　受傷から現在まで

　私は岐阜で生まれ，健常者として小中高と岐阜で過ごした。その後，大学進学と同時に上京し，大学2年生の時バイク事故により頸髄を損傷した。救急搬送された病院からリハビリ病院に転院し，9ヶ月のリハビリの後，復学するために退院をした。入院中は大学の仲間や家族，病院関係者に支えられ，リハビリを受けることができた。それに加え，入院病棟に同世代や，経験豊富な頸髄損傷者が居たこと，さらに大学側の復学に向けての前向きな対応なども支えになり，深く落ち込むことなく入院生活を過ごした。復学後は母と二人で大学のそばに住み，大学関係者や仲間のサポート，さまざまな福祉制度により，順調に単位を取得していった。そんななか大学3年の秋になると周りでは就職活動が始まり，私も就職活動を始めることになった。健常者と同様の就職を目指したがうまくいかず，焦りが出てきた。なかなか就職が決まらず，結局病院の紹介で訪問介護事業所に「自立訓練も含めて」という形で就職することができた。この就職で自立生活の基盤ができ，単身独居生活をすることになった。その後，就職支援会社から現在の**特例子会社**を紹介され転職し，現在にいたっている。

## 2　障がいの状況と職業生活状況

　現在の障がいの状況は運動障害，感覚障害，自律神経障害，膀胱直腸障害である。首から下の感覚はなく両足，左手はまったく動かず，右手は腕が少し持ち上がる程度である。移動は電動車いすで，パソコンはキーボードを口元に設置し，棒をくわえて操作している。マウスも口で使えるマウスが必要で，市販のプレゼンテーション用ハンディーマウスに呼気スイッチを後付けしたものを，キーボードと同様，口の高さに設置して使っている（図Ⅳ-7-1）。これらを会社から仕事のため貸与されたノート型パソコンに接続するため，本来はセキュリティ上使用許可されていない USB ポートに，特別な許可を得て接続して使っている。

　仕事は在宅就労を基本に就労しており，1週間のスケジュールは月曜日から金曜日までの常用雇用で，土日祝祭日は基本的に休みである（図Ⅳ-7-2）。

　一日のスケジュールは，朝9時に出勤メールで出勤を報告し，夕方5時30分に退社メールで退社報告をする。さらに医療処置の必要な月曜，水曜は，シフ

▶1　特例子会社
障がい者雇用率制度によって事業主にはその雇用者の数に対して雇わなければならない障がい者の割合（法廷雇用率）が決められている。そこで特例として，障がい者雇用に特別な配慮をし，一定の要件を満たした子会社で雇用した障がい者を親会社および関連グループ企業が雇用しているとみなし障がい者雇用率を算定できることとしている。この子会社を特例子会社という。Ⅵ-6参照。

ト勤務となる。また，月に一度出社し，同僚とコミュニケーションをとったり，上司から直接に指示を受けている。なお月に5時間の通院時間が認められている。

前述の通り，単身生活のため，8時に起床介助，正午頃昼食介助，15時頃排泄介助，18時頃夕食介助，さらに深夜に就寝介助というように訪問介護を利用している。その他にも，訪問看護，入浴介助，月に一度の通院の介助，移動支援をはじめ，適宜必要な時に必要な介助を頼んでいる。

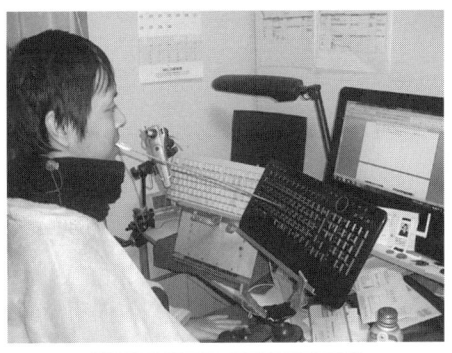

図Ⅳ-7-1　パソコン操作

仕事の内容は営業資料の作成である。朝の出勤メールのあと会社からの指示を受け，必要な情報をインターネット環境を使い抽出し，終業時に成果物をメールで送る。社内で行われている業務と同様，指示があればその指示にしたがって業務を進めている。

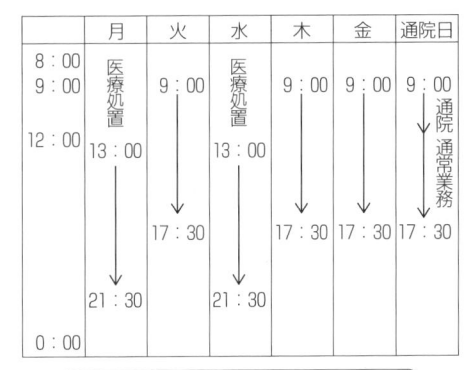

図Ⅳ-7-2　1週間のスケジュール

### 3　就労での問題点と解決

通勤による就労を目指したが，移動やトイレや食事その他種々雑多なことが障壁となり見つからなかった。そこでこれらすべての問題を解決し，さらに体調の急変にも対応できる在宅就労という業務形態をとった。

通常の勤務時間では，医療処置や入浴介助がある時間は仕事ができない。またパソコン環境や電動車いすなどの福祉機器の故障によっても同様に仕事ができなくなる。医療処置などが必要な日については就業時間をずらし，始業を午後にすることで解決した。また機器の故障の際は「作業が遅れてもできる範囲でやる」ということで解決した。急に体調を崩した時も同様に対応してもらい，社内での理解の大切さを実感した。

在宅就労のデメリットは社内とのコミュニケーションである。在宅という就業形態の特性上，同僚と顔を合わせてコミュニケーションをとることができない。また，通勤することで自然と身に付く社会人としてのマナーの習得や，社内の雰囲気といったものを，体感することができない。他者との比較評価や，他のノンバーバルな情報が読み取れず，不安や孤立感を感じることがある。さらに，在宅では業務が限られキャリア形成もしにくい。これらを解決するのが綿密な連絡と月に一度の出社日である。日々の連絡はもちろん，月に一度出社することで同僚とコミュニケーションをとり，社内の雰囲気を感じ，自分は一人で働いているのではないと再認識したりすることができる。

### 4　仕事のやりがい

仕事のやりがいは，いまこうして生活できていることである。もちろん収入

図Ⅳ-7-3　趣味のダイビング

がなければ生活を維持することができない。しかしそれだけではなく，社会人として仕事をし，税金を納め，自らの収入で自らの選択したものにお金を使うということは，それだけで自立心と喜びをもたらすのではないだろうか。また社会とのつながりを持つことで，孤立することなく，広い視野を持つことができ，そこから何か新しいことに挑戦しようとするモチベーションも出てくる。

### 5　気をつけている点

気をつけていることは，健康管理と自己自制である。健常者とくらべて体温調節などの健康管理が難しく，風邪などの小さなことが原因で大病になるリスクを背負っている。一度そのようなことになってしまうと，ただ仕事を休むことになるだけではなく，場合によっては何日もの入院・治療が必要となり，復職自体危うくなりかねない。そこで規則正しい生活を心がけ，十分体調に留意している。また，在宅就労という環境では上司や同僚の目が届かず注意を受けるわけでもないが，しかし，成果物の量や質を見れば就労状況はわかってしまう。せっかく信頼して在宅で仕事を許されているのに，信頼を失うようでは仕事自体も失ってしまう。そのため自制心を持ち真摯に業務に取り組んでいる。

### 6　趣味

プライベートではスキューバダイビングをしている（図Ⅳ-7-3）。現在の職に就き日々働いていると，休みが重要であるということに気づかされた。そこで，自分にできることは何かと調べ，ダイビングをはじめた。いまでは，沖縄

▶2　高位脊髄損傷者は副交感神経優位となり発汗作用が低下するため高温下では，高熱になりやすい。また筋肉の運動がないため，低温下では低体温となりやすい。

や本栖湖あるいは与論島に行ったりして楽しんでいる。また，新たに興味を持った分野について学ぶため大学に通い人間科学学士を取得した。こうして休暇の時間を有効に使っている。私は休みがたっぷりある時より仕事をしているいまのほうが外に出て遊んでいる。これも自分でお金を稼いだという自信からくる余裕と，休暇の本当の価値を知ったことが主な要因かもしれない。これからは電道車いすサッカーなどの新しいことにも挑戦しようかと思っている。

そのほかでは，普通のサラリーマン同様，友人と飲みに行ったり，テレビを見たり，パソコンをやったりと普通の生活をしている。私にとって，この普通ということがどれだけ重要かはいうまでもない。

## 7 就業と自立

障がい者の自立にはいろいろな形がある。そのなかで，私は経済的自立というのは大きな意味を持つと考える。また，経済的自立を目指して就労を始めると，社会とのつながりができるという効果も期待できる。以前，作業所で働いていた人が就職することをきっかけにして習い事を始め，性格も明るくなったという話を耳にした。他にも同様な報告はたくさんある。憲法が保障する職業選択の自由の中には就労しないという選択肢も入っているだろう。また障がいの程度，種別によっては就労することで逆に人生の豊かさを奪ってしまうということも考えられる。よって私は就労しないこともひとつの選択肢として重要だと考える。しかし，本当に就労しないということが選択の結果なのだろうか。就労の可能性についての情報を知らず，就労という選択肢のない状態でいるのと，就労しないことを選択するのではまったく意味が違う。就職はただお金を稼ぐだけではなく，社会とのつながりや生活への活力といった二次的習得も大きい。障がい者もこのことを知った上で就労するかどうかを決められる環境こそが重要である。私も就職できていなければ収入がなく，一人暮らしはできなかった。また社会とのつながりも自信も持てなかったかもしれない。はじめは希望に沿う就職はできないかもしれない。しかし，「まずはやってみることが大事」である。地域で自立し，義務を負い権利を得るという普通の生活をすることは，まさにノーマライゼーションであり，何ごとにも代えられない喜びでもある。

わが国では義務教育を終えると高校，専門学校，大学とそれぞれ進学しながら各過程で自由に進路を選び就業する。そして障がい者もインクルーシブエデュケーションとして当然この流れに居なければならないと考える。そのことが自然に自立心というものを起こさせ，障がい者とその周りの環境の壁を取り払う。雇用の多様化が進む中，在宅就労という雇用形態も増えてきている。インターネットの普及などで障がい者の就労におけるハンディキャップは以前に比べ低くなってきている。今後在宅就労は障がい者就労のあり方のひとつを担っていくのではないだろうか。

（神野幸康）

Ⅳ　暮らしのなかでの障害

## 8　見えないアンテナ

　いいのか悪いのか，育った環境のおかげで，わたしの頭上には『見えないアンテナ』がいろいろな方向を向いて立っている。長短太細おりまぜて，何本か揺れている。「アンテナが立ちすぎている。もう少し抜いたら？」と，ときどき別のわたしに言われるが，いまさら抜くことはできない。

　少し矛盾しているかもしれないが，『集中力』もかなりあるほうだ。何かの作業をしているときも，テレビのアニメを視ているときも，ひじょうに集中する。そんなときに電話がかかってこようものなら，引力に逆らって跳びあがる。

　社会や福祉施設の動向を，その『アンテナ』でなるべくすばやくキャッチする。人間（わたしに関わってくれている人たち）の性格もできるだけはやく見抜く。意識しなくても自然にそうなる。それらのデータを，『経験』と『学習したこと』に混ぜあわせて，『ある状態』を創りあげる。その『ある状態』は次の『データ』になる。ひいては，それらが『気働き』につながる。

　わたしは　社会福祉施設を利用している。その施設で生活しながら　仕事をしている。

　社会福祉施設の職員には，『１本でも多くの見えないアンテナを立てること』を望む。利用者（や来客や職員）からいつ呼ばれても対応できるように……。『気働き』ができるように……。

　『法律や制度に精通している』に越したことはないが，その施設の生活に沿った知恵や知識を身につけてほしい。廊下を歩いているときも，周囲に気を配り，それらの状況をきちんと視て　しっかり感じてほしい。

### １　ン？

　病院に行くために　タクシーに乗る。「きょうは休み？」と運転手に訊かれて，「はい」と答える。すると「いいね」ということばが返ってくることがある。「健常者は病気になってもなかなか休めないから，彼から見れば『いいね』かもしれないが……。『遊びに行く』のならともかく，『病院に行く』のだぞ」と，心の中でつぶやくのである。

　某電気屋に双眼鏡を買いに行った。店長とおぼしきお方がめんどうくさそうに，３種類の双眼鏡を持ってきた。『おもちゃのような物』『もう少し本物に近い物』『本物』の３種類をカウンターに置いた彼は，「どれにするの？」とすごくつっけんどんに訊いた。

少しムッとしたが，品物と彼を一瞥してからわたしは，『本物』を手にとった。その直後から，彼の態度やしゃべり方が一変した。彼の中で　わたしという存在が，『(知的障害が交ざった)身体障害者』から『お客様』に変化したのだ。わたしはその瞬間を見てしまった。

丁寧な物腰の店長様に代金を支払い，複雑な気分でわたしは店を出た。少しおもしろかった。少しだけ，「やったぁ」と，心の中でガッツポーズをした。

## ❷ 障害は個性？

健常者にもいろいろな人がいるように，障害者にもいろいろな人がいる。同じ『脳性小児マヒ』でも，10人いれば10人少しずつ異なる。『障害』にもいろいろある。一見して『障害者』だとわかる障害者もいれば，三見ぐらいしてもわからない障害者もいる。

「人間は第一印象で決まる」と思っている人が多いかもしれない。第一印象で，他人を100％知ることは不可能だが，たいせつなものだとは感じる。でも，他人が見るわたしの第一印象と　わたしの中身とは異なる。とっても『損』をしているのである。このような場合，どうすればいいのだろうか？……

日本では『自閉症』のことを『自らを閉じる』と書く。アメリカでは，『あるひとつのことに固執し，そのことが大きく特化するために　他のことが小さくなる』ととらえるようだ。なんとポジティブな考え方だろうか？　わたしは，平成3年〜12年に海外旅行を5回している。最初に行ったバークレー（カリフォルニア州）では，人間の心の広さなどを体感して　カルチャーショック以上のカルチャーショックを受けて帰国した。

わたしは一見して『障害者』だとわかる。車いすに乗っているし，顔がボーッとしている。それに，しゃべり始めれば言語障害がある。障害が重度化してからは，身軽に動けなくなり　よけいに『障害者』になってしまった。しかし，「これができない」「あれができない」と言うことは嫌いだ。でも，できないことは「やってください」とはっきり頼む。そして，自分でできることはゆっくり自分でやる。

時速500kmの乗り物もいいが，時速4kmの徒歩はもっといい。いろいろな方向から　いろいろな物や事を発見できるかもしれない。わたしは，アナログのまぁるいサインカーブ（周期的変化を示す波型の曲線。数学などの分野でしばしば現れる）が大好きだ。

身体に障害があっても，強い意志を持ち　柔軟な心で　物事を眺めたい。

（中島玲子）

▶1　『脳性小児マヒ』には，数種の型があり，わたしの『型』は『不随意運動型』とよばれるものである。脳の錐体外路（主として無意識におこる運動をつかさどる神経経路）を中心とした障害。意思と無関係に体が動いたり，精神的な昂揚で筋緊張が強くおきたりする。

▶2　自閉症は，3歳ぐらいまでに①対人関係の質的な違い（目線をあわせようとしない等），②コミュニケーションの障害（ことばが話せない，話せても場に合っていない等），③活動と興味の偏り（極端なこだわり），の3つの特徴が現れた場合に診断される。先天性のもので，いじめのせいで自閉症になった，ゲームをやりすぎて自閉症になったということはない。

## Ⅳ　暮らしのなかでの障害

## 9　見えにくい障害
### 高次脳機能障害

#### 1　わが子が高次脳機能障害を受けて

　大学受験を目前にしての交通事故。警察からの電話は病院名を告げる。3ヶ月の昏睡状態，声が出るまでにそれから3ヶ月，おむつが取れるまでに事故から半年，歩けるまでには1年。一歩一歩と遅いながらも変化はあったが，医師から奇跡とまで言われてとりとめた命の重さがわかるにはさらに月日を必要とした。一人の親の力では手に余るこの障害に，多くの方々の協力を得ながら，解決への糸口を模索する日々が長きに亘り続いた。

#### 2　高次脳機能障害とは

　高次脳機能障害は小児，若者から高齢者まで，誰でもいつでもなりうる障害であるにもかかわらず，診断基準，リハビリテーション，社会での対応といった医療，福祉の分野において知られざる障害であり，国の施策に反映されるようになったのは近年になってからのことである。社会の理解を得難い要因は，まさに日々の社会生活を阻む要因である障害が見え難いところにある。身体機能に問題がなく，一見したところ障害はないように見えるにもかかわらず，言われたことや自分で話したことを忘れてしまったり，強い思い込みで誤った情報もいったん記憶すると変更できないというように，日常生活を送る上で大きな障害となることがある。

　発症の原因は，交通事故や転落といった外傷によるもの，脳梗塞，脳出血，くも膜下出血といった脳血管疾患，脳炎，低酸素[1]，脳腫瘍，アルコール症と多様である。

　救急医療からリハビリテーション医療への移行に際し，脳と身体機能とを同時に回復させるリハビリテーション実施機関が少ない上に，利用期間も短いという問題がある。しかも身体機能のリハビリテーションは多少の差はあっても各地域で受けられるが，脳機能の回復を同時に実施可能な施設は限られているのが現状である。そのため救急医療から居住地域への移行が難しく，個々の問題に対応可能な受け皿としての機能を持つ機関・施設と人材が必要である。一日も早く全国どの地域でも必要な支援を必要な期間得られるようになることが望まれる。

▷1　喘息発作等で呼吸困難になったり，海，プール，時には入浴中に溺れたり原因はさまざまであるが，一定時間酸素が脳に届かないことが原因。

## 3 再び社会で暮らす上での課題

　具体的には，退院後にどのような課題があるのだろう。受傷（症）前の職業，生活の維持が目標であるが，これが最難関である。職種，立場により問題が異なるため支援者は，多数の事例を経験するまで，適切な支援にたどりつき難い。復職が可能となる例があるのに対し，新規就労は困難を極め，生活の基本，糧としての仕事を得ることは厳しく，ようやく職に就いても短期間で退職を余儀なくされる例が後を絶たないのが現状である。私の参加する家族会では定期的に近況報告を兼ねて集いを開催することで，個々の変化に着目し，問題の早期把握とその対応策を考える努力を重ねている。

　何より重要なのは生活の場の確保であるが，成人／未成年，既婚者／未婚者，自立していたか／家族と同居していたかといった，受傷（症）前の環境，立場により問題点は異なり，元の生活に戻れない例も多い。既婚者では離婚にいたる例も少なくなく，高齢の親が介護や見守りを引き受けることになり，後遺障害が軽い場合には福祉法による恩恵も受けられないことが多々ある。

　苦手なことも多いが，かつて経験していたことはできることが多く，指示を単純化して手順を示せば可能なことも多い。選択肢を絞ってみる，混乱させないように指示は統一してみる，指示を出す人も絞り，複数の場合は統一化を図るといった支援方法により，社会参加が可能となる事例も多い。▷2

　最近着目されていることとして，軽度脳損傷者の問題がある。医学的には画像での診断も難しく，認知面での評価テストでも大きな問題はみられないにもかかわらず，社会で生きていくことに困難を感じている例が少なからずみられる。当事者は生き難さを感じて混乱に陥り，周囲はどう対応してよいかわからず困惑することになる。

　また，心理面への対応，家族，社会への適切な支援等，社会環境が整えば一人の社会人として生きていける軽度外傷性脳損傷（MTBI）▷3 とみなされている存在への対応も重要な課題である。

## 4 家族への支援

　治療を受ければ治ると信じていたにもかかわらず，後遺症が残り問題行動を起こす人にどう向き合っていけばよいのか。確かにわが子，わが夫，わが妻であることには間違いないが，あたかも別人のごとく行動する相手への対応に苦慮することも稀ではない。

　途方にくれ，精神も身体も疲労困憊し，家族崩壊につながる例も多々あることから，悩みを共有できる仲間とのふれあいはきわめて重要であり，孤立することから生じる問題を避けられる。孤立からの脱却に向けた支援を家族の立場から行っていきたい。

（大塚由美子）

▷2　集団療法も効果が認められている。自分の事は認識できなくても他人の行動への観察力はあり，問題点を集団で考えることが自己を省みる機会となることから，グループでの訓練，学習等が有効と考えられている。一人一人が目標を設定して話し合いを行い，フィードバック（振り返り）をしながら，失敗にこだわらず，出来たこと，うまくいったことを大事にして成功体験を積み重ねることにより自信を取り戻し，他人の問題行動から自らを振り返ることが気づきへとつながることが期待されている。

▷3　MTBI は Mild Traumatic Brain Injury の略。

# Ⅳ 暮らしのなかでの障害

## 10 福祉のまちづくりにおもう

### 1 障害当事者運動と福祉のまちづくり

　1970年代の障害当事者運動を契機とする福祉のまちづくりの理念は，単に技術的な都市構造問題を捉えたものではなく，障害のある者（以下，障害者）の全人格的復権を総合的に保障するものである。障害当事者性を不可欠とする福祉のまちづくりは，近年のわが国の高齢社会の進展を背景に変容している。すなわち，障害者など特定の人たちに限定したものではなく，高齢者，児童を含むすべての人々を対象にした新たな社会的枠組みとしてである。こうしてまちづくりのあり方はユニバーサルデザイン化の方向に進展している。

▶1 日常生活上，身体的機能障害等により施設利用での物理的制限を最も受けやすい車いす使用者を対象とする。

　ところで，わが国の障害者施策は1981年の国際障害者年以降，自己決定権尊重と社会参加の促進ということを目標に地域移行を展開している。地域での生活を支える施策のひとつが公的施設にバリアフリー化を義務づけていくことである。障害者の社会参加への機会を奪いがちな物理的バリアを取り除くことが社会の大きな責務となっている。

▶2 高齢者，障害者等の移動等の円滑化の促進に関する法律（バリアフリー法），福祉のまちづくり条例。

　バリアを除去することの意義について，筆者自身の経験をもとに少し触れてみたい。筆者は14歳（1967年）より車いす使用者となった。当時の社会環境，生活場面での物理的バリアは車いすには克服することのできない，絶望的な分厚い壁であったと記憶している。例えば，「外出する」ことさえも大変なことであった。外出は誰にとっても当たり前なごく日常的なことであるが，障害が重ければ重いほど物理的にも精神的にも負担は大きい。車いすの者にとって，まず一番の問題はトイレである。外出先でのトイレの問題は避けて通れない。しかし，当時の「公衆便所」は必ずといっていいほど入口に何段かの段差があり，ドアや通路は狭く，車いすでは使用できない施設であった。ゆえに一日外出するときは，出かける前日からお茶などを飲まない「水分絶ち」をすることでトイレに行く必要がないように水分調整を行うことが常であった。

　また，当時は車道と歩道との境に車いすの者が独力では越えることのできない段差が設けられていた。障害のない者にとってはまったく意に介さない段差であっても，車いすの者にはその段差が絶望感へとつながる。筆者自身，そうした場面で通りがかりの人にその段差をあげてくれるよう頼むものの，なぜか力を貸してもらえず，なぜ力を貸してくれないのかという疑問，また助力してもらえないことに対する不満と失望感を数多く経験している。

加えて，当時（1960～1970年代）は物理的バリアとともに人々の障害者に対する心理的バリアもかなり強固なものであった。家族で行ったお好み焼き店で車いすの客は遠慮して欲しいと入店を拒まれたことや，車いすの乗車は危険と電車で乗車拒否されることも度々であった。当時は車いすであることを理由に何かにつけ排除されることが当たり前であり，障害者に対する社会の偏見，差別，排除等を否が応でも味わう日々だった。そんな社会のありように対して車いすで電車に乗れるようにと署名運動を行ったのが筆者の当事者運動の最初の取り組みであった。いまでは大変懐かしく思い出される。

　この当事者運動こそが，福祉のまちづくりである。福祉のまちづくりに込められた当事者の思いは，単に都市構造をバリアフリー化することではない。障害者が一人の人間として当たり前に生きていける社会をつくることである。そのためには必須要件である移動をはじめとするさまざまな生活の権利を確保し，総合的に保障することが求められる。

## ❷ バリアフリー化を迎えて

　障害者の生活圏拡張運動としてスタートした福祉のまちづくりは，1970年（昭和45）に第11回世界リハビリテーション会議で採択された「まちはすべての人のために配慮したものでなければならない」という考えを表示した「国際シンボルマーク」（車いすマーク）を公共施設や店舗に取り付ける運動として日本ではスタートした。その後，東北新幹線の仙台乗り入れに伴って「新仙台駅の身障者利用可能」を求めた署名運動が続いた。

　1973年（昭和48）には，厚生省（現，厚生労働省）によって身体障害者福祉モデル都市事業が開始され，建築物のバリアフリー化が加速し，車いすで利用可能なトイレやスロープの設置を求める運動が各地で展開していった。

　この「バリアフリー」が一般的に知られるようになり，その重要性が注目されたのは1981年（昭和56）の国際障害者年以降である。特に注目されるようになったのは，1995年（平成7）の障害者施策"ノーマライゼーション7カ年戦略"のなかにこの語が登場したことによる。また，同年版の『障害者白書』は「バリアフリー社会をめざして」を副題に掲げ，障害者が社会参加する上で4つのバリアを除去することの重要性を示している。

▶3　①物理的，②心理的，③法律・制度，④文化・情報面のバリアという4つ。

　バリアフリーの具体的事例としては，公共施設における車いす用トイレ，段差の解消，階段のスロープ化，エレベーターの設置や障害者用駐車場などがある。これ以外にも，視覚障害者に対する点字ブロックの敷設や音響式信号機などの設置が代表的な例としてあげられる。"障害者の社会への完全参加と平等"を現実化するためにはバリアフリーは欠かせない。

　福祉のまちづくりは現在，法律を根拠に進展しており，不特定多数が利用する施設（スーパー，デパート，映画館，コンビニ，交通機関等）は障害者用駐車場

やトイレの設置，階段の所にはスロープやエレベーターの設置が義務付けられている。

1970年代に「水分絶ち」や「乗車拒否」を経験した筆者からしてみれば隔世の感がする。

### ③ ユニバーサルデザインの現状

バリアフリーは近年ではユニバーサルデザインと呼ばれ，特定の人を対象とするものから普遍化したものへと変容している。この理念は不特定多数が利用する公共・民間施設にはごく自然な形で普及している。施設や設備の利用対象者も障害者だけではなく，高齢者，妊婦，子どもと拡大している。

しかし，ここで問題となるのは，「誰もが公平に使える」というユニバーサルデザインのコンセプト[4]が浸透することによって，その施設の利用においてそれを最も必要とする障害者の優先順位が変化していることである。いま地域ではユニバーサルデザイン施設（障害者用トイレ，障害者用駐車場，エレベーター）の利用において，利用者間コンフリクト（衝突）が生起し，障害者の利用を困難にしている状況がある。バリアフリー施設からユニバーサルデザイン施設に転換したことにより障害者用トイレは常時混雑し，そこしか使えない車いす使用者が利用できず，一般客とのトラブルが頻繁に起こっているのである。

また，障害者用駐車場も不正駐車するケースが後を絶たない。適正利用に向けて施設側は人々のモラルに訴えたり障害者用施設であることを訴えるが，あまり効果がみられない。いまや競争社会のルールである先着順が当然といった状態である。現場では問題解決への対策として，啓発・警告文章の掲示や利用対象者に駐車許可証を発行するなどで問題解決を図っている。また大型商業施設では担当者を配置して定期的に巡視を行い，不正駐車のないよう一般利用者に注意喚起を促しているが，不正駐車は絶えない。「空いているから停めた」，「なぜ障害者だけにそのようなサービスを行うのか」といった文句や反論に現場は頭を抱え苦慮している。もはや，個人のモラルや施設の努力だけではどうしようもないのではないか。

障害者用駐車場とは，車いす使用者が乗降できるよう，ドアの完全開閉が可能な3.5mの幅を確保した駐車場のこと，障害者用トイレとは，車いすで便座に近づける広さを確保した施設のことである。しかし，ユニバーサルデザイン化されたことで車いす使用者以外も利用できるため，利用倍率が高い施設となってしまっている。

### ④ 今後の課題

各地に設置された障害者用の駐車場やトイレの利用実態を見る限り，わが国の福祉のまちづくりは，必要の原理から平均の原理を重視する施設へと変容し

▷4 誰もが公平に使える。使う上で自由度が高い。使い方が簡単。必要な情報がすぐわかる。うっかりミスが危険につながらない。体への負担が少ない。利用できる大きさと空間を確保する。

ているが，ユニバーサルデザインがいう「誰もが公平に使える」という意味は，物理的に限られた障害者用施設をみんなで使うことではない。

　ユニバーサルデザインの考え方は機会の平等を重視するアメリカからの移入である。その考え方を日本社会に浸透させるためには，誰もが公平に使えるということばの本来の意味を社会に訴えていくべきである。その取り組みがなされず，誰もが使えることを謳い文句に施設の普及とその設置理念を普遍化させても，ますます混乱を呼ぶばかりである。

　障害者用駐車場では，障害者を優遇することに対する人々の不満，反論も見聞する。しかし，障害者用駐車場は，誰もが使えることが目標ではなく，車いすで乗り降りできる3.5mの幅を確保することが目標である。車いす使用者にはそのトイレが必要なのである。その必要の原理に対する議論ではなく，なぜ車いすだけを優遇するのかという不満がクローズアップされてしまっている。この背景には，すべてを同列で扱う平均の原理，平等感がいまの社会には存在するのではないかと筆者には思える。加えて，相も変わらず勝ち組，負け組といった評価，能力主義を重視するわが国の社会状況のなかで，格差社会も致し方ないこととする考えがあるのではないか。その考えが福祉のまちづくりの上でも，「誰もが公平に使える」ことの意味を誤解させ，我さえ良ければという利己主義的な捉え方が利用上の問題に色濃く影響しているのではないか。福祉のまちづくりは何もかも同列に扱う公平さではなく，違いを認めた公平さでなければならない。

　すべての人が生きていける社会を目標とし，ユニバーサルデザイン化する共用施設の意義には誰しも異論がない。しかし，現実にはすべての人が使える物理的環境とはなっておらず，施設の絶対数も明らかに不足している。ユニバーサルデザイン化を唱えるならば，すべてのトイレを車いす使用者も利用できるようにすべきである。「できるだけ多くの人が利用可能であるようなデザインにすること」が基本コンセプトなのである。また，わが国には特定施設の設置を義務化する法律はあっても，その利用を保障する法律が存在しない。

　いまや福祉のまちづくりのあり方は，施設を設置すれば良いという段階から，施設利用のあり方，対象者の利用保障をどのように考えていくのか，という運用面が問われる段階にある。

　社会における障害者問題とユニバーサルデザイン化のまちづくりは協同関係にあり，連動するものである。ユニバーサルデザインが目標とするすべての人のための社会とは，それぞれの違いを認めた平等感，公平感に基づく社会づくり以外の何物でもない。その理念の具現化のひとつが福祉のまちづくりであり，ユニバーサルデザインなのである。

（八木三郎）

## V 支援の現場，支援の仕事

# 1 支援者の模索

　第V章でいう支援者とは，保健・医療・福祉・教育・職業・工学などの分野において，障害者の生活を支える立場にある人たちをいう。その支援者のうち，主として福祉分野における支援を例に挙げながら，障害にかかわるすべての分野に共通の課題をここでは取り上げる。

　さて，私たちの生活を振り返ってみよう。例えば，衣類を買う，カメラを買う，家具を買う際，自分の好みや許容される価格を勘案しながら選択する。そのとき，店員とのやりとり，コマーシャル，インターネット上の評判などを参考にするかもしれない。また，習い事をするためにカルチャーセンターに行く場合には，近くにあるのはどこか，曜日があうのは，望む教室があるのは，いい先生がいるのは，などを検討するだろう。しかし，障害者に対する諸サービスは，その選択がしにくい。自己選択，自己決定といわれても，選択肢の乏しい中での"選択""決定"となりがちである。ましてや介助関係ともなれば，ほんとうの思いをいえずに「これでいいです」「特に希望はありません」と，ことばにしてしまうかもしれない。このことは，障害者の生活を限定的にしているが，それはあるべき姿ではないと気づく必要がある。

## 1 自立支援の目標

　自立支援の福祉サービス・プログラムは，障害者自身がどのような暮らしをしたいか，どのような生活環境を求めているか，ということに基づいて作成される必要がある。障害者本人を中心にした支援のために，ひとつは望む暮らしの具体化，もうひとつはその暮らしに伴うリスクを最小限にすることが求められる。ここでいう「望む暮らし」とは，福祉サービスを"手段"として達成したい生活のことである。また，リスクを最小限にすることとは，望む暮らしを達成するプロセスに存在するマイナス要素を抑えることである。

　望む暮らしを実現するには，個人の障害そのものに着目するだけではなく，社会生活や人生のレベルを考慮して対応することが求められる。福祉サービスにおける支援者は，**サービス等利用計画**の策定にあたって，**アセスメント**を行う。しかし，項目化されたニーズのチェックとそれを埋める手立てを見つけることが専門性とみなされるのに対し，その人の好みや願い，心の奥底で求めていることは漠然としている事柄であって，個々の感情や感覚に左右され，指標化されにくいものである。だが，支援の専門性とはその人の生活状況を輪切り

▶1　**サービス等利用計画**
2012年4月の改正障害者自立支援法施行により，区市町村は障害福祉サービスの支給申請者に対して，サービス等利用計画案の提出を求め，これに基づいて支給決定を行うこととなった。その際「指定特定相談支援事業者」がかかわることになるが，ここで支援者の力量が問われることになる。障害者自身がセルフ・プランを立てることもできるが，そこに対する援助も必要となる。

▶2　**アセスメント**
ここではニーズ・アセスメントを意味するが，相談支援専門員は本文に記述したように問題抽出型のヒアリングに終始することなく，望む暮らしを明らかにすることが求められる。

にして分析することではなく，本人主観も含む全体像を捉える作業の中にある。工学技術の支援にせよ，リハ関連の支援にせよ，障害者が何を求めているかを真摯に**傾聴**し，見落とさないようにする姿勢が求められる。

## ② 本人中心の支援

本人中心という考え方に沿って，あるべき支援のプロセスを考えてみる。

①支援は，問題抽出型に終始するのではなく，"望む"暮らしを聞き取ることから始め，その実現のためにどう対応するか，ということが大切である。

②「何をしたい」「誰（どの機関）からの援助を望むか」などを障害者自らが表現できるよう，それぞれの知識，生活力にあわせてやりとりする。そのためには，適切なコミュニケーションに基づき，利用者自身がこれらを選択，決定できるようにすることが求められる。

③福祉サービスは法に基づく枠組みを持っているが，そのプログラムが単純なメニュー方式となっていないかどうかに留意する必要がある。一人一人の要求や願いに沿った**テーラーメイド**な支援に向かうことが求められる。

④長所，**強み**を活かして望む暮らしの実現につなげる。この強みとは，本人のことだけではなく，かかわりある周辺の人々の強みも含む。つまり，本人の強みと，周辺の人的，物理的環境の強みを活かすということである。

支援者の大切な視点は，諸サービスを作り出した結果，利用者にどのような心理的充足が得られるかを推測できることともいえる。本章の中で，「血の通った道具」（斉藤隆子氏）「心理的障壁をセンシティブに拾い上げる」（木下洋二郎氏）など，物理的なものづくりの底に流れる思考が表現されている。あるいは高橋正実氏は，人間には物や事の本質を見抜く能力があると語っている。その能力を抑圧しているものがあるとすれば，それを取り除く努力を支援の立場にある側が行うことこそ必要なのではないだろうか。

## ③ エンパワメントへ向かう支援

福祉サービスを利用する障害者を十分に考慮した情報提供や相談助言，あるいはプランニングへの参画により，障害者は問題解決力を身につけていくことになる。情報提供のしかた次第で，障害ある利用者は積極的にも消極的にもなる。相談助言を通して，ほんとうの願い，望みを語れるのか，消極的なままなのかが決まってくる。さらには，プランニングに本人の意思，意見が反映されるか否か，また，その反映されたところを感じ取ることができるか否か，これらは生活する力を高める上で重要である。

本人中心の援助ができる専門職に望まれる資質は，いつもテーラーメイドを意識したかかわりをする姿勢にかかっている。

（小川喜道）

▷3　傾聴
本人が感じていることや伝えたいことをありのままに受け止めるための面接方法。

▷4　テーラーメイド
テーラー（Tailor）とは，紳士服の仕立業のことであり，注文によりその人の体に合わせて縫製することをテーラーメイド（Tailor made）という。したがって，福祉分野では一人一人に合わせた支援を組み立てることを表す。和製英語ではオーダーメイド。

▷5　強み
「ストレングス」ともいう。本人の「強み」を活かした支援をストレングス・モデルという。

▷6　エンパワメント
もともと17世紀頃に法律用語として「法的な権限を与える」という意味で用いられていたが，1950年代にアメリカ公民権運動の中で使われるようになった。ソーシャルワークの分野ではソロモンの『ブラック・エンパワメント』(Solomon, B., 1976, *Black Empowerment : social work in oppressed community*, Columbia University Press.) が最初といわれている。意味としては，自らの生活に影響を及ぼす事柄や問題を，自らで解決することができるようになることを表現している。言い換えれば，外からできるようにすることではなく，内発的・主体的に生きる力を発揮することとも解釈できる。Ⅷ-8 ▷3も参照。

Ⅴ 支援の現場，支援の仕事

# 2 障がいがある人をどう支援するか

### 1 人と技術，そして…

　技術の急速な発展とともに，さまざまな支援機器が開発・販売されるようになった。重い障がいがある人でも，身体に残存した機能を用いさまざまなことが可能になる。例えば，眼球の動きを用いてパソコンのマウスカーソルを操作したり，脳波を解析し伝えたいメッセージを選んだり，電動車いすを自由に操作したりするなどである。このように支援技術は急速に発展しているが，果たして実際の生活現場ではどのような状況になっているのであろうか。

　ここでは，長年にわたる支援経験を通して学んだこと，そして支援のあるべき姿について技術者である私なりの考えを述べる。

### 2 人の気持ちに変化が生じる

　浴室での転倒事故による頸髄損傷によって四肢マヒの後遺症がある60歳代前半のAさんに，息で操作することができる操作スイッチを供給した（図Ⅴ-2-1）。口元のチューブに軽く息を吹き込むことでテレビの電源のオンオフができる。また，チューブを口にくわえ軽く吸うことでテレビのチャンネル選局ができる。シンプルな機器ではあるが，実際に使用できるようになるまでには紆余曲折があった。Aさんは受傷後，病院で治療と帰宅のための訓練を受けて退院したものの，数年間は何もしないままベッドで天井を見るという生活を余儀なくされた。私は，この状況を改善したいという保健師の要請に基づき在宅訪問を行った。しかし，Aさんから発せられたことばは「何も困ってはいない。サービスは要らない」であった。その後も根気よく訪問を重ね，働きかけを繰り返すなかで，テレビの野球観戦が楽しみであることがわかった。今回が最後の訪問という日に保健師から再度ニーズの確認をしたが「特にない」という返答であったが，ねばり強く聞き出したところ「テレビのチャンネルを替えること」という答が返ってきた。それに対する保健師の「奥さんを呼んで切り替えてもらったらいいじゃない」のことばをうけて本人からは「こんな身体になってしまい妻に申し訳ない」の一言が返された。数日後に私が届けたのが前述の操作スイッチである。テレビを操作しながら本人の表情が少し緩んだことを私は見逃さな

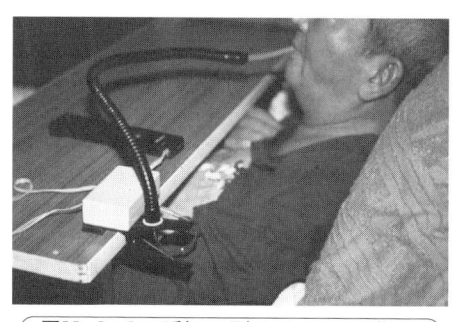

図Ⅴ-2-1　呼気・吸気によるテレビ操作

かった。「サービスは一切要らない」と私たちの訪問すら拒否していたAさんであったが、このときをきっかけとして私たちを受け入れてくれた。「自分一人でできること」が、塞ぎ込んでいた人の気持ちを開かせさらに前進させてくれることを感じた瞬間であった。1週間後にAさんの奥さんを通して「テレビの操作ができるのであれば、電話がかかってきたときに、せめて受け取ることはできないものか」との問い合わせがあった。Aさん自身が歩み始めたことを私は確信した。

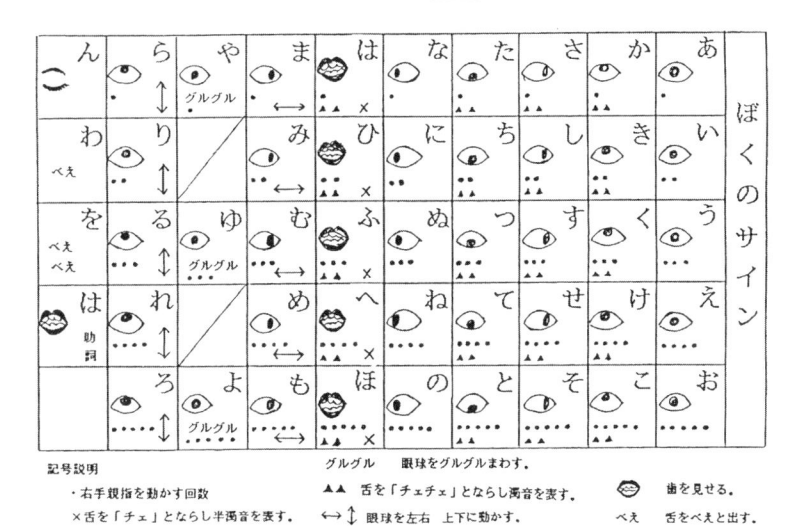

図V-2-2 「ぼくのサイン」
出所：村田春江氏提供

### ③ 技術以前にたいせつなこと

　小学校2年生になるウェルドニヒホフマン症のB君に対してほんの数ミリの指先の動きで動作する、光センサーを利用した操作スイッチを製作した。彼は生後5ヶ月から人工呼吸器を使用しているが、この操作スイッチと市販のコミュニケーション・エイドを使用して自分の意思を表現できるようになった。しかし、私にはまだ大きな疑問があった。『なぜ、生まれつき「ことば」を持たない彼が、文章を作ることができるのか？』という疑問である。これには、1年前からの取り組みがあった。B君は養護学校の教諭による訪問教育を受けており、その教諭とB君が一緒になって考案した「ぼくのサイン」（図V-2-2）というコミュニケーション手段で意思を伝える練習をしてきたのである。器用に動く眼球と右手親指の動きの回数とを組み合わせて文字を特定し、自分の意思を伝える。読み手側は彼のサインをすばやく読みとり、ホワイトボードに書き写していく。これには、私はたいへん感銘を受けた。と同時に、私自身が大きな間違いをおかしていたことに気づかされた。それは、「すばらしい技術」があって初めてコミュニケーションが実現するという錯覚である。実際には、「伝えたい」という気持ちと、それを「何とか受けとめたい」という他者の気持ちがあれば可能になるコミュニケーションの形があるということに私が気づいていなかったということである。

### ④ どのような視点で取り組むか

　生活支援技術の研究開発において最も重要な課題は「利用者ニーズの把握」

である。私たち技術者は、ともすれば技術先行型に陥りやすく、技術の素晴らしさを利用者に押しつけがちである。そのような観点で開発された機器は、珍しさも手伝って一時的に使われることはあっても、しばらくするとまったく使われることなくほこりをかぶってしまうケースをしばしば見かける。対象者が真に求めているものは何か、これから開発しようとする機器が生活のなかで果たす役割は何か、周りの人々から理解や協力が得られるのか、経済性は十分に考慮されているのかなどについて、綿密な検討が必要である。

そのためには、工学者という立場から一歩踏み出して、「一人の生活者」として障がいがある人や高齢者と関係を持つことが重要である。そのような姿勢は、ともすれば「工学者らしくない」と誤解されがちである。しかし、そのような取り組みがない限り、利用者の真のニーズは見えてこない。

サリドマイド児に対する動力義手開発のパイオニアとして名高いボウ・クラッソン（Bo Klasson）は「障がいがある人のための機器開発に携わる者は、1日に少なくとも1人の患者（利用者）と接しなければならない[1]」と述べている。

▷1　Bo Klasson, 山本澄子訳, 1981,「リハビリテーション機器の実用化における問題点」『リハビリテーション工学国際セミナー講演論文集』pp.76-92。

また、彼は「リハビリテーションの観点からは、患者が機器を使わないで問題を解決するより良い方法を見つけることができれば、それは失敗ではなく成功である。あいにく、機器の開発に興味をもつ人々はこのような結果を失敗とみることが多い」とも述べている。このことばにもあるように、目的達成のためには、機器利用だけではなく人的サポートも含めた複数以上のアイデアおよびその組み合わせを提案できる環境が必要である。

## 5　ニーズを育む

ニーズには3つの要素が含まれる。すなわちデザイア（desire, 欲求, 願望）、デマンド（demand, 要望）、そしてニード（need, 必要）である[2]。例えば、何らかの原因で歩行することが困難になり、車いすを使うことを余儀なくされた人がいるとしよう。その人が2階へ上がる階段を前にして、「この階段を再び上がれるようになりたい」と心の中で願う気持ちはデザイアである。そして、その気持ちが顕在化し、「階段を上がれる車いすを開発してほしい」と技術者に協力依頼したとしよう。それはデマンドである。そして、何とか依頼者の要望に応えようと技術者は努力し、長い時間と経費をかけて、ようやく階段を上がることができる車いすの試作開発に成功した。しかし、その車いすは依頼者が予想していたものとは大きく異なり、かなりの重量があり、動作音が激しく、バッテリー消費が大きいなどの問題を抱えていたとする。この段階で依頼者から発せられたことばは「私が求めていたモノとはちがう」というものであった。では、「求めていたモノ」とは何か。それは、階段を上がることよりもむしろ、1階と2階を自由に行ったり来たりすることであった。これこそまさに真の

▷2　上田敏, 1983,『リハビリテーションを考える』青木書店。

ニードである。具体的な解決方法としては，スロープやエレベータの敷設という方法が考えられる。依頼者から発せられたデマンドをそのまま真に受けとめて開発にとりかかる例をしばしば見かけることがある。だが，真のニードを見極めるためには，依頼者からのデマンドの中身を十分な時間をかけて検討し，いきなり機器開発に入るのではなく，出来る限り多様な問題解決のためのプランを提示しながら，徐々に真のニードに近付けていくという過程が必要である。

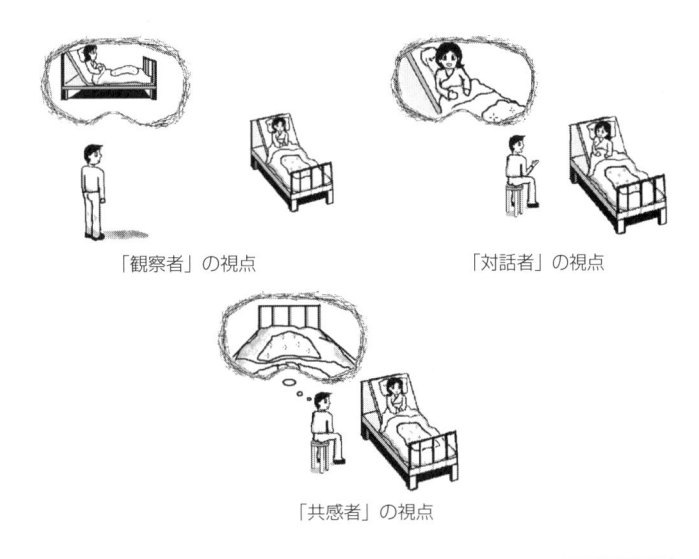

図V-2-3 対象者を捉える3つの視点（イラスト：粟野あゆみ）

J. J. Gibson, 1979, *The Ecological Approach to Visual Perception*, LEA；佐々木正人，1994，『アフォーダンス，新しい認知の理論』岩波書店を参考に作成。

## 6 利用者を捉える3つの視点

私は常々，障がいがある人を支援する立場にある人は次に述べる3つの視点[3]（図V-2-3）を持つ必要があるように感じている。第一番目の視点は観察者としての視点である。私たちは障がいがある人に最初に出会ったとき，さまざまな情報を受け取ることになる。この視点は利用者の全体像を捉える上でとても重要である。時には後述のふたつの視点を踏まえた上で，この視点に立ち帰る必要がある。

第二番目の視点は対話者としての視点である。利用者に接近し，目線を合わせて向かい合い，利用者の願望や要望に耳を傾ける。私は長い間，これらのふたつの視点で仕事をしてきたように思う。しかし，ある障がいを持つ人と出会うことをきっかけに，これらの視点の先にさらにもうひとつの視点があることを教えられた。

その第三番目の視点は，共感者としての視点である。利用者の世界を支援者自らのなかでどこまで捉えられるかが大きな課題である。もし支援者自身が機器を利用しなければならない立場になったとして，ほんとうにその機器を使いたいと感じるかどうか。使いたくないとしたら，どのような機器であってほしいかなど，支援者自身が想像力を働かせる必要がある。私自身，あたかも障がいがある利用者の世界が見えているような錯覚に陥っていると気づかされた経験がある。それは国立療養所南九州病院（当時）に入院中の轟木敏秀氏（故人）があるとき私に向かって「僕のベッドに一度寝てみませんか」と語ったときである。当時の彼は人工呼吸器を装着したまま四六時中，天井を見て生活することを余儀なくされていた。彼のいいたかったこと，それは「僕が見ているほんとうの世界が，あなたには見えていますか？」である。

（畠山卓朗）

▶3 畠山卓朗，2003，「自立支援のためのテクノロジー活用と今後の課題」『Quality Nursing』9(9)：pp.10-15。

# Ⅴ 支援の現場，支援の仕事

## 3 義肢装具の可能性

### 1 義肢装具とは

　義肢とは，病気やけがなどで手足の一部を失ってしまった人が，手足の形や機能を補うために使用する義手や義足のことをいう。

　装具とは，身体の一部を外部から支え，その部位の安静や固定，痛みの軽減，麻痺した動きの補助などの目的で使われるものをいう。病気・けがなどの治療を目的とするものと，治療は終了したが，身体の機能が低下したり失われたりした人が，その機能を補うために使用するものに大別される。

　その使用部位や目的別にさまざまな種類があるが，首を傷めた時のネックカラーや膝のけがの後のサポーターなどは，実際に使ったり，あるいは見たことがある人も多いだろう。

　ここではなかでも義肢（義手・義足）について，その種類や機能，今後の課題について述べていく。

### 2 機械鎧と義手・義足

　義手・義足と聞くと，みなさんはどのようなものを想像されるだろうか。ピーターパンのキャプテンフックの義手，あるいは新しいところでは「鋼の錬金術師」[1]の主人公のエドワードだろうか。彼は失った右腕と左足を機械鎧（オートメイル）と呼ばれる義手・義足で補っている。機械鎧[2]は，身体の神経とつながっており，使用者の意のままに動かすことができ，日常生活での使用はもとより，身ひとつで敵と戦う際にも役立つ[3]。また，外観も洋服の上からではわからない精巧な物として描かれる。

　残念ながらこのような義手・義足は（いまのところ）現実的ではない。

### 3 義手のいまと未来

　義手はその切断部位により，肩義手・上腕義手・前腕義手などがあり，さらにその機能によって，装飾用義手・作業用義手・能動義手・筋電義手に分けられる。

　装飾用義手は外見をどれだけ補うかを重視した義手で，本来の手の機能である「物をつかむ，つまむ」などはできないが，字を書く時に紙を軽く押さえたり，物を引っかけたりすることは可能である。

▷1　荒川弘によるマンガ作品。「月刊少年ガンガン」（スクウェア・エニックス）にて2001年8月号から2010年7月号まで連載された。全108話。

▷2　使用には特別な手術と長期間のリハビリテーションが必要。また再装着のたびに神経を接続しなければならず，その際にはかなりの痛みを伴う。マンガではあるが，単なる夢の義肢としては描かれていない。

▷3　本来右利きであるが，細かい動作は左手を使う設定にはなっているため，この機械鎧も完璧ではないらしい。

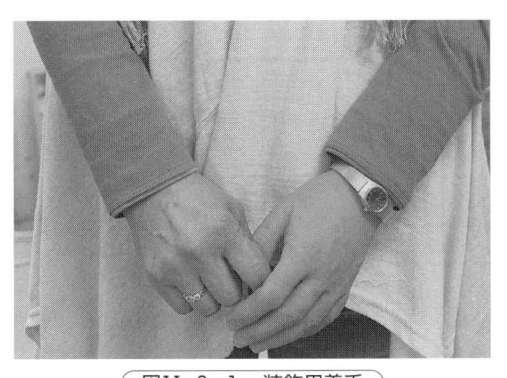

図V-3-1　装飾用義手

注：左手が義手。

図V-3-2　作業用義手

　材質を工夫したり，残っている手に似せて作ることもできるため，簡単には見分けがつかない物もある。マニュキュアやつけ爪を楽しむことができる物も開発された（図V-3-1）。

　作業用義手は，外観よりもいろいろな作業のしやすさを優先させた義手である。その作業によって手先を交換することが多い。

　図V-3-2は調理用の作業用義手である。切断や麻痺などによって片方の手が十分使えない場合，釘付きまな板に材料を刺して固定することが多いが，「食材を釘に刺したくない」「トマトなどを薄くスライスしたい」との希望から写真のような作業用義手が作製されることになった。肘や手首に相当する部位を動かすことによって，食材を好みや調理法にあわせて切ることができる。

　能動義手は，ハーネスと呼ばれるバンドをたすきがけにして肩甲骨や肩関節の動きを利用して義手の手や肘を動かすものをいう。

　これに対して，筋電義手は，腕にあるいくつかの筋肉が収縮することによって発生する電位をスイッチとして肘や手の部分を電動モーターで動かす義手をいう。どちらも使用する目的によって手の部分にあたる手先具を選ぶことができる。手先具には手の形状に近いハンドと，鉤形をしたフックというものがある。外観はハンドの方がよいが，物を持つなどの使い勝手はフックが優れている。

　能動義手はハーネスが緩んでいる状態では作動しないので，手を挙げたり後ろに回したりした状況では手先具の開閉ができない。その点，筋電義手はどんな姿勢でも操作することができるので，本棚の上段から本を取ったり，ズボンの後ろのポケットから財布を引き出したりすることもできる。また，能動義手のように身体の動きを使う必要がないので，高齢者にも適した義手といえる。反面，使用する電位はきわめて微弱なので誰でも使えるわけではないし，内蔵されたモーターも重く，価格も高いなど課題も多い。

　そもそも義手は，移動するために欠かせない義足と違い，義手で出来ることが限られている。もう一方の手でほとんどの動作は可能だから，重量があり身

▶4　ピーターパンに登場するフック船長の義手はこの作業用に分類される。

体に負担がかかるからなどの理由で、装着しない人、装着しても装飾用のみの人が多い。

近年の筋電義手の研究では、従来の「握る」「離す」の動きから、5本の指を別々に動かすなどより多くの複雑な動きができるものが開発されている。それと並行して、義手につけたセンサーからの信号を人体が触覚として感じることができる触覚センサーの研究もされている。

複雑な作業ができる義手、感覚を持った義手、しかも軽くて操作が簡単、外観もさらに精巧なもの——それが実用化されれば、義手を使いこなす人も増えるだろう。いや、もしかしたら外観には、人体のコピーではなく、義肢としての新たな独自のデザインが求められる時代が来るかもしれない。

### ④ 義足のいまと未来

義足もその切断部位により、股義足・大腿義足・下腿義足などがあり、機能的には、装飾用義足・常用義足・作業用義足に分けられる。

装飾用義足は、外観を取り戻すためのもので、歩行機能がないものをいう。図Ⅴ-3-3は次に述べる常用義足であるが、見た目も重視してつくられた右大腿義足である。膝頭やふくらはぎは、義肢装具士が左足に似せて外装のスポンジを削っている。本人の希望より若干ふっくらと仕上げることが、見た目がより自然にみえるコツのようである。

常用義足とは、歩行はもちろん、立ったり座ったり、階段を昇り降りしたりと日常生活に必要な基本動作を可能にする義足をいう。

しかし、一口に日常生活に必要な基本動作といっても、その人の年齢・職業・生活習慣などによって変わってくる。したがって、義足に求められる機能も、「人ごみのなかでも周りのペースに合わせて歩きたい」「**膝折れ**の心配なく歩きたい」「服装にあわせていろいろな踵の高さの靴を履きたい」など、多種多様である。そのような希望に添う義足として「電子制御によって歩行速度を検知して膝から下の振り出し速度を自動的に調整する大腿義足」「体重をのせると膝が固定し、膝折れを防止する大腿義足」「踵の高さが調整できる義足」などが実用化されている。

反面このような高機能を義足に持たせると、重量が重くなったり操作が複雑になったりすることもある。高齢者などには、より楽に装着できる、身体に負担が少ない、安全第一の義足が求められている。

作業用義足とは、特定の作業（主として農作業）に特化したものをいう。

特定の作業用という視点から見ると、スポーツ用の義足もこれに含んでもよ

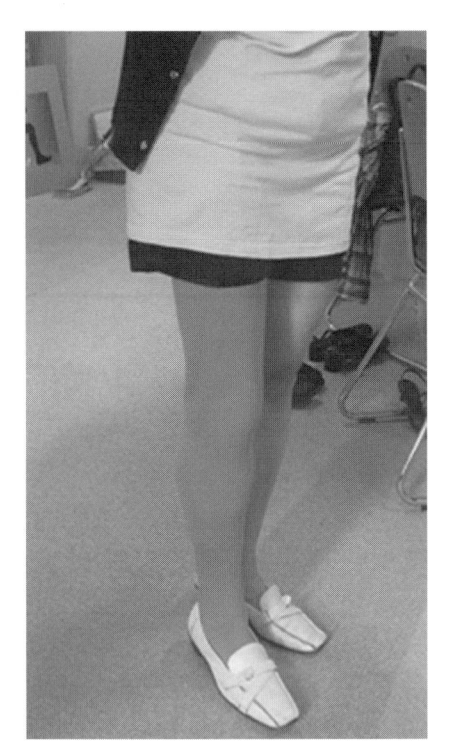

図Ⅴ-3-3　常用義足

▶5　膝折れ
膝関節が屈曲して崩れ落ちる現象。

図Ⅴ-3-4 作業用義足

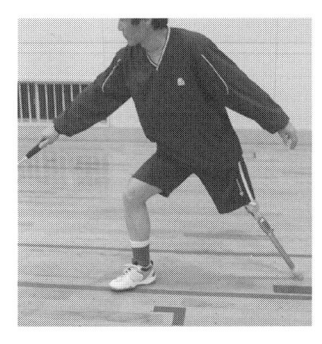

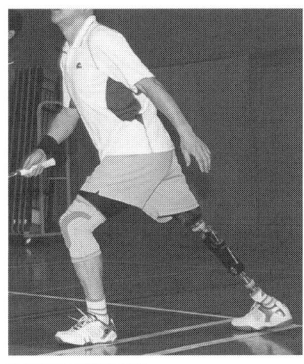

図Ⅴ-3-5 スポーツ用義足

いかもしれない。ロンドンオリンピックや2011年の陸上世界選手権に出場した両足義足のスプリンター，オスカー・ピストリウスの走りを見た人も多いと思う。

図Ⅴ-3-4はロッククライミングや水上スキー用に開発された膝部品を使った義足でウエイクボードを行っている。強力なバネで膝の屈伸をサポートするのである。

このようにスポーツ用義足の技術の進歩はめざましく，競技の技術が上がればその運動に特化する義足が使用されるという傾向にある。また同じ競技でも使用者の状況によってまったく異なる義足が使用される。例えば図Ⅴ-3-5の右の写真の**大腿義足**の足部は適度に柔らかく反発力のあるものが使用されているが，左の写真の**股義足**は足部のない膝関節もロックしたいわゆる棒義足である。高性能の義足も試した結果，使用者の選択でこれに落ち着いた。

スポーツ用義足に限らず，義肢全体にいえることだが，使用者がどのようにその義肢を使いたいか，ひいてはどのような生活を送りたいかが非常に大切になる。どのように高性能な義肢であっても，その人の生活様式にあっていなければ無用の長物となってしまう。義肢は確かに道具ではあるが，血の通った手足にできるだけ近づけるように，使用者，制作者，研究開発者がともに模索していく必要がある。

(齋藤隆子)

▷6 義足の方が有利との見解から，一時は国際陸上競技連盟主催の国際大会の出場資格がないと決定されたが，その後この決定は，条件付きで破棄され，世界選手権に出場した。

▷7 大腿義足
膝より上，太ももの部位で切断した人用の義足。太ももの動きで義足を動かす。

▷8 股義足
足の付け根もしくは太ももの付け根に近い部位で切断した人用の義足。骨盤の動きで義足を動かす。

**参考文献**
川村次郎・陳隆明・古川宏・林義孝編，2009，『義肢装具学』医学書院。
石川朗・永冨史子編，2011，『義肢学』中山書店。
齋藤禎彦，2003，「障害者スポーツと義肢装具 障害者スポーツの現場から道具としての義足」『日本義肢装具学会誌』19(2)：pp.37-38。

## V 支援の現場，支援の仕事

# 4 教育現場の努力

### 1 若いみなさんへ

あなたは，「何歳でオムツをはずせるようになりましたか？」という質問に対して2歳の頃や3歳の頃と答えるだろう。しかし，18歳や19歳に成長してもオムツがはずせない人がいる。

それは，心身障がい者（児）である。心身障がいが重度で，しかもいくつかの障がいを併せ持つ人は，多くの人の手助けを受けて日常生活（食べる・排泄・移動など）を送っていかないといけない。

私は，2010年まで**特別支援学校**（肢体不自由児校）に勤務していた。特別支援学校の教育目標は，「障がいの程度，能力，特性等に応じた指導」である。児童・生徒に対する日頃の教育活動の中で，一人一人の能力を十分に育てるために，教材・教具は重要な存在であった。重度・重複障がい児に対する教育内容は多面にわたるため，教師が一人一人に適した教材・教具を工夫して作成していくことが教育活動の中で重要な位置を占めるのである。

### 2 障がい児に手作り道具

現在私は高等学校で福祉（介護福祉士養成）を教え，高校1年生時から，障がい者施設で福祉実習（介護福祉士養成課程）を実施している。生徒たちに実習後の感想を聞くと「障がい者は何もできなく，理解できない人たちで恐いと思っていたが，実習によってそうでないことが理解できた」と答えてくれる。

どんなに障がいが重度であっても喜怒哀楽があるのは当然だ。ただ，かかわる人が表現手段を理解できないためにそうした思い込みが生まれる。そこで，特別支援学校に勤務しているときには，生徒の情緒表現を豊かにするために多くの教材を作成してきた。

30年前に大島一良の分類でいわれる重度・重複の肢体不自由児に「パタパタ」を作成して以来，多くの物を作成してきた。「パタパタ」（図V-4-1）とは，ドミノ倒しを楽しめる道具である。手が不自由だとドミノを自分で並べることができず，途中でドミノに触れて倒れてしまったりして十分に遊ぶことができない。そこで考案したのがパタパタだ。

障がい児に，自分の力でできたときの喜びを感じてほしいと作った物である。障がい児は，自分たちの手で機器を動かすことができたときは歓声を上げて

---

▶1 特別支援学校
障がい児が，幼稚園，小学校，中学，高校に準じた教育を受け，学習上または生活上の困難を克服し自立を図ることを目的にした学校。2007年4月1日から盲学校，聾学校，養護学校の呼称は特別支援学校に変更された。

▶2 府中療育センター元院長大島一良が副院長時代に発案した重症心身障害児の区分指標。東京都福祉保健局HP参照。
美濃部都政下で東京都府中市に障がい者を対象とした「府中療育センター」新設にあたり7階に重度重複がい者病棟を造ることになった。そこで，重度重複障がい者の定義がなく当時東京都職員であった大島医師が発案され重度重複障がい者の定義されたのが大島分類スケールである。

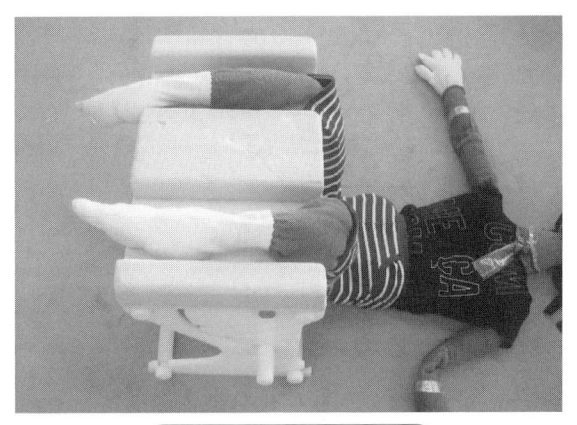

図Ⅴ-4-1　パタパタ　　　　　図Ⅴ-4-2　のびのびくん

喜びを表す。障がい児は道具によってそれまで体験できなかったことを体験できるようになる。そのときの喜びようは教師にとっても大変喜ばしく，大変楽しい光景である。この歓喜が物作りの原点にある。手作りの機器・道具は，最初から子どもにピッタリということはまずない。ただし手作りのため修正が容易にできる。修正・工夫を重ねることで，障がい児にフィットした物を作るように心がけている。手作り道具の成果は，障がい児の使い勝手によって決まる。したがって障がい児にあった物に修正・工夫していくことが大切である。

また，高齢者，障がい者（児）など背中が変形している人のために研究・開発したものが「90度90度修正法（のびのびくん）」である。側弯症の人のために，仰向けで膝から下を台の上にのせて股関節を90度に屈曲して朝・昼・夕に各10分〜20分使用することで改善するもので，平成20年度東京新聞教育賞に実践報告を応募して，受賞した作品である（図Ⅴ-4-2）。

手作りの機器・道具を作るには，障がい児の立場に立って子どもの姿を思い浮かべながら工夫する。それによって障がい児の課題に対しても積極的な態度をとれるようになり，いろいろなアイデアが浮かんでくるようになるのだ。

ただし，手作りの機器・道具を作ることを楽しむばかりでなく，障がいという事実に基づいて使い勝手に関する仮説を立てながら手作りしていくことが大事ということを認識しておかねばならない。

最後に若い人たちへ，**糸賀一雄**先生のことば「この子らを世の光に」を送りたい。いまこそ糸賀先生のことばの重みを再確認する時代ではないだろうか。

（山田哲美）

▷3　糸賀一雄（1914-1968）
近江学園初代園長。より詳しくは清水教恵・朴光駿編著，2011，『よくわかる社会福祉の歴史』ミネルヴァ書房参照。

## V 支援の現場，支援の仕事

# 5 企業文化とインクルーシブデザイン

### 1 商品開発に関連する企業の特性

商品にはそれを開発，製造，販売する企業文化が凝縮して反映されるが，商品と密接に関連する企業特性の分類として，マーケティング主導型，デザイン主導型，技術主導型などが挙げられる。これらの違いには業種や商品カテゴリーが影響する部分も大きいが，同じ業種，商品カテゴリーであっても，創業者の立脚点や企業理念，その企業が持っている顧客との接点などがベースとなって醸成されてゆく部分も大きい。また，別の観点としては，商品開発の起点が学問的見地からなのか，現場発想的なスタイルなのかといった違いも挙げられる。例えば，創業者が技術者であり，学問的見地から理論的に発想するタイプであったならば，その企業からは技術力と理論に裏打ちされた商品が生まれるであろうし，その特性は年月を経ても脈々と受け継がれてゆくであろう。

### 2 インクルーシブデザインにおけるユーザーの捉え方

私が理解しているインクルーシブデザインとは，商品開発におけるプロセスであり，アウトプットされた商品のカテゴリーでも商品を定義する理論でもない。商品の使用シーンを想定したときに，その商品に接するユーザーを開発の初期段階からインクルードし，観察やヒアリングを通してユーザーの潜在ニーズを拾い上げ，より使いやすく魅力的な商品を生み出そうとするプロセスである。

一般的には，インクルーシブデザインは障碍のあるユーザーを対象とした商品開発というイメージが強いが，障碍のあるなしが最優先のファクターではなく，多くのユーザーに潜在するデリケートなニーズを商品開発に反映させていくにあたって障碍者は重要なユーザーである可能性が高いという認識である。コクヨファニチャーでは，金沢美術工芸大学の荒井利春教授（現：Arai UD Workshop 代表／金沢美術工芸大学名誉教授）の指導の下，障碍のあるユーザーに参加してもらい，ワークショップ形式による商品開発に取り組んでいるが，参加するユーザーを「センシティブユーザー」と呼んでいる。例えば，視覚に障碍を持つ人が，触覚や聴覚から得られる情報に敏感であるように，センシティブな感覚を通して，障碍の有無にかかわらず潜在するニーズを顕在化してくれるという捉え方である。そうして顕在化されたニーズは，障碍者優先でも健常

図V-5-1　ワークショップ風景

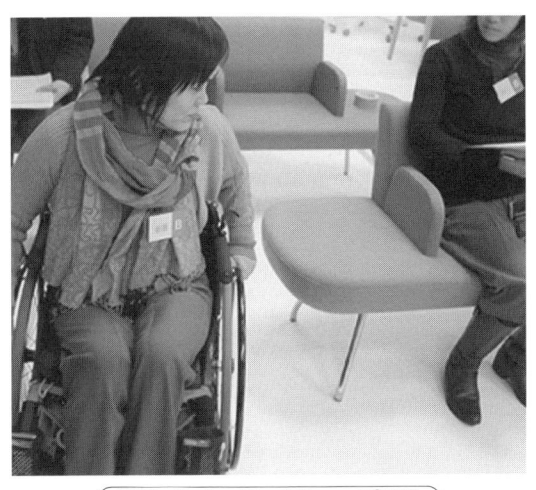

図V-5-2　Madre（マドレ）

者優先でもない，すべての人が使いやすい機能として商品に反映することができ，ワークショップに参加したユーザーにとっても，障碍者向け商品といった枠に留まらず，社会全体への貢献を実感することができる（図V-5-1）。

例えば，前述のプロセスで開発した「Madre（マドレ）」という商品がある（図V-5-2）。左側にはみ出した背もたれのない部分は，片麻痺や脚にけがを負ったユーザーがどの方向からでも座りやすいよう企図されたものであるが，同時にベビーカーを横につけて母親が座ったり，車いすユーザーが荷物を置いたりするスペースとしても有効である。これらの複合した機能の実現は，障碍を持つユーザーの心理的，物理的な障壁をセンシティブに拾い上げた結果である。

### 3　企業文化とインクルーシブデザインの可能性

このような捉え方でのインクルーシブデザインは，観察やヒアリングによりユーザーのニーズを見つけることを起点とする現場発想であり，マーケティング主導型といえる。理論的にこうあるべきだとの導き方でもないし，技術主導からの落とし込みでも，夢を描くデザイン主導でもない。もちろん現場で見つけたニーズを具体的なモノに落とし込むには，技術とデザインの力が必要であり，学問的見地によるサポートも要する。市場の変化やスピードに対応するための技術やデザインの先行開発はもちろん必要である。

ただ，少なくとも理論的に説明がつかない可能性が大いにある現場でのユーザーニーズを拾い上げて商品に落とし込むには，その理論的な不整合を容認し，現場ニーズを優先する企業文化が必要であり，そのような企業文化があるからこそ，障碍者を対象ユーザーとして開発する商品であっても障碍者に留まらない潜在ニーズを拾い上げることができ，すべての人に受け入れられる商品の創造につながると考えられるし，障碍者の社会参加に対する役割の拡張と重要性の向上にも貢献できるのではないかと考える。

（木下洋二郎）

Ⅴ　支援の現場，支援の仕事

## 6　病院から地域に出て働く

### 1　病院で感じはじめた小さな疑問

　作業療法士免許を取得し最初に就職したのは，山のなかにある大きなリハビリテーション病院。入院してくる患者の「治りたい」という気持ちに応えながら，「病棟生活を安全に過ごせること」を目標にリハビリテーションプログラムを進めていくことが日常であった。この「病棟生活を安全に過ごせること」のために時として患者の希望ではなく，病院の都合が優先される場面も多い。いまでも多くの病院は起床・就寝や食事，訓練にいたるまで，患者のスケジュールに合わせるのではなく，病院の日課に合わせてもらっている。

　Aさんは50歳代男性，脳外傷による**高次脳機能障害**がある。入院時から「夕飯の時間（18時）に寝ている」ことが問題視されていた。食事だからと声をかけ起床を促すと，大声をあげたり，職員の手を振り払ったりすることがあった。このエピソードから生活リズムが乱れている，**易怒性**があると評価をされてしまっていた。しかし，受傷前の生活を家族から聞いてみると，仕事から帰ってきたら仮眠をとり，夕飯はいつも21時頃に食べていたということが判明。Aさんの問題行動は病院の都合から引き起こされていたのである。病院と家庭の温度差を知るきっかけとなった出来事であった。

　病院は期間限定の支援の場であり，いずれは退院していくが，そのときに今後の目標が明確化されているとは限らない。特に高次脳機能障害では退院後の通所先の確保が難しく「地域に戻っても何も日課がない人たちがいる」ことになり，「この患者さん，これからどうするんだろう？」という疑問が少しずつ積み重なっていた。しかし，日々の臨床ではその先を追っている余裕はなく，診療報酬の枠組みに縛られた時間を黙々と過ごしていたのである。

### 2　生活の広がりは未知数：地域生活を支援したい

　ある日，以前入院していた高次脳機能障害の男性が，神妙な面持ちで私を訪ねてきた。「結婚することになりました」と報告され婚姻届の証人を依頼されたのである。入院中の姿からは想像もできないくらい頼もしい大人になった彼を見て「人も生活も変化し続け，病院のなかとはまったく異なること」を知ると同時に，「彼の幸せな生活をイメージできていなかった」ことに目が覚める思いをしたのである。

▷1　高次脳機能障害
何らかの原因で脳を損傷することで注意力や記憶力の低下，感情コントロール困難などの症状があらわれる。外見から障害がわかりにくいのが特徴である。Ⅳ-9　Ⅶ-8　参照。

▷2　易怒性
怒りやすく，感情を抑えられない症状のこと。

▷3　医療機関等で働く専門職は診療報酬制度によって，思い通りの支援ができないことがある。Ⅶ-1　Ⅶ-3　Ⅶ-5　参照。

退院は医療者にとってのゴールであるが，本人や家族にとっては人生のスタートラインである。先にはさまざまな変化があり，そのときどきの支援が必要だが，いまの医療のしくみではそのニーズを満たすことはできない。地域での生活を継続的に支援できる場をつくりたい，という思いが強くなっていった。

　こうして2004年4月，NPO法人脳外傷友の会ナナの全面的な協力のもとクラブハウスすてっぷなの立ち上げにいたった。病院の枠組みでは困難な「地域生活を支援する」ことが目的である。医療と地域のかけはしとなり，地域のなかで暮らし続けることができる，生活環境やライフステージの変化に合わせ本人の生活に寄り添うことができる場所として活動を続けている。

▷4　地域活動支援センター事業および自立生活アシスタント事業を運営している。

▷5　しかし，当然のことながら，ひとつの施設ですべての支援ができるわけではない。さまざまな施設や行政と常に連携を図りながら，本人の安心した暮らしをサポートしていくことが必要になる。人脈やネットワークなどの「つながり」はかけがえのない財産である。

### ③ 病院と地域の違いを知る

　高次脳機能障害はある日突然起こるアクシデントによって障害が生じるため「もとに戻りたい」という思いでリハビリテーションに取り組んでも，実際には障害がなくなるわけではない。この現状でどのように生活していくのか，という課題に直面するのは医療の段階ではなく地域に戻ってからである。時として抑うつ状態となり，命の危険が伴う場合もある。

　発症・受傷から間もない段階では意識障害や覚醒レベル低下によりぼんやりしているため，高次脳機能障害の症状は見えにくい（この障害は自発的に動くようになってはじめて気づかれることも多い）。また，病院では24時間専門職による支援・見守りがあり，本人が自発的に行動しなくても困るような状態にはならない。しかし，地域生活で同様の支援をすることは現実的に不可能であり，病院では知り得なかったさまざまな課題が生じることになる。生活上の困難さをどのように支援できるのかが，地域生活を継続するためのポイントとなる。

　発症・受傷すると，本人の意思とは無関係に病院へ入院することになる。治療方針や転院先も本人の希望ではなく，支援者と家族のあいだで決定されてしまうことがほとんどである。患者としての受身的な立場を経験することで「誰かに決めてもらう」ことが常態化し，他者の顔色を見ながら行動することが身についてしまう人もいる。それまでの生活とは一変した状況をそのまま地域での生活に当てはめてよいのだろうか。

　病院は治療の場であり，命を助けることが最優先である。そこには本人の意思だけでは決められないさまざまな要素が含まれているのは当然である。しかし，一生涯病院で生活するわけではない。いずれは地域の生活に戻っていくのである。生活の主体として意思を尊重し，行動できるよう支援する必要がある。

　病院と地域では役割が異なり視点や支援方法は変化するが，本人や家族の不安や孤立感を軽減するために，連続的で切れ目のない支援を提供していくことが重要である。そのためには病院と地域の違いを知り，互いの役割を理解しあえる関係性の構築が求められる。

（野々垣睦美）

Ⅴ 支援の現場，支援の仕事

# 7 アジアの障害問題を考える

## 1 私はアジアに向かった

　私は現在50歳代半ばで，家業の農業をしながら病院で理学療法士をしている。大学教員の妻とは，30年前にマレーシアで出会った。二人とも**青年海外協力隊**（以下，協力隊）に参加していたときである。

　25歳のとき私は，地方都市の療育センターに勤めていた。仕事が終わると，併設の養護学校の先生たちとよく遊んだ。ある日，「元上司がタイでボランティアをしている。今度帰国報告会をするが，その後，私の家で飲み会するから来ない？」と誘いを受け，当時，日本国際ボランティアセンターのバンコク駐在員であった高塚さんと出会う。彼は，東南アジア最大のスラム街であったバンコク市クロントイ地区で教育支援や青少年活動に従事していた。鍋をつつきながらスライド上映会を見ていると，湯気の向こうに脳性麻痺らしい子どもが地面を這いながら友だちと遊んでいる写真が見えた。驚いた。タイにも障害児がいた。友だちと遊んでいた。ひるがえって，私が職場で診ている子どもたちは，定期的にリハビリを受け，すばらしい車いすに乗り教育の機会も与えられているが，あれほど泥んこになり，外を這いずり回って遊びはしない。脳天をガツンとやられた気がした。

　学生時代の恩師の一人にインド人がいたため，海外に興味があり英語を習っていた。単車で北海道と東北を一人旅したことがあったので，長い旅に出たい

▷1　**青年海外協力隊**
日本国政府が行う政府開発援助の一環として，外務省所管の独立行政法人国際協力機構が実施する海外ボランティア派遣制度である。青年海外協力隊の募集年齢は20〜39歳。募集分野には農林水産，教育，保健衛生などがあり，さらに120以上もの職種に分かれている。また派遣国は約80ヶ国で，これまでに約3万名の隊員が派遣されている。

図Ⅴ-7-1　協力隊で過ごしたマレーシア・サバ州と取材したインドネシア・ソロ市

気持ちもあった。それにあの写真である。職場の上司に退職を相談，中身も知らず協力隊に飛び込むのに時間はかからなかった。選んだ任地はアジアのマレーシア。3ヶ月間の語学訓練後，行き着いた先に，私より1年早く赴任していた現在の妻がいた。

彼女は協力隊初の養護隊員（養護学校教諭）で，私の赴任先とは職場が近く，イギリスとアイルランドからセラピスト，そして現地ソーシャルワーカーの4人で，毎週土曜日に障害児通園センターを運営していた。そこに私も加わった。休日には二人で，地元当事者団体に誘われてボランティアをした。また現地サバ州の福祉施設を見て回りガイドブックを作成した。長期の休みには隣国タイやインドネシア，シンガポールの病院や施設を見て回り，障害を持つ当事者と語り合った。帰国して結婚，子どもが生まれてからは3人で同じことをしてきた。以来30年間にわたりアジアの各地域を定点観測し，ここ10年ほどは中近東にまで現場を広げている。

## 2　アジアの障害者

アジアはユーラシア大陸の面積の8割，世界人口の6割を占める広大な地域で，経済発展が著しい韓国，人口13億人を抱え日本のGDPを抜き去った中国から，一国で福井県と同じGDPしかないミャンマーや人口41万人のブルネイまでさまざまな国を抱える。そのすべての障害者問題を網羅することは困難であるため，アジア全体で中間的な位置にあるインドネシアの，そのまた平均的地方都市である中部ジャワ・ソロ市を取り上げ，そこで長年にわたり社会活動を行っている障害当事者であるママンさんとその仲間から障害問題を考える。

## 3　インドネシア・中部ジャワ・ソロ市

インドネシアは，日本の5倍の面積に人口2億3800万人を抱える世界最大のイスラム国家で，国が把握できないほどの多くの島々からなる島嶼国である。2009年GDPは日本の約10分の1，人口の半分はジャワ島に住む。ママンさんが住む中部ジャワ・ソロ市は，古都ジョグジャカルタに近く，日本の奈良のような町である。戦後，この地には近代リハビリテーションの父，スハルソ医師が最初のリハセンターや理学療法士養成校を開設した町であり，現在ではバリアフリーを進める自治体が「リハビリテーションの町」を掲げている。

## 4　ママンさんと仲間から見えた障害問題

ママンさんは両下肢ポリオの男性で，市内にあるCBRDTC（Community Based Rehabilitation Developing and Training Center；地域住民基盤型リハビリテーション開発教育センター）所長を務めている。1974年に，ソロ市から60kmほど離れたボヨラリという町のさらに山奥に生まれた。父は公務員で，彼は7人兄

▷2　サバ州はマレーシア行政区のひとつであり，ブルネイとインドネシアに接している（図V-7-1）。州の大半がジャングルに覆われており，世界遺産にも登録されたキナバル国立公園や東南アジア最高峰のキナバル山（標高4095m）もこのサバ州にある。

▷3　GDP
GDPは国内で新たに生産されたモノやサービスの付加価値の合計額のことをいう。Domestic（国内の）であるので，日本企業が海外で生産したモノやサービスは含まない。あくまで日本国内の生産活動を数字として表し，景気を測るものさしである。一方GNPは"国民"総生産であり，国内に限らず海外の日本企業の生産額も含む。

▷4　ソロ市は，正式名称をスラカルタという。ジャワ伝統文化の中心地であり，旧名称であるソロが通称として用いられている。

▷5　ポリオ
ポリオとは，ポリオウイルスが原因で，脊髄の灰白質が炎症をおこす病気。はじめの数日間は胃腸炎のような症状があらわれるが，その後1％以下の確率で，ウイルスに関連した左右非対称性の弛緩性麻痺（下肢に多い）を呈する病気である。世界保健機関（WHO）は根絶を目指している。

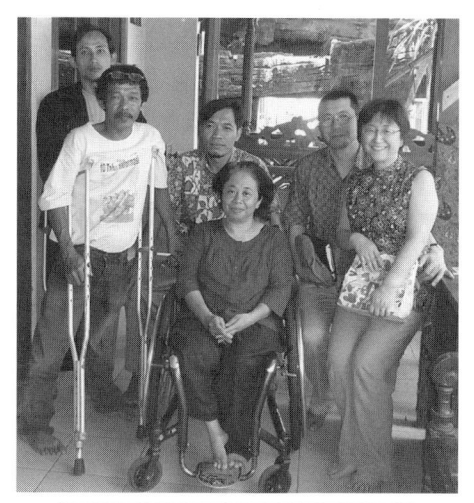

図Ⅴ-7-2　ママンさんと仲間たち

中央車いすの女性がピカさん，左前松葉杖の男性がサブトさん，中央後ママンさん，右端筆者夫婦。

弟の3番目であった。4歳でポリオを発症したが，リハビリを受けることなく家で療養し兄弟の勉強を横で見ていた。8歳から父親に竹の棒を使った歩行を習い，4ヶ月後に独歩可能となる。学校が遠いため近所のイスラム寺院に通ったが，勉強好きを見ていた両親は学校に近い町に引っ越した。多少のいじめはあったが，楽しさが先にたち気にならなかった。体育には審判で参加，絵画やクイズコンテストでは学校代表になったという。高校卒業後，地元で養鶏業(ようじゅんぎょう)を始めたがうまくいかず，19歳でソロ市に出る。その後，印刷工として働き人一倍業績を上げるも給与は健常者の3分の1以下しかもらえず毎晩泣いていた。1年後には部門のリーダーに昇格したが，教会で知り合ったポリオの友人から障害者協同組合での**マイクロクレジット**[6]と印刷の仕事に誘われ転職した。また，同じ時期友人9人と当事者団体を立ち上げている。1998年のスハルト体制崩壊を経た1999年7月にCBRDTCでCBR創始者コースを受験し，8月にはここに転職する。同じ頃，体制崩壊後の民主的選挙に向けて人権の重要性を訴える集会に参加，ここで大学を卒業したばかりの現在の奥さんと出会い2001年に結婚。2009年からCBRDTC代表となり現在にいたる。現在は二人の子どもの父親でもある。CBRDTCは設立当初にはCBRの普及と啓蒙・教育活動を実施していたが，いまでは当事者団体の育成，強化，開発と普及活動を中心とした活動を展開している。

次に，ママンさんの友人ピカさんを紹介する。彼女は，40歳代の女性で車いすを使用している。ピカさんは，大学の先輩であり，大学で最初の障害を持つ学生であったサブトさんと当事者団体活動を通じて結ばれた。現在ピカさんは市内に夫と子ども二人の四人で暮らしている。CBRDTC開設時よりハンドヨ博士[7]の片腕としてCBR普及活動に従事する一方，女性障害者のための授産施

▶6　マイクロクレジット
マイクロクレジットは失業者や十分な資金のない起業家，または貧困状態にあり融資可能でない人々を対象とする非常に小額の融資（ローン，クレジット）である。マイクロクレジットはバングラデシュのグラミン銀行が起源といわれている画期的なしくみである。

▶7　ハンドヨ・チャンドラクスマ氏。医学博士。インドネシア人。1936年生まれ。ソロ市小児療育センター在職中にCBRを創設。後にこの業績が認められWHO笹川賞やカナダアルバータ大学から表彰された。

設を運営している。また2006年におきたジャワ島中部地震で被災した脊髄損傷者に対し，Handicap International などの海外財団からの支援や地元理学療法士からの支援を取り付け，地元クラテン県とも共同し，被災した障害者に対して褥瘡予防や ADL 指導，ピアカウンセリングを実施している。また彼女の夫のサブトさんは，当事者団体に関するビデオを作製するなど，夫婦共々地元に密着した活動を行っている。

## 5 障害問題を考える

　1984年に初めて訪問したソロ市をその後も何度か訪れ，障害を持つ人々の暮らしや環境を定点観測してきた。1993年から日本理学療法士協会がCBRDTCと協働プロジェクトを実施し，筆者は調整役に回った。また，福井のNPO活動の一環としてピカさんはじめ同センターと先天性障害児手術支援のため相互訪問し，2006年ジャワ島中部地震の際には被害状況調査を実施した。2011年春には再度ソロに行き，それまでに交流のあった人々を訪ね，関係施設を見学した。立派な外観の施設にはPCなどの機材が増え，障害者支援のための専門職種・従事者も確実に増えていた。空港やコンベンションセンターなど公共施設の一部でバリアフリー化が施されていたが，一歩外に出ると昔のままの街並みであった。

　インドネシアでは基本的な医療や義務教育は無料であるが，質の高い民間サービスは庶民の手には届かない。広い領土全体にバリアフリーが浸透していないことなど課題は多いが，四半世紀前と比較すると確かに都市圏には質の高いサービスが増えた。1997年のインドネシアにおける「障害者基本法」設立，2007年国連障害者権利条約署名，2011年同批准とゆっくりだが地方展開の土台はできつつある。当事者団体の活動も民主化運動や度重なる自然災害からの復興を契機に広がっている。

　さて，広大で多様なアジア地域全体の障害問題を語るには無理があるものの，1つには都市と農村の地域間格差，男女の性差，民族間の課題，精神障害や重度重複障害者理解の低さなどがあげられる。2つ目には，その問題を解決する上で欠かすことのできない統計資料の未整備や，いまだに医療モデルから抜け切れない障害理解の問題，せっかく障害者支援の法律があっても実際の政策に活かされていないなど多面的な課題が存在する。一方で世界経済の成長エンジンとなっているアジア地域では社会保障の基盤整備，障害当事者団体の活躍，就学や就労機会の増加など前向きな動きも出ている。

　日本から近いアジア，最近ではLCCの発展により国内旅行感覚で訪問できる。この地域の障害者問題に興味を持ち，課題を分かち合うことは我が国の福祉課題解決にもつながるであろう。
　　　　　　　　　　　　　　　　　　　　　　　　　　　　（小林義文）

参考文献

森壮也編, 2008, 「障害者の貧困削減——開発途上国の障害者の生計　中間報告」アジア経済研究所, 2008年3月 (http://www.ide.go.jp/Japanese/Publish/Download/Report/pdf/2007_01_13_01.pdf　2014.2.10)

河合康「インドネシアにおける『1997年障害者基本法』の構成と内容」(http://e-archive.criced.tsukuba.ac.jp/data/doc/pdf/2007/05/200705108267.pdf　2014.2.10)

国連障害者権利条約批准国一覧 (https://treaties.un.org/Pages/ViewDetails.aspx?src=TREATY&mtdsg_no=IV-15&chapter=4&lang=en　2014.2.10)

Ⅴ　支援の現場，支援の仕事

## 8　障害者とともに考えるデザイン

### 1　社会の問題解決策としてのデザイン

　デザインとは本来，科学的社会的視点において過去と未来をつなぎ，そして現在へと落とし込む「社会の健康的な未来創造」のための仕事である。その際，多くの人の立場を想像することで行うべきことを見定める。私自身が「社会のデザイン」を行うという感覚をもって人の未来を想いながらデザインに取り組んでいる。ここではこれまでに私がデザインしたものを取り上げ，そのデザインの意味と思考のプロセスを紹介してゆく。

　ユニバーサルデザインということばが日本で使われるよりも前に私は，視覚に障害を持つ人も，そうでない人も使うことの出来るカレンダーをデザインした（図Ⅴ-8-1，図Ⅴ-8-2）。これをデザインした20世紀終わり当時，点字付きカレンダーのデザインに対して周囲から理解を得られないこともあった。しかし物自体が出来上がり，それを手にし，色，形，サイズ，書体や構造，すべてに意味があり用途があること，こうしたデザインがもたらす持続可能な共存の社会への想いを話していくと，物を手に取った瞬間から多くの人の意識が変化し，そうした社会の構想，信念を共有していくことが出来た。このカレンダーの人気が出ると，カレンダーを超えた概念としての意識の広がりを瞬く間に持ち，多くの人とその新しい感覚や概念をあっという間に共有してゆけるようになり，カレンダー自身が社会構想の思いを広める活動をしていってくれた。それは人間社会の「未来のデザイン」であった。このカレンダーはその後多くの人に愛され，多くの人の生活スタイルを育む意識の未来像を概念として伝えてゆくこと，意識と行動で社会が良くなることを立証するような，時代のひとつの役目を担う存在でもある。物や事の意識を正すには，新しい時代を切り開いてゆかねばならないことも多くある。それは陽の目を見るまで非常に険しい道のりでもあるが，希望と勇気を持ちチャレンジするのみであるということを若い人たちには特に伝えたい。

　フケ・かゆみを抑えるシャンプー・リンスとして人気のある商品のパッケージをリニューアルするということで，老若男女多くの人に親しみ易い商品を目指すべくデザインに取り組んだ結果，売り上げが3倍となったコラージュフルフルという商品がある（図Ⅴ-8-3）。シャンプー・リンスに対する真面目な姿勢を表すことをデザインコンセプトと考えてリニューアルした商品はいまも成

図Ⅴ-8-1　カレンダーキューブ①

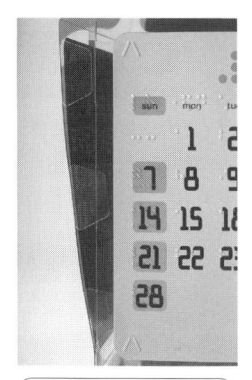

図Ⅴ-8-2　カレンダーキューブ②

V-8 障害者とともに考えるデザイン

功の道を歩んでいる。商品名を極力小さくしシャンプー・リンスの文字を大きく配置すること，ボディの「フケ・かゆみを抑えるシャンプーです」というコピーを外すことなど，商品の売り上げが落ちるのではないかと懸念されるような，異例ともいえるデザインの提案の数々に対してクライアントからは信頼を得ることが出来た。私がいつも思うのは，人間は元々，物や事の本質，人と社会の共有していく軸を見抜く能力を持ち，人類という単位の時間軸で最良な物事を選ぶよう自然の力が備わりそれぞれの活動の中に存在をしているのではないかということである。それは作り手使い手双方ともに，世の中をよりピュアな感覚で，常に原始時代へ戻るような感覚でそこから未来を創造し人として本当に必要なことを考え，長い人類の歴史の上に素直に立つことを必然として求めていることであると思う。自然の摂理が成立すると世の中はまわる。決して独りよがりな考えや個人的な表現，損得の欲望のみで終わる物事の成立ちであっては，すべてはつながらず，多くの人々にとっての健康的な未来は生まれないものと考えるのである。

図V-8-3 コラージュフルフル

この商品に使われている書体は，視覚障害者，フォントデザイナー，UDプランナーなどが参加して検討したもの。

## ❷「すべてはつながっている」という考え方

「ラーメンフォーク」（図V-8-4）という食器のデザインや『工場へ行こう!!』[1]（図V-8-5）という日本のものづくりを応援した書籍の出版など私のこれまでの仕事に共通していえることは，未来の概念をデザインとして創造してゆくような「社会のデザイン」なる行為はすべての人に可能だということである。私たち人間の行為自体が社会のデザインとなり，すべては未来へのきっかけとなる。そう思うとひとつひとつ世の中の出来事に無頓着ではいられないと考える人は多いのではないか。そして障害を持つということ，健常者であるということ，それぞれの役割が社会に存在するからこそ，世の中は働き動き続ける。私たちは地球上に存在することの責任と人類としてのバトンを未来へつなげていくという責任を共通して持つ存在なのである。すべての物事には意味があり，過去，未来，そして現在，すべてはつながっている。それを知るとき，ものの見方考え方をみつめ直し，多くの人の未来を考え，行うべきことを行い，さまざまな夢を抱くことが可能になる。私は私の立場で出来ることを有限な人生という時間の中で行ってゆきたいと思う。具体的にはワクワクと人が皆で歩める未来や概念をデザインの応用から構築するということであるが，それは障害のあるなしにかかわらず皆で「健康的な未来」を共有することでもある。人を主体としたこの宇宙の成立ちの中で，すべてはつながっているのである。

図V-8-4 ラーメンフォーク

▷1 高橋正実，2008，『工場へ行こう!!』美術出版社。

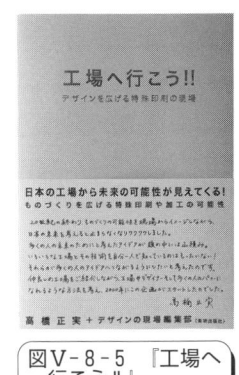

図V-8-5 『工場へ行こう!!』

（髙橋正実）

# V 支援の現場，支援の仕事

## 9 合理的配慮と工学的支援

### 1 合理的配慮とは

障害者に対する差別の類型としては「直接差別」「間接差別」「合理的配慮の否定」がある。直接差別とは障害に基づき明確にその権利を侵害すること，間接差別とは形式的に平等にみえるが障害の無い人と比べて実質的に制限が加えられること，加えて障害者に対して合理的配慮がなされない場合は差別とみなされる。

国連による障害者権利条約の第2条（定義）に示されている合理的配慮（reasonable accommodation）の定義（2009年政府仮訳）は以下の通りである。[1]

「『合理的配慮』とは，障害者が他の者との平等を基礎としてすべての人権及び基本的自由を享有し，又は行使することを確保するための必要かつ適当な変更及び調整であって，特定の場合において必要とされるものであり，かつ，均衡を失した又は過度の負担を課さないものをいう。」

そして，第5条において合理的配慮を次のように義務付けている。

「締約国は，平等を促進し，及び差別を撤廃することを目的として，合理的配慮が提供されることを確保するためのすべての適当な措置をとる。」

ここで示されていることは，障害者が健常者と対等に社会生活を送るために「社会」の側が準備，提供すべき事柄といえる。この定義は，これまでよくいわれてきた社会参加，ノーマライゼーション，インクルージョンなどの概念を法的に具現化させるものとして重要であり，社会の側の姿勢，意識を問うものでもある。例えば「車いす利用に際してスロープを用意する」など物理的改善という部分的な配慮に限らず，排泄などに要する時間の考慮や会議の席配置など業務上の諸条件などを包括的に配慮する必要がある。表V-9-1はイギリスの平等・人権委員会の示した簡易に配慮できる事例である。[2]

### 2 欧米の法律にみる合理的配慮

欧米の法律にみる障害者への差別をなくすための合理的配慮は，ほぼこの障害者権利条約の条文に近い。アメリカの差別禁止法（Americans with Disabilities Act of 1990, ADA Amendment Act of 2008: ADA）には合理的配慮に関する差別規定がある。例えば，雇用主が事業運営において過度の負担となることを証明できなければ差別になる。しかし他方，ADA改正法では，合理的配慮を提

[1] 松井亮輔・川島聡編，2010，『概説障害者権利条約』法律文化社，p.347。

[2] Able Supplement (http://ablesupplement.co.uk/)

[3] 『欧米の障害者雇用法制及び施策の現状』高齢・障害者雇用支援機構障害者職業総合センター，2011年。

表V-9-1　簡易な職場での配慮例

| 障害 | 業務困難 | 調整例 |
|---|---|---|
| 聴覚障害 | 会議への参加 | ノートテイク |
| 聴覚障害 | 電話 | ビデオ電話，テキストフォン |
| 視覚障害/不安状態 | 職場 | バス停で同僚との待ち合わせ |
| ディスレクシア（失読症） | 報告書作成 | マインド・マップのソフトウェア |
|  | 会議への参加 | 事前の覚書 |
| 重篤なぜんそく | ロンドン周辺の移動 | 直近の公共交通機関までのタクシー往復 |
| てんかん | 長時間の会議 | 休憩回数の保障，冷たいドリンクの用意，扇風機などの用意 |
| 知的障害 | かかる時間 | ディクタフォン（口述再生器）と記述のための追加時間 |
| 狼そう（皮膚結核） | 年間を通じて常勤で働くこと | フレックス業務，時間短縮 |
| 聴覚障害 | 次のアポイントメント先の詳細な情報取得 | ノキア・コミュニケーターの使用 |
| 労働に関連する上肢の障害 | 事務的作業日 | 20分毎にロックする調整ソフト |
| 吃音 | チーム会議 | 全職員に対する研修 |
| 重度の腰痛 | チェックアウトの操作 | 人間工学的アセスメントと定期的な休憩 |
| 自閉症 | 新たなチームへの適応 | 特に職場"文化"を説明する親しい同僚の割り当て |
| うつ | 午前8時からの業務の受け入れ | 例えば11時から就労するなど，一日のベストな時間にシフト |
| 不安/パニック | ラッシュアワーの出退勤 | 11時から19時勤務などを適用 |

出所：Source: Equality and Human Rights Commission

供しても，その労働者または応募者が職務の本質的機能を遂行できない場合には配慮の必要を認めない，とされている。また，イギリスの平等法（Equality Act 2010）は，障害者の就労において雇用主が合理的な調整措置（reasonable adjustment）を講じる義務を示している。その際配慮すべきは，障害のない従業員と比較して不利な立場となることや補助的支援の提供がなければ不利になること，などとされる。ドイツの社会法典やフランスの労働法典のなかでも，表現は異なるにせよ合理的配慮の規定がある。つまり，障害者差別を生み出す現状を一定の条件のもと改善することを求めている。その際，そこには「合理的配慮」「適切な措置」という表現でもわかるように一定の枠組みが示されている。

## 3　合理的配慮に対する工学的支援

均衡を失しない，あるいは過度の負担を課さないという条件は，支援技術のレベルに影響されることもある。例えば，合理的配慮を行うのに必要な支援機器が開発されていない，建物の改造が難しい，人的な資源に乏しく業務のアシスタントを用意できない，などは想定できる。

合理的配慮は人によるソフト面での解決方法もあるが，工学的支援機器による解決という方法もある。つまり，合理的配慮に資するために，工学的支援にかかわる分野で「合理的配慮」に活用できる支援開発を推進することが，今後いっそう求められる。そのために，工学的支援の質的レベルを上げることが障害者の権利を保障することにつながるという意識を持つ必要がある。また，それには障害のある開発者，技術者などで構成された合理的配慮に関する工学技術支援機関を創設することも望まれる。

（小川喜道）

▶4　わが国では障害者雇用納付金制度（民間企業の事業主は，常勤従業員45.5人以上を雇用している場合，障害者の法定雇用率は2.2％以上であり，未達成の場合に納付金を納付する制度）に基づく助成金による施設・設備の設置改善への費用助成がなされ，イギリスでは施設・設備，人的手当，通勤などに対して「職業へのアクセス支援（Access to Work）」が行われているが，それらが障害者の権利として配慮されるには，"企業努力"という段階ではなく，合理的配慮に関するハード面，ソフト面からの開発，そして諸種のノウハウの蓄積を論議していく必要がある。

## Ⅵ 支援を支える制度：歴史的展開

# 1 教育と仕事から始まった支援

## 1 支援のはじまり

　障害者の支援はいつ始まったのだろうか。江戸時代以前にも，領主の個別的な保護があったことは明らかであるが，国家としての対策は，明治時代以降の近代化の中で進められる。最初は，貧困対策に含まれていたが，やがて支援すべき対象として障害者というカテゴリーが次第に形成されていった。

　障害者が支援の対象として浮かび上がってくるきっかけには，次のようなものがある。第一に教育制度の整備である。近代国家は均質な労働力を求めて教育制度を整備する。この制度にそぐわない人として障害者が問題視される。第二に戦争である。これにはさらにふたつの側面があり，軍隊の訓練の過程で障害が発見されるという面と，戦争それ自体が大量の障害者を生み出すという側面である。第三は労働である。近代化は産業化を伴い，多くの労働災害による障害者を生み出す。これらへの対策として障害者に対する支援はスタートした。所得保障が貧弱である時代には，障害者も資産などの条件に恵まれない限り労働力を売って生活をせねばならないために，金銭による支援だけでなく，職業に就くことが問題となる。

## 2 障害児教育のはじまり

　教育支援がいち早く開始されたのは，視覚障害，聴覚障害の分野であった。江戸時代の寺子屋には，視覚障害児や聴覚障害児も参加していたといわれており，1875年頃，古河太四郎は京都に聴覚障害児と視覚障害児を対象とした今日でいう特別支援学級を開設した（後に京都市に移管）。ほぼ同じ頃の1880年には，東京で楽善会盲唖院が授業を開始している。この楽善会盲唖院は現在の筑波大学附属視覚特別支援学校，聴覚特別支援学校に引き継がれている。

　知的障害の分野では，1891年に石井亮一によって設立された滝乃川学園が最も古い施設である。ただし，滝乃川学園という名称になったのは，1897年からであり，設立当初は濃尾地震で孤児となった児童を預かるための施設だったのだが，石井は預かった児童の中に知的障害児がいるのを発見したことをきっかけにやがて知的障害児だけを専門に預かる施設となった。ただし法律上，滝乃川学園は学校ではない。学校では，1890年に松本尋常小学校，1895年頃群馬県館林尋常小学校にそれぞれ学業不振児童のための学級ができている。

▷1　生瀬克己, 1999, 『日本の障害者の歴史　近世編』明石書店。

▷2　石井亮一については，滝乃川学園, 1986, 『石井亮一と滝乃川学園——石井亮一没後50周年記念復刻版』滝乃川学園を参照。

▷3　発足当初は弧女学院という名前であった。

肢体不自由児への教育では，1921年に柏倉松蔵が東京市小石川に柏学園を設立したが，これも滝乃川学園同様に学校ではなかった。柏倉は，もともと岡山の小学校の教員であったが，肢体不自由児を顧みない体育に疑問を抱いて障害児の体育について関心を持ったことが，柏学園の設置につながった。学校としては，1932年に設置された**光明学校**が初めてのものである。光明学校の設置には反対意見も存在したが，**田代義徳**らが精力的にその必要性を訴え実現した。田代は，東京帝国大学医学部に整形外科講座を開講し初代の教授となった人物で，1877年の西南戦争では負傷兵へのギブスや義手，義足を使って治療にあたったこともある。ギブスや義足といった整形外科学の知見は戦争とともに発達し，その治療対象が戦争によらない障害者にも広げられてきたわけである。この田代の教え子の一人に肢体不自由教育の父といわれる高木憲次がいる。高木は1943年に東京都板橋区に整肢療護園を開設した。

### 3　仕事の支援のはじまり

　職業という観点から見て，視覚障害分野は他の障害よりも早くから問題意識を持っていたといえる。そのため，**三療**と呼ばれる職業の獲得を求めて運動をした。労働災害による障害者の保護に目を向ければ，企業の保険によって給付される保障金は，「お見舞金」程度だった。こうした状況のなかで，1908年に当時東京YMCA主事であった益富政助は鉄道青年会を設立し，博多，大阪，名古屋などに授産施設を開設したのを皮切りに1919年には東京に負傷者職業学校を設置した。この負傷者職業学校では，絵画，刺繍，籐，竹細工，洋裁の授業が行われた。益富の取り組みは肢体不自由者のリハビリテーションの源流といえよう。

　さらに，1923年の関東大震災の翌年には同潤啓成社が設置され，廃兵院の敷地で身体障害者向けの授産施設を始めた。この授産施設では，靴，玩具，家具，刺繍，造花などの制作や義肢の研究および制作も行われた。職業教育には先述の益富が教育部長として尽力し，義足の開発には元東京大学医学部の田代義徳が貢献した。

　知的障害者への教育については，東京都養育院において，入所している知的障害者に草引きや洗濯，裁縫，子守り等の仕事をやらせていたという記録がある。他にも先駆的な活動をした施設として，教育による知的障害者の社会参加を目指していた脇田良吉による京都市の白川学園（1909年設立）や川田貞治郎による伊豆大島の藤倉学園（1919年設立）を挙げることができる。

（廣野俊輔）

▷4　光明学校
現在は東京都立光明特別支援学校という名称である。

▷5　田代義徳（1864-1938）
東京帝国大学医学部で整形外科講座初代の教授として活躍した。肢体不自由児の問題に関心を持ち，光明学校の設立の必要性を訴えていた。

▷6　高木憲次については，日本肢体不自由児協会編，1967，『高木憲次――人と業績』日本肢体不自由協会を参照。

▷7　三療
三療とはあん摩マッサージ指圧，鍼，灸の3つの業種を指す。

▷8　川田については，吉川かおり，2001，『シリーズ福祉に生きる48――川田貞治郎』大空社を参照。

**参考文献**
一番ケ瀬康子・佐藤進，1987，『障害者の福祉と人権』光生館。
中村満紀男・荒川智，2003，『障害児教育の歴史』明石書店。

Ⅵ　支援を支える制度：歴史的展開

# 2　身体障害者福祉法

## 1　身体障害者福祉法の成り立ち

　身体障害者福祉法は，1949年に成立，翌年から施行された法律である。この法律と前後して成立した，生活保護法（1946年成立，1950年に改正新法が成立），児童福祉法（1947年成立）と合わせて「福祉三法」と呼ぶ。

　生活保護法，児童福祉法，身体障害者福祉法のいずれも敗戦後の混乱を解消する意図で制定された。すなわち，生活保護法が戦後の困窮状態への対応，児童福祉法が戦災孤児の問題への対応，身体障害者福祉法が傷痍軍人への対応を主要な目的として制定された。傷痍軍人は，戦争によって障害を負ったにもかかわらず，十分な保護を受けられないことに不満を持っていた。その背景には，GHQ が軍人優先の政策を禁止したことがあった。そのため，身体障害者福祉法も軍人保護のための対策と考えられ，GHQ は難色を示していた。そこで日本政府は，軍人だけでなくすべての障害者のために必要な法律であると訴えて成立にこぎつけたといわれている。

　1949年に成立した身体障害者福祉法は，その目的を更生とした。ここでいう更生とは「職業を得ること」である。これを目標に，①手帳の交付，②補装具の支給，③更生援護施設による訓練の提供を行うとされた。法の対象となる障害は視覚障害，聴覚障害，肢体不自由，中枢神経機能障害の4種類に限定されていた。[1]

▷1　ここでいう中枢神経機能障害とは，脳血管疾患の後遺症として現れる片麻痺や言語障害を指している。

## 2　身体障害者福祉法における更生と自立概念の拡大

　こうして成立した身体障害者福祉法は，時代とともに改正を繰り返す。成立当初においては，職業を得るという意味での更生を目的としており，かつ身体障害者には，「更生への努力」が課せられていた。

　ところがこの理念は次第に変化していく。「更生＝職業を得ること」を目的としていたのでは，そもそも法の対象とならない障害者がたくさんいることが問題と考えられるようになったからである。それを強く意識しているものとして，1966年に出された身体障害者福祉審議会の答申「身体障害者福祉法の改正その他身体障害者福祉行政推進のための総合方策」（以下，「1966年答申」）がある。この答申は1967年に改正された身体障害者福祉法の下敷きとなっている。1966年答申では，「(1)社会に復帰し職業につくことが可能な人，(2)労働はでき

るが通常の職にはつけない人，(3)家庭内の自立生活は可能であるが労働は不可能な人，(4)常時介護を受けなければならない人など障害の程度に応じた措置を行う必要がある」と，身体障害者に対する援助が職業復帰に限られるべきではないことを主張した。

さらに，1984年に身体障害者福祉審議会が発表した「今後における身体障害者福祉を進めるための総合的方策」においては「濃厚な介護を必要とする障害者の在宅生活」を「自立」と表現した記述がある。自立は，1990年の身体障害者福祉法改正において更生に変わって身体障害者福祉法の目的とされることになるのだが，自立の概念は職業復帰に限定されない。

身体障害者に課された義務は存続しているが，1990年の改正以来，「その有する能力を活用することにより，社会経済活動に参加することができるように努めなければならない」と規定されるようになった。この規定も更生および自立の概念が拡大されるのと並行して拡大したといえる。

## 3 身体障害者福祉法における対象とサービスの拡大

成立当初の身体障害者福祉法は限定されていたが，対象は次第に拡大されている。1967年の改正で，心臓，呼吸器の障害が加えられ，1972年の改正時には腎臓機能障害も加わった。さらに，1984年の改正で膀胱または直腸の機能障害，1986年の改正で小腸機能障害，1998年の改正でヒト免疫不全ウイルスによる免疫機能の障害，2010年の改正で肝機能障害がそれぞれ加えられた。

身体障害者福祉法によって提供されるサービスやそのための施設も多様になってきた。ここでは特徴的なものだけを紹介する。1967年には，身体障害者家庭奉仕員制度（ホームヘルパー）が創設されている。これは知的や精神の障害者に先駆けて最も早く創設された在宅福祉サービスである。1972年には身体障害者療護施設が創設されている。この施設の注目すべき点は，入所の期限を区切らない施設だという点である。これ以前の施設は「更生」を目的にしたものであるから，生涯にわたる入所が建前上は認められていなかった。この施設の出現は，職業を得るという意味だった更生概念がすっかり変更したことを意味している。1990年には，デイサービスとショートステイが制度化され身体障害者の在宅生活を支えるサービスの3本柱が整った。

2003年から支援費制度が開始され，身体障害者福祉法上のサービスも措置制度ではなく，契約制度で利用することになった。2005年に障害者自立支援法が成立し，身体障害者福祉法上に規定されていた施設やサービスの利用は，障害者自立支援法を通じて給付されることになった。しかし，応益負担等の問題が指摘され，2012年に障害者総合支援法が成立した。

（廣野俊輔）

▷2　施設や在宅サービスを利用する障害者と事業者が契約を交わし，行政が事業者に報酬を払うという制度。現在の障害者自立支援法とは異なり，応能負担の制度である。

▷3　さまざまな制度改善の期待が障害者から集まっていたが，ほとんど障害者自立支援法から変更されなかった。

### 参考文献

手塚直樹・加藤博臣，1985，『講座障害者福祉6──障害者福祉基礎資料集成』光生館。

丸山一郎，1998，『障害者施策の発展──身体障害者福祉法の半世紀リハビリテーションから市町村障害者計画まで』中央法規出版。

## Ⅵ 支援を支える制度：歴史的展開

# 3 障害児施策と1950～60年代の親の運動

### 1 知的障害者福祉法成立と親の運動

　戦前の知的障害者福祉は，おおむね民間の手に委ねられていたといってよい状況だった。1934年に知的障害者のための施設が集まって日本精神薄弱者愛護協会（現在の日本知的障害者福祉協会）が設立された。この時に集まった施設はすべて民間運営の全国9施設だったといわれている。戦前には生活保護法の前身である救護法（1929年成立）があり，知的障害者を保護の対象としていたが，障害による生活の困難に対応するものではなく，あくまでも貧困という状態に注目した法律であった。

　1949年に成立した身体障害者福祉法が，大きな限界を持ちながらもその後の施策の基礎となった一方で知的障害者のための施策は遅れていた。身体障害者福祉法が成立にいたる過程で精神障害や知的障害を含むという案もあったが実現しなかった。また，1950年に成立した精神衛生法は知的障害を精神障害の一種として規定しながらも，実質的には知的障害者の支援を含まなかった。これらに比して1947年に成立した児童福祉法は，その条文の中に「精神薄弱者施設」と「療育施設」を規定することにより，知的障害を対象とすることが明記されていた。その後，1949年児童福祉施設には「もうろうあ児施設」が加えられ，1950年になると「療育施設」は「虚弱児施設」と「肢体不自由児施設」に分けられることになった。

　身体障害児は，18歳になれば身体障害者福祉法に規定されている施設への移行が期待できた。しかし，知的障害児は18歳を過ぎれば家族の世話になるか，生活保護法上の救護施設に入るかしか選択肢はないという状況だったのである。

　こうした厳しい状況の中で，知的障害がある子どもを持つ母親が立ち上がり，1952年に「精神薄弱児育成会」を設立した。現在の名称を「全国手をつなぐ育成会」という（以下，「育成会」）。この育成会は，知的障害児を持つ母親同士がつながり，支え合うだけでなく，運動体としての側面も持っていた。1955年に社団法人となった育成会はその運動の目標を①総合立法化（知的障害者福祉法の成立を目指す），②社会保障の充実，③義務教育制の実施，④自活指導センターの建設，とした。このうち④は，1958年三重県に名張育成園が設置され，知的障害者施設のモデルとなった。

　厚生省（当時）はこれら4つの要求を受けて，1957年に「精神薄弱者福祉対

▶1　『月刊福祉』1990年11月号では「精神薄弱者福祉法制定30周年記念」としてその歴史がまとめられている。

▶2　現在の精神保健及び精神障害者の福祉に関する法律（通称：精神保健福祉法）である。

▶3　ただし，身体障害者においても特に重度の者は施設の不足による居場所の不足が深刻であった。

策要綱（案）」を作成し検討をはじめ，1959年には社会事業法の改正により「精神薄弱者援護施設」を第一種社会福祉事業とし，同年度から各都道府県に一ヶ所以上公立の知的障害者施設を五ヶ年計画で設置することとした。こうした経緯の中で立法化の機運が高まり，育成会の働きかけもあって1960年に精神薄弱者福祉法（現在の知的障害者福祉法）が成立した。

## ❷ 重症心身障害児の福祉対策と親の運動

　戦後の福祉対策で対象とされていなかったのは知的障害者だけではない。日本赤十字病院の医師であった小林提樹は，1950年代後半から当時の児童福祉法では措置できない障害児の対応の必要性を訴えていた。児童福祉法で措置ができない障害児とは，重い知的障害に加えて身体障害も重複している児童のことである。彼らは「重症心身障害児」と呼ばれている。この重症心身障害児は1950年代末から1960年代前半にかけて急速に社会的な関心を集めることになる。その理由は，小林たちの専門家や親からの訴えが報道によって大きく取り上げられたこと等がある。なかでも作家水上勉による「拝啓　池田総理大臣殿」は重症心身障害児の問題を訴えて大きな話題を呼んだ（水上には障害がある子どもがいた）。

　重症心身障害児は，肢体不自由児の親のグループや育成会などに属していたが，やがて重症心身障害児の親の会が小林の働きかけを受けて結成される。それが1964年結成の「全国重症心身障害児（者）を守る会」（以下，「守る会」）である。守る会は重症心身障害児に対する医療や施設の充実を訴える運動をいまも続けている。

　1961年には東京都に民間施設島田療育園が設置された。島田療育園は「日本心身障害児協会」によって運営され，初代園長は小林が務めた。1963年になると「重症心身障害児療育実施要綱」が制定され，民間の重症心身障害児施設への補助金が規定された。そして，1967年の児童福祉法の改正により，重症心身障害児施設は児童福祉法上の施設と規定され，重症心身障害児の治療を国立療養所へ委託することも規定された。

　こうして振り返ると親による運動の持つ力がよく伝わってくる。しかし，一方で「守る会」は施策の充実と引き換えに，重症心身障害児に対する愛情を最大限に示すことが求められたという指摘もある。また，親主導の運動の要求に応える形でコロニー政策が進められたことも指摘しておこう。障害児を持つ親のニーズに専門家や政策が応えていく形で展開したこの時期の障害児対策は，関係者の声が大幅に取り入れられた点では評価されるべきだが，他方で障害学の視点からは当事者の不在を反省的に振り返るべき対象でもある。

（廣野俊輔）

▷4 「精神薄弱」という用語は不適切として1999年から「知的障害」に改められた。

▷5 小林の業績については，日本心身障害児協会島田療育センター，2003，『愛はすべてをおおう』中央法規出版を参照。

▷6 水上の文章は，杉野昭博編著，2011，『リーディングス日本の社会福祉7――障害と福祉』日本図書センター，pp.153-162に収録されている。

▷7 堀智久，2006，「高度経済成長期における重症児の親の陳情運動とその背景」『社会福祉学』47(2)：pp.31-44。

▷8 Ⅵ-4 参照。

【参考文献】
小塰寺直樹，2000，「重症心身障害児施設療育の制度化過程――対象としての『重症心身障害児』規定をめぐって」『社会福祉学』41(1)：pp.151-161。

## Ⅵ　支援を支える制度：歴史的展開

# 4　コロニー計画と脱施設化

## 1　重症心身障害（児）者対策としてのコロニー ◁1

　戦後，日本の障害者福祉対策は，戦傷病者対策を中心とした身体障害者福祉法（1949年）から始まった。当時はその対象者も中軽度傷病者の職業対策が中心で，知的障害者（当時の呼称では精神薄弱者）に対しては個人的に対処せざるを得ない状況にあった。1960年には「精神薄弱者福祉法（現在の知的障害者福祉法）◁2」が制定されたが，重症心身障害（児）者は医療の対象からも除外され，家族による介護に頼らざるを得なかった。◁3

　1965年には内閣総理大臣の諮問機関「社会開発懇談会」がその「中間報告」のなかで，「社会保障福祉対策は社会・経済の変動に応ずる前向きの意義をもつもの」であるとし，「一般の社会で生活していくことの困難な精神薄弱者については，児童を含めて，環境のよい土地にコロニーを建設し，能力に応じ生産活動に従事させることが必要である。そのためには国有地・公有地を優先的にまわすなど土地の確保をはかるべきである」と積極的にコロニーを建設すべきと報告した。また，同年に厚生大臣の私的諮問機関「心身障害者の村（コロニー）懇談会」が設置され，同意見書には，①終生保護を可能とする総合施設，②障害のある人たちが一緒に居住して社会生活を営む生活共同体とすることなどが盛り込まれた。

　昭和40年度版の『厚生白書』では，「社会復帰が困難である心身障害児（者）のために，生活共同体である，いわゆるコロニーを設置し，総合施設としての運営を行なう計画が予定されている。このように障害児の福祉対策は，施設収容，在宅指導の強化はいうに及ばず，広く母子保健対策の充実あるいはコロニーの建設など総合対策として推進することが必要であろう」とコロニー建設が当時，国をあげた重症心身障害（児）者対策だったことを示している。

　1966年には，国立コロニーを群馬県高崎市に建設する方針が決定され，7月には「コロニー建設推進懇談会」が発足し，12月「国立心身障害者コロニー設置計画の概要」示され，1971年4月には国立コロニー「のぞみの園」が開設した。

　1967年の児童福祉法一部改正により，「重症心身障害児施設」の設置が法定化され，その後，1968年の長野県「西駒郷」，北海道「太陽の園」（図Ⅵ-4-1），愛知県「心身障害者コロニー」と相次いでコロニーが開設され，各地で計画も

▷1　「コロニー（colony）」とは，本来，「植民地」「集落」という意味を持つ。

▷2　1960年に「精神薄弱者福祉法」として制定され，1998年に現行の「知的障害者福祉法」に名称が改訂された。身体障害者福祉法や精神保健福祉法とは異なり，同法で，知的障害者の定義や手帳制度である「療育手帳」について規定はされていない。

▷3　Ⅵ-3 参照。

進められた。

### 2 脱施設化と地域移行

全国各地に開設された多くのコロニーは、重症心身障害のある人に限らず、重度の知的障害や行動障害のある人も受け入れ、コロニー全体の定員は数百人単位という大規模入所施設であった。ただしコロニーの立地する「環境のよい土地」は、多くの場合、一般市民が暮らす住宅街から離れた立地であった（図Ⅵ-4-2）。つまり、コロニー入所者にとって、20年、30年というコロニーでの生活は、次第に家族との関係や生まれ育った地域とのつながりを希薄化させていくこととなった。こうしたコロニーという生活共同体での暮らしは、一般社会から隔離され、決められたスケジュールを一斉にこなす収容施設として捉えられることもあった。

ノーマライゼーションの理念に基づく1971年の「国連　知的障害者の権利宣言」や1975年の「国連　障害者の権利宣言」では、「同年齢の市民と同等の権利」や「可能な限り通常のかつ十分満たされた相当の生活を送る権利」「他の人々と同等の市民権及び政治的権利」を有することが宣言された。

こうした考えに基づき、コロニーでの隔離された生活から、地域社会のなかで一般の人と同じように、一人暮らしや少人数による共同生活へ移行すること、すなわち「地域移行」が目指されるようになっていった。

1981年の国際障害者年には、「完全参加と平等」をスローガンとしてノーマライゼーション理念に基づく地域生活がいっそう目指され、1989年には知的障害者のグループホームが制度化され、地域移行はより現実的なものとなった。だが、長期にわたる集団処遇による受け身的な施設生活により、入所者の多くは、家事や炊事を経験したことがなく、近所づき合いや他者とのコミュニケーションを取ることも難しく、地域生活をする上での課題があった。このため、施設から地域生活への移行に向け、施設内での少人数による共同生活体験実習や地域での生活体験のための実習ホームを経てグループホームに移行するなどの段階を経るプログラムが組まれ、地域移行が進められている（図Ⅵ-4-3）。

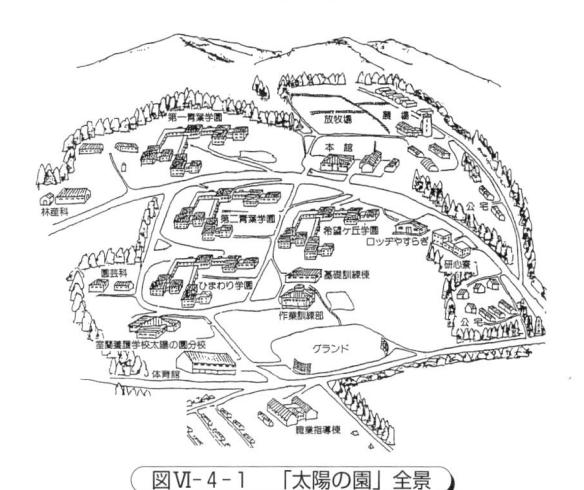

図Ⅵ-4-1　「太陽の園」全景
出所：北海道立太陽の園・伊達市立通勤センター旭寮編，1997，『施設を出て町に暮らす——知的障害をもつ人たちの地域生活援助の実際（第7版）』ぶどう社，p.16。

図Ⅵ-4-2　緑に囲まれた国立コロニーのぞみの園
出所：高崎市HP「たかさき100年　第76回国立コロニーとふくしのまちづくり」（http://www.city.takasaki.gunma.jp/gaiyou/taka100/taka76.htm）

▷4　Ⅷ-3参照。

▷5　地域で少人数により共同生活する居住形態をいう。個室と共有スペースがあり、支援スタッフのサービスを受ける。1989年の当時の精神薄弱者福祉法による「地域生活援助事業」として始まり、障害者自立支

太陽の園・伊達市地域支援センターが支援する住居図

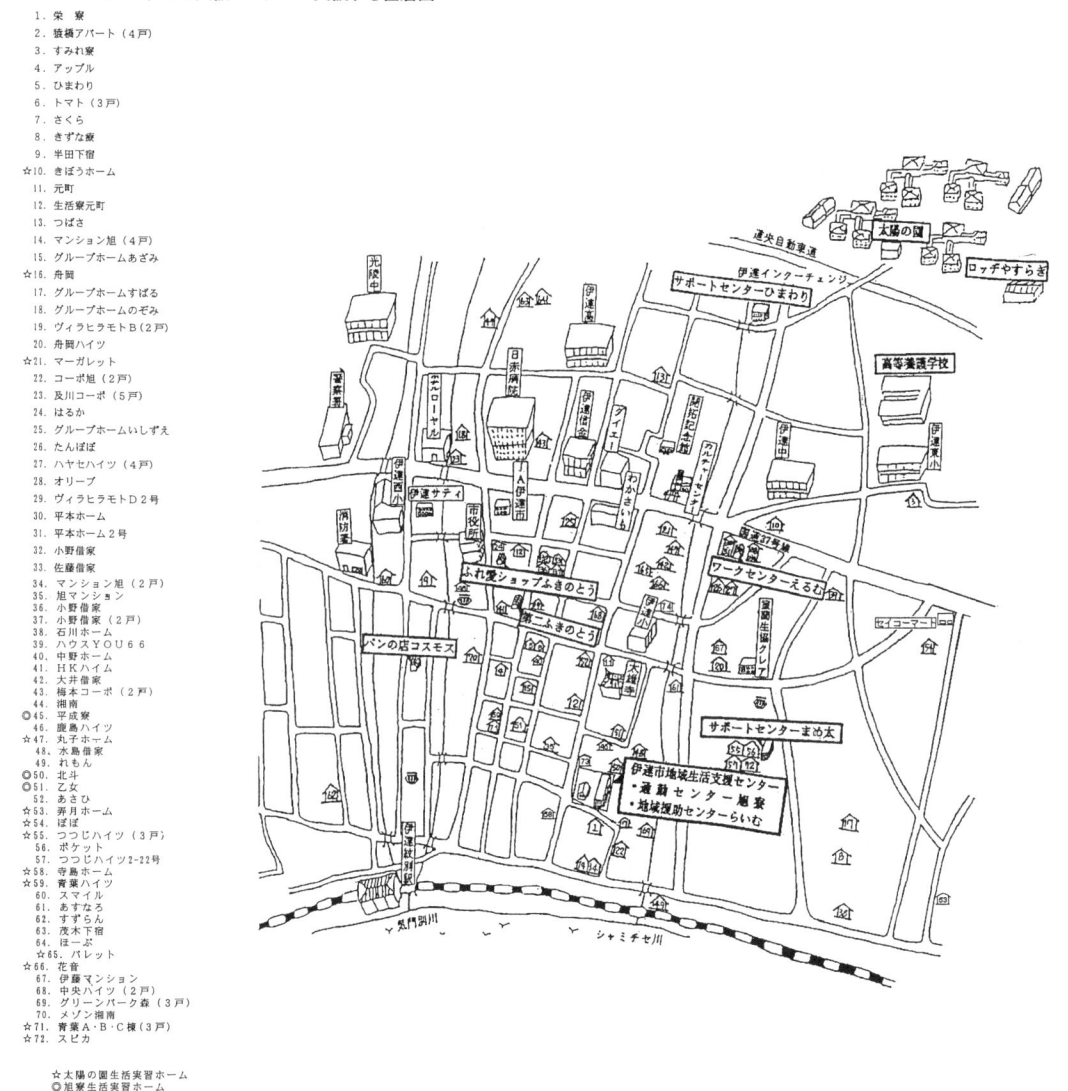

1. 栄寮
2. 猿橋アパート（4戸）
3. すみれ寮
4. アップル
5. ひまわり
6. トマト（3戸）
7. さくら
8. きずな寮
9. 半田下宿
☆10. きぼうホーム
11. 元町
12. 生活寮元町
13. つばさ
14. マンション旭（4戸）
15. グループホームあざみ
☆16. 舟岡
17. グループホームすばる
18. グループホームのぞみ
19. ヴィラヒラモトB（2戸）
20. 舟岡ハイツ
☆21. マーガレット
22. コーポ旭（2戸）
23. 及川コーポ（5戸）
24. はるか
25. グループホームいしずえ
26. たんぽぽ
27. ハヤセハイツ（4戸）
28. オリーブ
29. ヴィラヒラモトD2号
30. 平本ホーム
31. 平本ホーム2号
32. 小野信家
33. 佐藤信家
34. マンション旭（2戸）
35. 旭マンション
36. 小野信家
37. 小野信家（2戸）
38. 石川ホーム
39. ハウスYOU66
40. 中野ホーム
41. HKハイム
42. 大井信家
43. 梅本コーポ（2戸）
44. 湘南
◎45. 平成寮
46. 鹿島ハイツ
☆47. 丸子ホーム
48. 水島信家
49. れもん
◎50. 北斗
◎51. 乙女
52. あさひ
53. 弄月ホーム
☆54. ぽぽ
☆55. つつじハイツ（3戸）
56. ポケット
57. つつじハイツ2-22号
☆58. 寺島ホーム
☆59. 青葉ハイツ
60. スマイル
61. あすなろ
62. すずらん
63. 茂木下宿
64. ほーぷ
◎65. パレット
☆66. 花音
67. 伊藤マンション
68. 中央ハイツ（2戸）
69. グリーンパーク森（3戸）
70. メゾン湘南
☆71. 青葉A・B・C棟
☆72. スピカ

☆太陽の園生活実習ホーム
◎旭寮生活実習ホーム

図Ⅵ-4-3　地域移行するにつれ増える地域居住地（2001年時点）

出所：北海道立太陽の園, 2002, 「年報平成13年度」p.38.

援法では，「共同生活援助」をいう。

▷6　2005年に宮城県知事に就いた村井嘉浩は2006年に，2010年までの解体を撤回している。

▷7　障害者基本法により国に策定が義務付けられている障害者福祉に関する施策等を総合的，計画的に推進するための基本的な計画。

2002年11月には，宮城県福祉事業団が2010年までに，船形コロニーを解体し，485名全員を地域生活に移行させるとする「船形コロニー解体宣言」を行った。2004年2月には，浅野史郎知事（当時）が「みやぎ知的障害者施設解体宣言」を発表し，地域で当たり前の暮らしを実現するための条件整備に取り組むことを打ち出した。こうして，各地のコロニーや大型入所施設でも，脱施設，地域移行への取り組みが活発となり，コロニー周辺地域への移行のみならず，生まれ育った地域への移行にも取り組まれるようになった。

重症心身障害（児）者に対する脱施設，地域移行については，医療的ケアへの対応や介助にかかわる支給時間数の不足などの課題は残されているものの，国も，2003年の「障害者基本計画」において，障害者福祉全般にかかわる脱施

設を打ち出し，2006年から施行された障害者自立支援法では，脱施設，地域移行がより鮮明に打ち出され，各都道府県市町村の「障害福祉計画」には，地域移行の目標値が示されることとなった。

## 3 もうひとつのコロニー運動

1960年代，70年代以降の重症心身障害（児）者を対象とするコロニー設立に先立ち，1940年代から民間コロニー建設が存在していたことはあまり知られていない。それは，結核回復者たちが患者運動として行ったアフターケアとしてのコロニーづくりである。結核回復者たちが求めたコロニー運動は，就労しながら生活する場を設置することを要求した。

このコロニーの原型は，1915年にイギリスのパップワースで数人の傷痍軍人や結核回復者が，医師，看護婦とともにつくった「ボーン・コロニー」にあるとされる。この「ボーン・コロニー」には，病院と療養所と働く場があり，患者や家族のための住宅や商店や教会などもある集団居住地区だった。日本でも1943年頃には，結核の国立療養所である村松晴嵐荘の荘長の木村猛明によって結核回復者の理想郷として，紹介されていたといわれる。

日本においても，戦後の民衆運動のなかで全国の結核病院・療養所には患者自治会が生まれた（1946年東京都患者同盟，1947年全日本患者生活養護同盟，1948年日本患者同盟）。これらの患者運動は，結核回復者のアフターケアを最大の運動目標とした。このように結核回復者たちのコロニー建設運動は，労働者としての権利が守られる就労の場，保護雇用制度の実現を求めるものであった。

1949年には，熊本市出水町で4人の結核回復者が印刷業を中心とした働く場としてプリント社を設立する。これが，民間コロニー施設の交流，施設の向上と進歩，社会復帰施策に寄与することなどを目的とした「全国コロニー協会（現在の「ゼンコロ」）」のはじまりである。

その後，結核回復者のコロニーは全国に広がり，1961年には「全国コロニー協議会」が組織され，結核回復者福祉推進全国大会を開催するにいたる。この組織は，1963年には社団法人化し，「結核回復者全国コロニー協会」と名を改め，結核等内部障害者を身体障害者福祉法の適用対象に含める運動に取り組み始める。この運動は，1967年の身体障害者福祉法一部改正によって，呼吸機能障害と心臓機能障害が法律の対象となることで結実する。1968年には「全国コロニー協会」に1975年には「ゼンコロ」へと名称を変更している。

結核回復者のコロニーづくりは，実際には都市型の事業体として展開され，その実体は集落としてのコロニーとは異なっている。患者運動から生まれたコロニーは，「当事者主体」「民間性」「企業性」を手法に日本の障害者の雇用，労働，職業リハビリテーションに大きな影響を与えた。

（伊藤葉子）

▷8 Ⅵ-1 参照。

▷9 障害者自立支援法により都道府県，市町村に策定が義務付けられている。障害福祉サービス，相談支援などの必要量を見込んで計画を策定する。

### 参考文献

厚生省，1966，『厚生白書（昭和40年度版）』。

全国コロニー協会，1984，『全国コロニー協会10周年記念誌 開拓——コロニー建設20年のあゆみ』。

北海道立太陽の園・伊達市立通勤センター旭寮編，1997，『施設を出て町に暮らす——知的障害をもつ人たちの地域生活援助の実際（第7版）』ぶどう社。

北海道立太陽の園，2002，「年報平成13年度」。

社団法人ゼンコロ，2002，『人間回復の砦——次代のゼンコロ・インパクトをめざして』。

社会福祉法人宮城県社会福祉協議会，2002，「船形コロニー解体宣言」（http://www.miyagi-sfk.net/main/teigen_koroni.html）

社会福祉法人宮城県社会福祉協議会，2004，「みやぎ知的障害者施設解体宣言」（http://www.miyagi-sfk.net/main/teigen_shisetu.html）

独立行政法人国立重度知的障害者総合施設のぞみの園「ニュースレター」第28号（2011年4月1日発行）。

島田療育センター，2012，「小林提樹初代園長」（http://www.shimada-ryoiku.or.jp/intro/teijyu.html）

## Ⅵ 支援を支える制度：歴史的展開

# 5 所得保障制度

## 1 自立に必要な所得保障

　障害のある人が，権利として所得の保障を政府に求めてきたのは，親やキョウダイや配偶者などの家族に経済的な負担をかけたくないという気持ちからである。

　所得保障の方法は，社会保険や社会手当などのように権利性が強い制度と，**公的扶助**[41]のようにほとんど権利性がない制度の2種類に分けられる。親キョウダイなど家族に経済的な負担をかけたくないと思う人にとっては，権利性のない公的扶助では役に立たない。例えば現在の日本の公的扶助制度である生活保護法では，民法の親族扶養義務が優先されるので，親キョウダイや配偶者に充分な所得がある場合は，障害のある人は生活保護が受けられない。つまり，日本の生活保護法は，障害のある人に対して「あなたは家族にお金をもらって生活しなさい」と命じている法律である。したがって，障害のある人たちは長年にわたって，親キョウダイに経済的に頼らずにすむ「権利としての所得保障」を求めてきた。それが障害年金である。

## 2 障害年金制度のあゆみ

　政府が権利としての所得保障を最初に認めたのは，職務中に職場で身体障害を負った人たちに対してだった。1947年に制定された**労働者災害補償保険法**[42]では，業務上の傷病に対する補償が定められた。つづいて，1952年に制定された戦傷病者戦没者遺族等援護法では，戦争で身体障害を負った人たち（傷痍軍人）を対象として，更生医療と収容施設とともに，身体障害の程度に応じた障害年金が給付された。さらに，1959年に国民年金法が制定された際には，身体障害のある人たちが「軽度の人には雇用を，重度の人には年金を」という要求運動を行い，「障害国民年金」が制定されることになった。

　しかし，権利としての障害年金は，傷痍軍人や仕事をしていて身体障害を負った人など，「人生半ばで身体障害をもった人」に限られた。一方，子どもの頃から身体障害のある人たちは，保険料を払わずに受給できる無拠出制[43]の「障害福祉年金」を受給した。障害福祉年金は障害年金に比べると年金額が半額になる上に，本人や家族の所得が一定額を超えると受給できなくなるという世帯所得制限がついていた。

---

▶1　公的扶助
最低限の生活が可能なように，生活に困窮した人を国が税で援助する制度。公的扶助を受けるためには，「最低限の生活」が維持できないことを証明するために，資産と所得が厳しく調査されるし，親族に富裕な者がいれば扶助を受けることはできない。日本の公的扶助制度は，1874年の恤救規則に始まり，1929年の救護法を経て，1946年に生活保護法に改正されて，今日にいたっている。

▶2　労働者災害補償保険法
1947年の法制定当初は，業務上の傷病一般に対する保険給付を定めただけで，特に「障害」を対象とした給付はなかったが，1960年改正により「障害補償費」が制度化され，さらに1965年改正では「障害補償給付」に「障害補償年金」と「障害補償一時金」の2種類が規定された。

1984年の障害基礎年金制度の創設に際しては，この拠出制の障害年金と無拠出制の障害福祉年金との金額差を少なくしようということや，知的障害や精神障害のある人も身体障害のある人と同様の年金を受け取ることができるようにすることが，障害のある人たちとその家族から要望された。それは，障害のある人の多くが経済的にも生活面でも家族に頼って生活している状況があるなかで，少しでも家族から自立して生活する機会を望んでいたからである。家族に所得があると受給できない生活保護や無拠出制の障害福祉年金では，家族からの経済的自立のための所得保障にはならなかったのである。

　現在の障害基礎年金では，国民年金法で規定する障害に該当した場合に，保険料の未納期間が法律に定められた範囲を超えない限り，老齢基礎年金と同額の年金を受給できる。さらに重度の障害の場合は，その1.25倍の年金を受給できる。ただし，20歳未満で障害があり，基礎年金の保険料を拠出したことのない人たちについては2段階の所得制限があり，本人所得が一定金額を超えると受給が制限される。また，厚生年金に加入していた人は，障害基礎年金に加えて障害厚生年金を受給できる。

## 3 その他の所得保障

　障害基礎年金を制度上受給できない人（特定障害者）を救済するために，2005年度より特別障害給付金制度が制定され，障害基礎年金の6割程度の給付金が支給されている。しかし，特別障害給付金の支給対象は，「無年金障害者」のごく一部に過ぎない。例えば1982年1月以前に障害を持った在日外国人は障害年金が受給できない。また，保険料未納などによって無年金となっている人も少なくない。未納による無年金は自己責任だという考え方もあるかもしれないが，障害者雇用制度や障害者福祉制度など，さまざまな障害者制度は障害基礎年金の受給を前提に制度設計されているため，無年金の障害者は生活していく上でさまざまな制約を受けることになる。

　また障害のある子どもを養育する家庭には特別児童扶養手当があり，さらに重度の障害児の場合は障害児福祉手当が加算される。特別児童扶養手当は，1964年に制定された「重度精神薄弱児扶養手当」が，1966年の法改正で身体障害児も含めるよう名称変更されたものである。「重度精神薄弱児扶養手当」が1964年に創設されたのは，重度の知的障害と重度の身体障害が重複した「重症心身障害児」の養育が1960年代初めに社会問題となったためである。この時，重度障害児の親たちが国に要望したのは，「親亡きあとの子どもの世話」であり，そのための重度障害者施設の建設整備だった。国は，これを受けて施設建設計画をすすめるが，当面，「親の苦労に報いる」という観点から「重度精神薄弱児扶養手当」を創設した。

（杉野昭博）

▷3　社会保険による年金給付のうち保険料を支払った人たちが受給する年金を「拠出制年金」と呼び，保険料の支払い履歴がない人が受け取る年金を「無拠出制年金」と呼ぶ。どの国においても，年金制度が発足したばかりの時点では，保険料を支払っていない人が多数存在するので，無拠出制の年金受給が大量発生するが，年金制度の成熟とともに無拠出制年金は減少していくことが多い。障害者や女性は無拠出年金の受給者になりやすい傾向がある。

▷4　特別障害給付金の対象となる障害者のこと。国民年金への加入が任意だった時期に，国民年金に未加入のまま障害を持った人。具体的には1986年4月以前に国民年金に未加入のまま障害が発生した専業主婦と，1991年4月以前に国民年金に未加入のまま障害が発生した学生。

▷5　国連難民条約を批准するために，1982年1月より国民年金法の国籍条項が撤廃され，在日外国人も年金制度に組み入れられた。しかし，この時点ですでに障害者もしくは高齢者になっている人には年金支給がなされなかった。このため独自の特別給付金をこの人たちに支給している自治体もある。

▷6　Ⅷ-5 参照。

▷7　Ⅵ-3 Ⅵ-4 参照。

## Ⅵ 支援を支える制度：歴史的展開

# 6 障害のある人の雇用を支援する制度

▷1 産業技術の変化やIT技術は障害のある人にもさまざまな可能性をもたらしている。しかしそれは，必ずしも雇用の拡大に結びつくとは限らない。例えば農業が主体の社会では，「少し足が悪い」ことは職業上大きな障害であり，身体能力があれば軽度の知的障害など障害ですらなかった。しかし，産業の近代化は身体障害の人を働きやすくし，知的障害の人を働きにくくしたともいえる。

▷2 2001年に道路交通法が改正されるまでは，視覚障害のみならず大多数の障害者の自動車運転は一律に禁止されていた。例えば改正前の道路交通法第88条では，「精神病者，知的障害者，てんかん病者，目が見えないもの，耳が聞こえないものまたは，口がきけないもの」および「政令で定める身体障害のあるもの」には，「免許を与えない」と明記されていた。この時代は，上肢に障害のない一部の肢体不自由の人しか運転免許が取得できなかった。しかし，1993年の「障害者機会均等の実現に関する基準原則」の国連決議を受けて，日本政府も1999年より障害者の欠格条項の検討を開始し，さまざまな免許資格について，障害を理由に一律に禁止する「絶対的欠

## 1 障害と雇用

働くことには，お金をかせぐということ以上に，「社会とつながる」という意味がある。利潤追求が求められる現代の労働において，「仕事を通じて人とつながる」ということは実感しにくいかもしれない。「過酷な労働」は人間的なつながりを崩壊させ，むしろ社会的孤立を招くことも多々ある。それでも「労働」は，人とつながり，社会とつながるための重要な機会である。

例えば「労働」以外の「余暇」で私たちが社会とつながることはもっと難しい。無口で愛想が無く，特技もない人は余暇生活で多くの人と出会うことは望めないだろう。しかし，仕事を通じて多くの人と出会うことは，社交が苦手な人でも可能である。労働や雇用が重要である理由は，それが金銭収入をもたらすからだけでなく，社会参加の機会を幅広い人たちにもたらしてくれるからなのである。そうしたなかで，障害のある人は，雇用されないことによって現金収入の道を絶たれるだけでなく，社会参加の機会も制限されてしまうことが問題なのである。

障害のある人の多くが，仕事を通じて社会参加をして多くの人とつながりを持ちたいと願っているが，彼らが参加できる仕事はきわめて制限されやすい。IT技術やバリアフリーの進展によって，少しずつ障害のある人の仕事の機会は広がっている。それでも，さまざまな障害によって自動車運転免許を取得できない人は，職業選択の幅がきわめて制限される。また，聴覚障害や言語障害によりコミュニケーションに障害のある人も職業選択が大幅に制限される。そうした雇用されにくい障害のある人が仕事につきやすくするための制度が障害者雇用制度と就労支援である。

## 2 障害者雇用促進法と就労支援

1960年に身体障害者雇用促進法という法律ができ，従業員の1.1％の障害者を雇用することが事業主に義務づけられた。これは，専門用語では「強制雇用」や「割当雇用」と呼ばれる制度で，第二次世界大戦後のヨーロッパ諸国で，主として傷痍軍人のために作られた制度である。国際労働機関（ILO）が1950年代半ばに世界各国に対して割当雇用制度を推奨したこともあり，日本国内でも「重度者には年金を，軽度者には強制雇用を」と要求する身体障害者の声が

高まり，障害福祉年金制度と身体障害者雇用促進法が制定されたのである。
　この法律は1976年に改正され，**法定雇用率**が1.5%に引き上げられるとともに，法定雇用率を充足できない事業主に対しては「納付金」の徴収が課されるようになった。さらに1987年の法改正では，身体障害だけでなく知的障害も対象になり，法律名称も「障害者雇用促進法」に改められた。現在では，精神障害者も雇用の対象となり，法定雇用率は民間企業で2.0%となっている。障害者雇用が進まない企業に対しては，職業安定所による勧告や指導が行われ，それでも改善されない場合は企業名が公表される。また，法定雇用率を充足できない企業から徴収した納付金は，障害者を多数雇用している企業に対して「調整金」として給付するほか，障害者雇用のための職場改善費や職場介助者などをおいた場合に補助金として支給している。また，障害者の職業訓練費用としても使われている。
　障害のある人の就労支援は，一般の人と同様に職業安定所（ハローワーク）が行っている。職業安定所では，障害者就労担当の職員をおくほか，障害児学校や職業訓練施設や社会福祉法人などとも連携して支援を行っている。しかし，職業安定所による就労支援は，就職する上で比較的障害が少ないケースが中心になる。さまざまな配慮が必要な知的障害や精神障害の就労支援については職業安定所では限界があるため，就労支援と生活支援を一体的に提供できる「障害者就業・生活支援センター」が整備され始めている。

## ❸ 障害者雇用の問題点

　まず，現在の障害者雇用率制度への批判の声がある。市場重視の経済学の立場からは，強制的に障害者を雇用させるのは自由競争への国家介入であり，障害者雇用義務のある国と，義務のない国の企業間の競争が不均衡になると指摘されている。しかし，この問題は，障害者雇用率制度そのものを国際標準化してしまえば解消できる。一方，障害当事者からは，納付金制度は金銭と引き換えに「障害者を雇わない」ことを企業が正当化できる制度であるという批判がある。いわば，お金で買う「免罪符」のようなものである。これについては，雇用率未達成企業に対して職業安定所が厳しく指導することが求められる。
　現在の障害者雇用の最大の課題は，「一般雇用」と「福祉的就労」の線引き問題である。障害者の仕事は，労働法が適用されて最低賃金が支払われる「一般雇用」と，労働法が適用されず障害者総合支援法による「障害福祉サービス」として提供される「福祉的就労」とに法律上区別されるが，もともと無理な区別といえる。場合によっては，実質的に同じ仕事をしていても，それを一般企業の**特例子会社**で行えば最低賃金が支払われるが，福祉施設や障害者作業所で行えば1ヶ月数千円の工賃しか支払われないという矛盾が生じることもある。

（杉野昭博）

格」から，個別ケースについて判断する「相対的欠格」へと見直しを始めたが，障害のある人にとって自動車免許の取得が容易でない点は変わっていない。

▷3　Ⅵ-5 参照。

▷4　法定雇用率
障害者雇用促進法により事業主に義務づけられる雇用すべき障害者数の全従業員に占める割合。2013年現在，民間企業が2.0%，特殊法人は2.3%，国と地方公共団体2.3%，都道府県等の教育委員会が2.2%となっている。

▷5　特例子会社
企業が法定雇用率を満たすために，障害者を多数雇用することを目的に設置した子会社。障害者雇用促進法で特例子会社として認められると，この子会社の障害従業員はグループ企業全体の障害者雇用率に算入できるため，大手企業を中心に設置されている。

Ⅵ　支援を支える制度：歴史的展開

# 7　国際障害者年と自立生活運動

## 1　国際障害者年のいわれ

　国連は，1976年の総会で1981年を国際障害者年（IYDP）とすることを決定した。これは，1971年に「知的障害者の権利宣言」が，次いで1975年に「障害者の権利宣言」が採択され，障害者が多様な活動分野でその能力を発揮できるよう援助し，普通の生活に統合できるよう促進することへの要請が高まったことによる。特に開発途上国においては障害者問題が政策的に手つかずで残される面もあり，本格的に障害者の社会統合を推進すべきという声は開発途上国の代表から持ちあがった。1978年には国連内に発足した諮問委員会が「完全参加と平等」というテーマを打ち出し，単なる行事ではなく国家事業の進展としてフォローアップすることを勧告した。国連が各国に対して実行を勧めた案は36項目にのぼり，それは国内委員会の組織化から重度障害者への生活の場提供の計画推進，そして支援専門職の養成にいたるまで多岐にわたっていた。▷1

## 2　国内障害者団体の動き

　日本国内では，当初政府レベルの動きは鈍く，1980年になって中央心身障害者対策協議会を国内委員会とすることが決定されたものの，障害者施策を再検討するような動きは見られなかった。民間レベルでは，同じく1980年に関係60団体が集まって「国際障害者年日本推進協議会」が発足した。▷2 これに対する国内の各種障害者団体の受け止め方はさまざまで，「日本障害者団体連合会」は積極的参加を表明，知的障害関連の「日本手をつなぐ親の会（全日本育成会）」は身体障害に偏ることへの懸念を表明，「全国障害者問題研究会（全障研）」やそのきょうだい組織である「障害者の生活と権利を守る全国連絡協議会（障全協）」は独自の「行動計画」を発表した。「全国障害者解放運動連絡会議」はその評価を揺るがせつつも当時の社会党・総評と共闘して前述の推進協議会に加盟し，ロビー活動を行った。その他共産党も党提案を発表するなど，この時期の障害当事者運動は，それまで日常的に交流のなかった労働組合や他の市民運動とパイプを作り相互調整や政策実現のノウハウを学んでいった。▷3

## 3　自立生活運動という用語

　障害当事者による「自立生活運動」という用語は，この国際障害者年前後を

▷1　小島蓉子，1982，『国際障害者福祉——これからの我が国の障害者福祉』誠信書房。

▷2　1993年4月，「国連・障害者の10年（1983〜1992）」が終わるのを機に，名称を「日本障害者協議会（JD）」と改め，新たにスタートした。現在，JDは日本の主要な障害者関係団体からなる日本障害フォーラム（JDF，2004年10月設立）の構成団体として，より広い立場からその一翼を担い，活動を進めている。

▷3　杉本章，2008，『障害者はどう生きてきたか——戦前・戦後障害者運動史［増補改訂版］』現代書館。

契機に主に北米のIndependent Living Movementの考え方と方法を日本に移入し広がっていったものとする見方がある一方で，日本で1970年代から脳性マヒのある重度障害者を中心に，親にも施設にも頼らない地域での暮らしを求め展開していた運動を「自立生活運動」のルーツとみる見方もある。これらの議論は，国際障害者年以降の北米型自立生活運動の「移入」をもってわが国の自立生活運動が急速に展開したとする論調が広まった後に，あらためてそれ以前からの当事者運動の実際の検討が深化し論じられるようになったという面もあり，単純に正否を論じることはできない。

▶4　廣野俊輔，2011，「自立生活の意味をめぐる3つの立場について――1970年代の議論を中心に」同志社大学社会学会『評論・社会科学』96。

　北米型の「障害者自立生活」の核心は，障害者自身がサービス利用者として介助サービスを購入し，たとえ日常生活遂行において全面的な介助を受ける重度の障害者であっても，主体的に制度を活用し，自らの生活を自己決定しながら生きぬくことをもって「自立」としたことにある。従来の経済面および日常生活動作に焦点を当てた自立の考え方とは一線を画すものである。サービス提供者と受給者の関係のあり方に対しても一石を投じるものであった。「黒船」（外圧）としての国際障害者年が，こうした北米型のIL運動移入と定着に果たした役割は大きく，それは80年代全体を方向付けるような出来事でもあった。

## 4　行政と当事者の相互作用

　1949年の身体障害者福祉法制定以来，厚生省がほぼ5年ごとに行ってきた全国身体障害者実態調査は，障害者を施設におしこめるためのものであるという障害当事者団体からの批判によって，1975年には14の都府県市で実施不能の事態になっていた。国際障害者年を翌年に控えた1980年には，何としても実施をすべく，当時の厚生省はいくつかの障害者団体と話し合いを重ねた。障害者団体側でも賛成派と反対派に意見が分かれたものの，数十回にわたる厳しい交渉の末，1980年調査は何とか実施にこぎつけた。その時のやりとりから，厚生省は同年，社会局内に「脳性まひ者等全身性障害者問題研究会」を発足させた。これは行政と学識経験者そして障害当事者団体が同じ土俵で議論をしたという点で当時としては前代未聞の画期的な研究会であった。1982年にはこれを発展させて厚生大臣の私的諮問機関「障害者生活保障専門家会議」を設置，1983年には障害者の所得保障制度全般にわたる見直し提言の報告書を厚生大臣に提出した。政府は，ここでなされた提言に基づき1984年に障害基礎年金を創設する年金法改正案を国会に提出し，これは1985年に成立している。つまり国際障害者年と相前後して，このような当事者と行政の協働が生まれ，それが政策に影響を及ぼしたといえる。

▶5　河野康徳，1984，「自立生活を考えるてがかり」仲村優一・板山賢治編『自立生活への道――全身性障害者の挑戦』全国社会福祉協議会。

## 5　北米自立生活運動の情報伝播と交流

　アメリカの自立生活運動は，1970年代後半に日本に伝えられた。アメリカで

は1978年にリハビリテーション法に自立生活に関する1章を加え，リハビリテーションの名のもとに雇用を目的としない自立生活プログラムを初めて認めた。これは制度を利用しての「自立生活」が理念として認められる画期的な出来事として受け入れられた。

こうした動きを察知しつつ，当時東京近辺のリハビリテーション専門職者はそれぞれの分野が孤立して活動していた状況にかんがみ，70年代半ばより横のつながりを求めてリハビリテーション関連のセミナーを実施し始めた。そして国際障害者年にあたる1981年，「国際」の文字を頭に着けた国際リハビリテーション交流セミナーを開催することになった。ここには北米で「自立生活の父」と呼ばれることになるエド・ロバーツも参加しており，また，英国障害学の基礎を築いたヴィク・フィンケルシュタインを招く計画もあった。

また国際障害者年をきっかけに，ダスキン・フードインダストリーがミスタードーナツ出店10周年を記念して，5000万円を出資して「広げよう愛の輪基金」を設立し，1981年から障害者リーダーの海外派遣事業が行われるようになった。これは同社が1976年から取り組み始めていた障害者福祉の流れに位置づき，留学に関する実務は日本障害者リハビリテーション協会が担当した。派遣された障害者の多くはカリフォルニア州バークレーの自立生活センターでの研修を経て当事者運動のパワーと成果に大きな影響を受け，日本に伝える役割を担った。彼らが特に着眼したのは，①バークレーにおける市民の意識，②交通やバリアフリーのあり方，③自立生活センター（CIL）の組織とサービス，④アテンダントのあり方である。特にこのアテンダントとの関係，すなわち自立生活を営む障害者自身が介助者の雇用主であるということは，日本の障害者に衝撃を与えた。ここで北米型の自立生活運動を学んだ多くの障害当事者たちは，後に日本で自立生活センターを立ち上げ運営していくことになる。

その後この海外派遣事業で北米の自立生活運動や自立生活センターの実際に触れた参加者が，北米の障害者リーダーを日本に招くという交流をきっかけに日米障害者交流セミナーが開催された。これは，1983年3月に東京セミナーから始まり，神奈川，愛知，大阪，京都，北九州，そして再び東京と巡回した。このセミナーを通して整理された日本の課題としては，①所得保障の充実，②住宅問題，③交通アクセスの問題，④介助保障問題，⑤運動体の統一に関する問題があった。

## 6 障害者団体の団結

1984年には京都に日本自立生活センターが，そして1986年には，東京にヒューマンケア協会が設立され，日本において本格的に北米型の自立生活センターがスタートした。一方，1989年に社会福祉の専門職が始めた「自立生活問題研究会全国集会」は，1991年に開催された第3回集会から全国自立生活セン

▶6 自立生活センターとは，障害種別を問わず権利擁護，介助サービス，自立生活プログラム，ピアカウンセリングなどを提供するもので，運動体でありかつ同時に事業体であることを目指す。その運営委員の過半数と事業実施責任者が障害当事者である。2012年10月末現在全国自立センター協議会加盟のセンターは全国に125ある。

ター協議会（JIL）によってその運営をひきつがれることになった。障害当事者団体の中にもさまざまな主張があり，必ずしも一致して運動を展開してきたわけではない。そうしたなかで，障害当事者団体の大同団結を促進する会となっていった。その後，この研究会は，障害当事者の手によって第8回の東京集会で「自立生活研究全国集会」と名称を変更した。

▶7 樋口恵子, 2001,「日本の自立生活運動史」全国自立生活センター協議会編『自立生活運動と障害文化——当事者からの福祉論』現代書館。

## 7 自立生活運動と社会リハビリテーション

　国際NGOであるリハビリテーションインターナショナルでは，カナダのウィニペグで1980年の第14回世界会議が開かれたときに44ヶ国から300有余名の障害当事者が参集したが，専門家主導の会議運営に異を唱えて，障害者自身による世界的組織設立を目指すことが唱えられた。そして，これら当事者たちが，翌1981年の国際障害者年にシンガポールにて障害者インターナショナル（Disabled Peoples' International：DPI）を結成することになる。リハビリテーションインターナショナルの側でも，1986年に規約が改正され，地域委員会の副会長または次席副会長のいずれかへの障害者の参加を確約している。DPIの日本会議は，国際障害者年日本推進協議会が支援し，1986年に結成されて，当初は「障害者の生活保障を要求する連絡協議会（障害連）」の事務所にオフィスをかまえた。「私たちのことを抜きに私たちのことを決めるな」という理念の根本が明示され始めた時期といえよう。

▶8 三沢了, 2001,「同じ頸損仲間の運動から障害種別・国境を超えたDPIの運動へ」全国自立生活センター協議会編『自立生活運動と障害文化』現代書館。

　「リハビリテーション」というと，主として障害者の個人変容を目指すものであり，積極的に社会保障制度を使い，あるがままの姿での地域生活を目指す自立生活運動の理念とは相反するというイメージがあるかもしれないが，80年代を中心にその定義の変遷を経た「社会リハビリテーション」には，ある意味で障害者運動と親和的であろうとする姿勢が見られた。1978年には，「社会リハビリテーションとは，「障害者の人権の普遍性と障害が生活に及ぼすニードの特殊性の両面をふまえ，障害者が健全な社会の成員として名実ともに統合される社会づくりに向かうものである」と表現され，社会への働きかけを強調していた。

▶9 小島蓉子, 1978,『社会リハビリテーション』誠信書房。

　その後，1982年の「国連障害者に関する世界行動計画」において，①予防，②リハビリテーション，③機会均等化と三本柱の整理が行われ，社会への働きかけはリハビリテーションではなく，機会均等化の中で行うと提起されたことを背景に，1986年のリハビリテーションインターナショナルによる社会リハビリテーションの新定義は個人対応に変化している。すなわち「社会リハビリテーションとは，障害者が社会生活力を身に着けることを目的とするプロセスである」というものである。

（小山聡子）

## Ⅵ 支援を支える制度：歴史的展開

# 8 在宅ケアを支える制度の成り立ち

## 1 在宅での生活に必要な介助

　家族の世話になり肩身の狭い思いを強いられてきた重い障害がある人は，1960年代になると一生を過ごすことができるような入所施設を要求した。この時期，障害者にとって在宅ということばは，「行き場所がない」ことを意味しており，入所施設の増設という要求は障害者運動の内部にもかなりあった。

　しかし，実際に入所施設で生活をしてみると障害がある人にとって理想郷ではないことが明らかとなった。立地場所が不便であることやプライバシーが保てないこと，外出や食事，排泄に関する規則が多いことに対して入所者は不満を高めた。こうした経験から再び地域の中で暮らしたいという要望が出てくる。しかも以前の親元での暮らしとは異なり独居ないしは配偶者や子どもとの暮らしを求めたのである。こうした暮らしが自立生活と呼ばれる。

　しかし，障害がある人が地域で暮らすためにはさまざまな資源が必要である。例えば働くことができない場合には所得の保障が必要である。この所得保障とならんで必要とされていたのは介助の保障である。

## 2 介護人派遣事業の登場と発展

　1960年代末から1970年代にかけて自立生活を始めた障害がある人が最初に介助の担い手としたのは彼らの運動に共感した人々だった。多くの障害がある人は大学生を中心に介助者の募集をしたのである。しかし，こうしたやり方ではいくつか問題が出てくる。まず，常に多くの介助者を集める努力を個々人がしないといけない。呼びかけにたくさんの介助者が応じてくれる人もいれば，そうでない人もいる。もうひとつは介助する側の生活の保障である。大学生の間は無償でも何とかなるかもしれないが，職に就くために介助を辞めざるを得なくなる。

　このような無償の介助の限界をかなり早い段階で気づいていたのが，新田勲である。新田は**府中療育センター闘争**を経て在宅での生活を実現すると，介助の公的な保障を求めて1988年に「**公的介護要求者組合**」を結成し，現在まで闘ってきた。その彼が最初に勝ち取ったのは，東京都の制度である「脳性マヒ者等全身性障害者介護人派遣事業」である。この制度が初めて導入された時には，月当たりの派遣回数は4回で単価は1回当たり1760円だった（総額7040円）。

▶1　ここで述べる介助制度は現在のものではなく，2003年に支援費制度が開始される以前のものである。

▶2　府中療育センター闘争
府中療育センターは1968年，東京都に設立された障害者施設。身体障害者，知的障害児・者，重症心身障害児を収容した。その規模と最新の設備から「東洋一」といわれたが，劣悪な環境と支援に対して，入所者が抗議活動を起こした。

▶3　公的介護要求者組合
障害者の介護をする人の生活を保障するための制度を充実することを求めて活動した団体。各地における障害者の介護制度の充実に貢献した。

▶4　新田勲, 2009,『足文字は叫ぶ！』現代書館を参照。

▶5　後に「脳性マヒ」という部分が削除され，他の障害者も対象となる。

表VI-8-1　東京都と大阪市の推移

| 東京都 | 単価（円） | 回数（回） |
|---|---|---|
| 1974年 | 1,760 | 4 |
| 1980年 | 3,090 | 6 |
| 1985年 | 3,810 | 11 |
| 1990年 | 4,430 | 20 |
| 1992年 | 5,270 | 26 |

| 大阪市 | 単価（円） | 時間 |
|---|---|---|
| 1986年 | 650 | 12 |
| 1990年 | 1,150 | 75 |
| 1992年 | 1,290 | 126 |

高橋修, 1992,「介護保障をめぐる動き」『自立生活Now 1992』37-42。

制度を認めた当時の東京都は今日のような24時間の介助を想定していなかっただろうが，この制度が発達し重度障害者の自立生活を支える重要な資源となる。この制度は大阪市，埼玉県，札幌市と次々に拡大し，次第に時間数・単価ともに高くなっていく。表VI-8-1は東京都と大阪市における全身性障害者介護人派遣事業の月当たりの回数（大阪市は時間）と単価の変化である。

## 3　自薦登録ホームヘルパー

在宅の障害者が利用できる介助サービスとしては，全身性障害者介護人派遣事業の他にもホームヘルパー制度がある。ホームヘルパー制度がはじめて全国的な福祉制度として登場するのは，老人福祉法である。続いて身体障害者福祉法に1967年に規定された。当時は，この制度を利用して自立生活を送るというよりは，家族の世話を受けながら暮らしている身体障害者の手助けをする制度として想定されていた。しかし最初は貧弱だったこの制度も，地域格差はあったが次第に充実してきた。特に自薦登録ヘルパーの派遣が障害がある人の自立生活に果たした役割は大きい。自薦登録ヘルパーの派遣とは，ホームヘルプ事業のなかのひとつの方式の名前である。ホームヘルプ事業は通常，市と障害者との話し合いで決まった時間と回数のホームヘルパーを派遣する。派遣されるヘルパーは常勤の職員・非常勤職員・登録しているヘルパーという3つのケースがある。特定の障害がある人をよく知っている人を介助者として登録し，その介助者を当該の障害がある人だけに派遣するのが自薦登録ヘルパー派遣という方式である。この方式であれば，障害がある人からすれば自分のことをよく知っている人による介助が受けられ，介助者からすれば見知らぬ人の介助を割り当てられない。介護人派遣事業も自薦式登録ヘルパー方式も両方使える市もあり，これらの制度によって重度障害者の自立生活は飛躍的に発展し，2003年の支援費制度を経て，現在は自立支援給付の重度訪問介護へと制度上は一本化され，自治体間の格差は解消されつつある。

（廣野俊輔）

▷6　知的障害者福祉法や精神保健及び精神障害者の福祉に関する法律においてホームヘルパー制度が規定されるのは1990年代である。

▷7　現在の障害者総合支援法では，ホームヘルパーには資格や研修が義務づけられ，派遣する事業所にも要件が定められているので，障害のある人が自分専用のヘルパーを育てる「自薦登録ヘルパー」のような方法はとりにくくなっているが，在宅の重度障害者に長時間のサービスを提供する「重度訪問介護」については20時間の研修で従事できるので，かつての自薦登録ヘルパーと似た方式でおこなうこともできる。

## VI 支援を支える制度：歴史的展開

# 9 精神障害者のための制度
## 医療・年金・就労

▷1　精神保健福祉法（▷7参照）第5条によれば，精神障害者とは「統合失調症，精神作用物質による急性中毒又はその依存症，知的障害，精神病質その他の精神疾患を有する者」とされている。疾患名の列挙で典型的な医学モデルであるが，「その他の精神疾患」という曖昧な部分もあり，診断する医師によって判断が異なってくるということが生じている。

▷2　江戸期にオランダを介して紹介された西洋医学が「蘭方」と称されたのに対して，こうした伝統的な医学を「漢方」と呼ぶようになったものである。

▷3　小俣和一郎，2005，『精神医学の歴史』第三文明社。

▷4　小俣和一郎，2005，『精神医学の歴史』第三文明社；兵頭晶子，2010，「『水治療』からは見えないこと」橋本明編著『治療の場所と精神医療史』日本評論社，pp.159-181；中村治，2010，「精神病者預かりを可能にしたもの」橋本明編著『治療の場所と精神医療史』日本評論社，pp.183-210。

▷5　「主君押込め」などのように，精神障害者に限定したものではないことに注意。

### 1 江戸期までの精神障害者の処遇

日本への西洋近代精神医学の本格的導入は明治期になってからであるが，それ以前は漢方医学の下でも精神疾患の研究や治療が試みられていた。漢方医学とは元来は紀元頃に中国で体系化された経験医学として，大陸から直接，または朝鮮半島経由で導入され，その後日本で独自に発展を遂げたものである。

漢方医学では「癲狂」という精神病概念が使用されていたが，大宝律令（701年）にこのことばがすでに用いられているように，漢方医学において精神疾患は「病」として認識されていたといえる。一方で，「もののけ」や「狐憑き」など人智を超えた存在によって精神疾患が引き起こされるという民間信仰も根強かった。そうした悪しき存在を患者の身体から「洗い流す」水の効用に着目した滝療法が，山岳信仰や密教信仰と結びつき，京都岩倉大雲寺や富山大岩山日石寺などの密教寺院で実践されていた。

江戸時代になると，「吐き方」や薬草を用いた漢方医学による精神疾患の治療や，実証的な研究も展開されていた（こうした立場は古方派と称された）。また，仏教寺院においてはそれぞれの宗派の考え方に応じた治療が行われていたのであるが（真言宗は滝療法，浄土真宗は薬草や灸による療法，日蓮宗は参籠しての読経療法など），今日の精神科病院のルーツがそうした宗教施設であるケースが少なくないことは案外知られていない。江戸時代には乱心者などを閉じこめる「座敷牢」という制度もあったのだが，他方ではこうした寺院などにおいて精神障害者を受け入れ，治療が試みられていたのである。

### 2 明治以降の処遇

明治になってから，西洋医学の考え方の下に精神科病院が民間中心に設立されていくが，その絶対量は明らかに不足していた。それを補う形になったのが「私宅監置」制度である（1900年精神病者監護法）。この制度は，無認可で行っていた座敷牢を法律化したもので，家庭内に精神障害者を「押し込める」ことを法的に認めたものであった。西洋諸国にも例を見ない日本独自の制度であり，成立当初から批判が多かった。1919年には精神科病院不足解消を意図して精神病院法が制定されるが，（公立）病院数がたいして増えることはないまま敗戦を迎えることになる。数少ない精神科病院（民間中心）も当時の医療レベルで

は退院まで結びつけるのは容易ではなく，長期入院が常態化した。江戸時代までとは異なる「隔離収容主義」的な傾向が色濃くなってきたといえる。

戦後の1950年に精神病者監護法，精神病院法がともに廃止され，精神衛生法が制定される。これによって精神障害者の処遇の場は医療機関に一本化されることになった。以降，精神衛生法は何度か改正されて今日にいたるのであるが，初期の特徴としては，医療が重視されて福祉的発想が乏しかったこと，精神疾患に対する偏見もあって退院後の地域生活を支える支援が少なく，伝統的な家族観の下，退院後の生活は家族に押し付けられがちであったこと，よって家族が退院患者の受け入れを拒否したり，家族がいなければ，退院できない，あるいは退院を諦めざるを得ないという状況（社会的入院）をもたらしたことなどがあげられる。それら負の遺産の払拭が今日においても課題になっている。

精神障害者への福祉サービスが制度化されたのは1987年の精神保健法からであり，法的に「障害者」に位置付けられたのは，1993年の障害者基本法からであるに過ぎない。その間，他の障害者領域では福祉サービスの充実が進んだ分，この面で「立ち後れ」と他との「格差」が生じてしまったといえる。社会的入院解消の方向に大きく政策の舵が切られたのは近年のことであり，2004年「**精神医療保健福祉改革のビジョン**」のなかで，2013年までの10年間で社会的入院者7万人を解消することが目標とされた。

精神障害者は，まさしく明治以降の精神医療政策の犠牲者ともいえるのであり，そのことへの反省に立ち，今後は必要に応じた良質な医療の提供と，地域での当たり前の暮らしを支えるシステム作りの構築に努力していくことが求められる。それは，今日に生きる私たち全員の義務であろう。

## ３ 入院制度と自立支援医療

精神症状が急性期にある場合に，自己の病状について客観的に判断するのが難しいことがある。そのために**精神保健福祉法**では，自発的入院（任意入院）以外に4種類の強制入院（措置入院，緊急措置入院，医療保護入院および応急入院）が制度化されている。前二者は行政命令による強制入院であるのに対して，医療保護入院は家族等の同意が前提になっており，「精神障害者の面倒は家族が見る」という伝統的な家族観から切り離されていない。強制入院制度には，自分の症状を正しく判断することができない場合であっても迅速に治療を開始する必要があるという医療的な要請からできているが，同時にそこには社会的，文化的な価値観が根底にあること，それには人権上の問題をはらんでいることを知っておくべきであろう。

国連の「精神疾患を有する者の保護および精神保健ケア改善の諸原則」（1991年）には，「可能な限り自己の居住する地域社会において治療およびケアを受ける権利」を有することが強調されている。日本の法律で許容されている

▷6 **精神医療保健福祉改革のビジョン**
厚生労働省の精神保健福祉対策本部が提示したもので，精神保健福祉施策の改革に向けての指針になっている。大きく「国民意識の変革」，「精神医療体系の再編」，「地域生活支援体系の再編」，「精神保健医療福祉施策の基盤強化」の柱から構成され，「入院医療中心から地域生活中心へ」の理念が打ち出された。

▷7 **精神保健福祉法**
正式名称は「精神保健及び精神障害者福祉に関する法律」で1995年に制定された（2013年最新改正）。戦後の法律は，精神衛生法（1950年）→改正精神衛生法（1965年）→精神保健法（1987年）→精神保健福祉法（1995年）という流れになる。精神衛生法が改正のたび，名称を変えたという体裁になっていることに注意。

▷8 自傷他害の恐れがあると精神保健指定医（指定医）2名が診断した場合（措置入院），緊急を要するために指定医1名のみの診断で72時間限り（緊急措置入院），それぞれ都道府県知事の責任によって入院させることができる。自傷他害の恐れがないが，医療保護のため入院が必要と指定医が診断した場合，家族等（▷9参照）の同意があれば医療保護入院となる。また，この場合で家族等の同意が得られない時は72時間を限って入院させることもできるとされる（応急入院）。

▷9 それまでは，自傷他害の恐れはないが入院治療

ことだとしても、家族等の同意による強制入院は自尊心を損ね、本人と支援者や家族との信頼関係構築を困難にしてしまうことが避けられない点は留意すべきであろう。

入院によらない場合は、通院（外来）治療になる。その際に要する費用について障害者総合支援法の自立支援医療制度が適用可能である（所得制限があり、毎年更新の手続きが必要）。これが適用された場合には1割の自己負担になるが、自治体によってはこの自己負担分についても公費負担制度を設けている場合がある（それによって居住地による格差の存在という問題が生じている）。

なお、先述のように長期入院・社会的入院を解消すべく、2008年より「精神障害者地域移行支援特別対策事業」が開始されている（2010年より「精神障害者地域移行・地域定着支援事業」と改称）。さらにそれは、2013年度より障害者総合支援法による**個別給付**として位置づけられることになった。しかし、長期入院や社会的入院の解消は、精神障害者が安心して地域で暮らしていくことを支えるさまざまなシステム構築や啓発活動を抜きにして語れないのであって、一人一人の障害者を支援することを念頭に置いた個別給付のみで果たしてそこまでの実践・事業をカバーできるのかという問題が残る。

## 4 年金

地域生活を送る上で重要になるのが経済的基盤の確立であり、その意味で何らかの収入源の確保が欠かせない。就労による収入確保に加えて、年金と生活保護受給が経済的な拠り所になる。精神障害者の年金制度は、身体障害者などのそれとまったく同一で、障害基礎年金（国民年金法）、障害厚生年金（厚生年金保険法）、障害共済年金がある。身体障害者の場合は、国民年金法などの障害等級と身体障害者手帳のそれとは異なるのだが、精神障害者の場合は**精神障害者保健福祉手帳**の等級が国民年金法のそれにほぼ準拠した内容になっている。なお、障害基礎年金には3級がないために、手帳の3級に相当する軽度精神障害者で厚生年金等に加入していない（国民年金のみ加入の）場合は、無年金となってしまう、という問題がある（障害厚生・共済年金には3級あり）。

年金制度は原則、その年金保険加入者を支給対象にしている。しかし、思春期から発病することの多い統合失調症などの場合は、20歳以前に初診日があることが少なくない。国民年金は20歳からの加入になるので、その場合には**無拠出年金**の対象になる（初診日より1年6ヶ月経過したときに障害等級の1級か2級の状態にあることが要件）。ただし、20歳前に発病しても初診が20歳以降になることも多く、年金保険料を納付していない場合は受給資格を得られないことも生じる。一方で、20歳以前に初めて受診していても長期入院の間にカルテが失われてしまい、受給する意思を固めても初診日の確認ができないということも起こる。これらの結果、障害者年金を受給できない精神障害者が少なくない。こ

---

の必要があるという精神保健指定医の診断と「保護者の同意」が要件であったが、2013年の精神保健福祉法改正で保護者制度が廃止されたことに伴い、後者は「家族等の同意」に変更された。「保護者」とは一般に言うそれではなく、同法上の制度であり、精神障害者に治療を受けさせ、財産上の利益を保護する義務が課されていた（任意入院、通院患者の場合は除く）。その負担は大きく、家族などから保護者制度廃止の訴えがされていた。なお現行の要件でいう「家族等」には「配偶者、親権者、扶養義務者、後見人又は補佐人、のうちいずれか」とされている。

▷10 岡崎伸郎、2009、「精神保健福祉法の根本問題」岡崎伸郎編著『精神保健・医療・福祉の根本問題』批評社、pp.31-59。

▷11 精神障害者には人権的に特別な保護が必要という観点から、1991年12月に国連総会で決議された。しかし、内容が医学モデル的であり、強制入院を認めていることなどに対する批判がある。

▷12 障害者権利条約第14条「身体の自由及び安全」では、「いかなる場合においても自由の剥奪が障害の存在により正当化されない」とされており、強制入院制度はこれに違反するという見解もある。そもそも、障害者権利条約第14条は、精神障害者による強制入院への批判とその解消に向けた精神障害者による運動から生まれたとされている。

れは，障害年金の支給要件が後天的に生じる身体障害を前提としており，精神障害者の実態と制度要件が一致していないことが原因であり，そのために精神障害者が障害年金を受け取れず，経済的困窮に陥って幸福に生活する権利が侵害されるのであれば，まさしく本末転倒といわざるを得ない。

## 5 就労

働くということは単に収入を得るための手段にとどまらず，社会参加や自己実現などの意義もある。精神障害があっても働きたい，一般就労したいという思いがあるのは当たり前のことである。しかし，疲れやすい，体調に波があるといった精神障害特有の事情ゆえに，あるいは長期入院の弊害で社会的能力に制約が生じていることや，社会・雇用側の偏見や誤解もあって，精神障害者の就労はハードルが高いのも事実である。しかし，さまざまな就労支援メニューが用意されるようになり，それらを利用する精神障害者も増えてきている。

現在，障害者共通の就労支援のメニューの中で精神障害者が利用可能なものを列挙すれば，障害者就業・生活支援センターやハローワークでの相談支援（精神障害者雇用トータルサポーター[16]が配置されているハローワークがある），職場適応援助者支援事業（職場にジョブコーチが出向いて，精神障害者および企業に対し，職場で生じるさまざまな課題解決を支援する）などがある。企業側に対する働きかけとしては，障害者試行雇用（トライアル雇用）事業（企業が精神障害者を試行的に短期間受け入れることにより，常時雇用につなげていく），精神障害者単独メニューとして，ハローワークの職員が精神科病院等に出向いて就職活動に関する知識や方法についてガイダンス等を実施する事業，3ヶ月から1年程度の期間をかけて段階的に就業時間を延長しながらフルタイムでの勤務を目指す企業への奨励金（精神障害者等ステップアップ雇用奨励金）などがある。

上記以外に，精神保健福祉法第50条の社会適応訓練事業（職親制度ともいい，通院中で症状が安定している場合，理解のある企業において半年単位で最長3年の間，訓練を受ける。本人には訓練手当，企業には委託料が支払われる）や，障害者総合支援法の就労移行支援や就労継続支援事業所の利用も可能である。

なお，精神障害者保健福祉手帳所持者は「障害者の雇用の促進等に関する法律」における法定雇用率制度のカウント対象になっている[17]（短時間雇用の場合は0.5人で計算）のだが，同法本文（第37条など）には「精神障害」ということばは出てきておらず，それはあくまでも運用上の対応にすぎなかった。ここにも他障害との「格差」があるといわざるを得ない。ようやく2013年になって同法が改正され，「精神障害」が同法本文上に明記されるに至った。それによって単なる「運用」ではなく，名実共に他の障害者と雇用促進の面でも同列に並んだといえる（ただし，精神障害者を受入れる企業側の準備を考慮してその実施は2018年4月からになっている）。

（松岡克尚）

▷13 **個別給付**
障害者総合支援法において，障害者個人に支払われる給付を意味する。サービス提供事業者側から見れば，障害者の利用があってはじめて当該事業所の収入になる。

▷14 **精神障害者保健福祉手帳**
精神保健福祉法第45条に規定され，1級から3級まである。ただし，身体障害者手帳と違い，手帳を有していなければ精神障害者として認められないというものではない。さまざまな理由で手帳を取得していない人は多い。2006年からは顔写真添付が必要になった。2年ごとの更新制である。手帳所持者に対する交通機関の割引サービスなどが身体障害者手帳所持者などと比べて少なく，この点でも障害種別間「格差」になる。

▷15 **無拠出年金**
保険料を納付したことがない人が受給する年金。障害基礎年金の場合は，無拠出年金には2段階の所得制限があり，所得が一定以上になると支給停止される。VI-5 参照。

▷16 **精神障害者雇用トータルサポーター**
ハローワークにおいて，精神障害者求職者に対するカウンセリングや精神障害者を雇用している，あるいは雇用しようとしている事業主への助言等を行っている。2008年度より置かれた「精神障害者就職サポーター」を2011年に改組したもの。

▷17 VI-6 参照。

## Ⅵ 支援を支える制度：歴史的展開

# 10 ADAと障害者権利条約

## 1 ADAの沿革

ADA（Americans with Disability Act）は，アメリカ合衆国における公民権法のひとつであり，日本では「障害を持つアメリカ人法」や「アメリカ障害者法」などと訳される。1990年に制定され，2008年に改正された。2010年には制定から20年がたち，ホワイトハウス前の庭園で開催された記念祝典において，バラク・オバマ大統領がADAの意義を称えると同時に，障害者に対する差別のない社会，障害者も等しくアメリカン・ドリームを追求できる社会の実現を目指す「大統領宣言」を布告した。こうした「待遇」から理解できるように，同法はアメリカでは敬意と誇りの対象になっていると解釈できるだろう。実際にこのADAは，国際的にも大きな影響を及ぼすことになった。

アメリカでは歴史的経緯からアフリカ系の人たちに対する差別が根強く残っていた。それに対して1950年代から公民権運動が生じ，1964年に公民権法（The Civil Rights Act of 1964）が制定されるに至った。アメリカ社会でマイノリティとされている人々の権利を制度的に保障する上で，同法は金字塔といえるものである。公民権法は，公共的施設・雇用・住宅・教育などでの，人種，性別，宗教などを理由とした差別を禁止するが，しかし障害はそこに含まれていなかった。その代用的な役割を果たしたのがリハビリテーション法であり，同法には障害者差別の禁止が定められていた。ただその適用範囲は狭く，連邦政府機関，連邦政府から補助を受けている企業や一定金額以上の契約関係にある企業に限定されていた。こうした制約を乗り越える形で登場したのがADAなのである。なお，ADA制定にいたるまでにはアメリカの障害者運動が大きな役割を果たしたことが指摘されている。

## 2 ADAの主な内容

障害者の社会参加にかかわる広範な分野における包括的な差別禁止と「合理的配慮」がADAの二大ルールとされる。ADAによって初めて明文化された「合理的配慮」とは，「有資格障害者」の雇用において職場の環境を調整することであり，例えば車いす利用者の従業員のためにエレベーターを設置する，聴覚障害者を採用する際にファックスを用意する，疲れやすい精神障害者の勤務時間を短縮する，などがこれに当たる。これらが企業に過度の負担にならない

▶1 ADAが権利保障と差別禁止を中心におく公民権法に含まれるのか，障害者支援サービスを定めた福祉法のひとつなのかについては論争がある。アメリカ連邦議会はADAを公民権法の一種であると位置づけているという解釈がある。詳細は有田伸弘，2011，「障害を持つアメリカ人法における『合理的配慮』とアファーマティブ・アクション」『関西福祉大学社会福祉学部研究紀要』14(2)：pp.1-10を参照のこと。

▶2 有田伸弘，2011，「障害を持つアメリカ人法における『合理的配慮』とアファーマティブ・アクション」『関西福祉大学社会福祉学部研究紀要』14(2)：pp.1-9。

▶3 所浩代，2010，「アメリカの障害者雇用政策――障害者差別禁止法（ADA）の成果と課題」『海外社会保障研究』171：pp.62-71。

▶4 杉原努，2010，「障害者雇用における合理的配慮の視点導入――障害のあるアメリカ人法（ADA）の現状からの考察」『Core-Ethics』6：pp.253-264。

▶5 2013年12月4日に参

限り，雇用主にはこうした配慮を行う義務が課された。

なお「有資格障害者」とは，合理的配慮なしでも，あるいはそれがあれば当該職種の必須職務を果たすことができる障害者を指しており，その意味でADAは能力主義的であるのだが，同時に先述したように障害程度に関係なく障害者差別を禁止するという包括性を有していることを忘れてはならない。

## ③ 障害者権利条約

障害者権利条約（Convention on the Rights of Persons with Disabilities：CRPD）は，2006年12月の国連総会において採択された条約で，国際人権法の考え方に基づき，あらゆる障害者の人権の尊厳と保障を目的としている。「障害者の権利宣言」（1975年）などにもかかわらず，障害者差別が国際的に一向に解消されないことから，より実効性を持った条約が求められていたことが採択の背景にある。

この条約の内容は多岐にわたっているが，特筆すべきは，障害とは「形成途上にある概念である」として，その定義を行っていないことだろう。ただし，障害はインペアメントと周囲の障壁との相互作用によって生じることもあるとして社会的障壁の側面を取り上げたこと，障害者がその法的能力を行使する場合に必要とする支援（司法を含む）へのアクセス権が認められたこと，ジェンダーの視点を取り入れて女性障害者のエンパワメントが強調されていること，障害児については子どもの権利条約における「最善の利益」が適用されると確認されていること，障害と貧困が密接に関連しており，その悪循環を断ち切るのは緊急課題であると認識されていることなどもその特徴としてあげられる。

加えて，この条約制定には多くの障害者や障害者団体が関与しており，その意味で障害者の視点から構成された内容になっていることも大きな特徴である（「私たちのことは私たち抜きで決めるな」の精神）。例えば，第14条「身体の自由および安全」については強制入院を強いられてきた精神障害者の，あるいは第24条「教育」で謳われている，手話の習得および言語的アイデンティティの尊重や手話で教育を受ける権利は「ろう者」の，それぞれの訴えが反映されているといってよい。また，先のADAとの関連で言えば，「合理的配慮」の考え方がこの条約にも受け継がれ，職場や教育機関においてその提供が行われなければならないことが定められている。

日本は，同条約の批准に向けて国内法整備を進めてきた。2011年の障害者基本法の改正，2013年の障害を理由とする差別の解消の促進に関する法律（障害者差別解消法）制定や障害者の雇用の促進等に関する法律の改正も，その一環として位置付けられる。今後は条約の精神を活かすべく引き続き法制度面でのいっそうの充実化が欠かせない。またその過程では障害者自身の意向が最大限に尊重されると同時に，障害の有無に関係なく「私たち全員」に課された義務としてそれを引き受ける覚悟が必要であろう。

（松岡克尚）

議院本会議において全会一致で批准が可決された（衆議院は11月19日）。日本政府は，2007年9月28日に署名したが，6年かかってようやく批准にこぎ着けた（2014年1月20日批准書寄託，2月19日より発効）。日本は批准順でいえば140ヶ国目になる。

▷6　このことを意図して，2009年「障がい者制度改革推進本部」が設置された。その下で具体的なあり方を検討する「障がい者制度改革推進会議」総合福祉部会によって，障害者自立支援法を廃止し，「障害者総合福祉法」制定を求める「骨格提言」が示されている（2011年8月）。その趣旨を明文化し，いかに具体化できるかが今後の課題である。

### 参考文献

久保耕造，1993，「障害をもつアメリカ人法の制定と今後のわが国の障害者問題における課題」『社会福祉研究』56：pp.18-25。

松井亮輔・川島聡，2010，『概説 障害者権利条約』法律文化社。

長瀬修・東俊裕・川島聡，2012，『障害者の権利条約と日本——概要と展望（増補改訂版）』生活書院。

シャピロ，J., 秋山愛子訳，1999，『哀れみはいらない——全米障害者運動の軌跡』現代書館。

斎藤明子，1991，『アメリカ障害者法——全訳』現代書館。

八代英太・富安芳和編，1991，『ADA（障害をもつアメリカ人法）の衝撃』学苑社。

## VI 支援を支える制度：歴史的展開

# 11 障害者総合支援法と参加に向けた支援

### ▷1 社会福祉基礎構造改革

社会福祉サービスの行政手続きを，措置制度から利用契約制度に改めるとともに，その費用負担を税方式から社会保険方式に変更する改革。措置制度とは，生活保護に典型的に見られるように，行政の権限と責任において適正な社会福祉給付を実施するものであり，受給者の権利性や主体性が担保されないという主張があり，これを批判する一部の社会福祉学者たちからは「お仕着せ福祉」と批判された。措置制度から利用契約制度への転換は，「選べる福祉」への転換として正当化され，1997年の児童福祉法改正による保育サービスの利用者選択の導入によって始まった。その後，2000年に実施された介護保険制度によって高齢者福祉サービスが，さらに2003年には支援費制度の導入により障害者福祉サービスが利用契約制度に移行した。2006年の障害者自立支援制度は，支援費制度をさらに改正したものである。

### ▷2 出来高払い方式

提供した医療の量に応じて医療機関に報酬が支払われるしくみ。通院患者が多くて忙しい診療所ほど報酬が多く，暇な診療所は報酬が少なくなるしくみ。

## 1 障害者総合支援法が持つふたつの側面

障害のある人たちは親や家族に依存しないで暮らしたいという思いから，1950年代には年金と雇用を求め，1970年代にはどんなに重い障害の人でも施設や病院でなく，自宅で独立した生活をして地域社会に参加できるような介助サービスを要求した。さらに1980年代以降は，国際障害者年をはじめとする国連による障害者政策の展開や，アメリカの自立生活運動や差別禁止法（ADA）の影響を受け，障害者の社会参加を可能にする配慮やサービスは「障害者の権利」であるという考え方が浸透してきた。2005年に制定された障害者自立支援法（2012年に「障害者総合支援法」に改正）は，障害者のための医療と福祉サービスを提供するための行政手続きとその費用負担を定めた法律だが，サービス利用者が必要なサービスを選んで利用料を払って事業者から購入するという点では，「権利としてのサービス」という考え方に基づくものだといえる。

しかし，その一方で，この法律が2000年以降の「**社会福祉基礎構造改革**」の一環として制定されている点を忘れてはならないだろう。社会福祉基礎構造改革の視点に立てば，障害者総合支援法は障害者の権利に配慮して制定されたというよりも，福祉サービスの費用負担，特に介護保険の財政問題が背景となって制定されたといえる。障害者運動や障害者施設経営者たちが，それぞれ別の理由にしろ反対の声を上げたのは，この法律が障害者の権利や障害者サービスの向上を目指すよりも，「高齢者サービスとの制度的共通化」を目的にしているように見えたからであろう。

## 2 介護保険にそっくりな障害者支援制度

介護保険制度と2005年の障害者自立支援法との共通点は数多い。利用者によるサービス費用の1割負担（現在は廃止）や，障害の程度を市町村が認定することによって月あたりのサービス利用量が決まる点や，全国一律の「自立支援給付」と自治体ごとの「地域生活支援事業」とを分けている点などは，介護保険法とのわかりやすい共通点である。また，介護保険サービスと共通化しやすいサービスを「介護給付」としてまとめた上で，その他のサービスを「訓練等給付」「自立支援医療」「補装具」などに整理している点も，将来，介護保険と障害福祉を共通化しやすくするための工夫といえるだろう（図VI-11-1参照）。

このほか，通所サービス報酬の月額払いから日額払いへの変更は，高齢者デイサービス事業の報酬支払い方式を障害福祉サービスにあてはめたもので，もともとは医療保険制度の「**出来高払い方式**」，すなわち，一日ごとのサービス提供量に応じて報酬を支払う考え方に由来するものである。利用者が特定の人に限られる障害福祉サービスでは，このようなしくみは妥当性を欠いている。

### 3 障害者サービスと高齢者サービスの共通化の課題

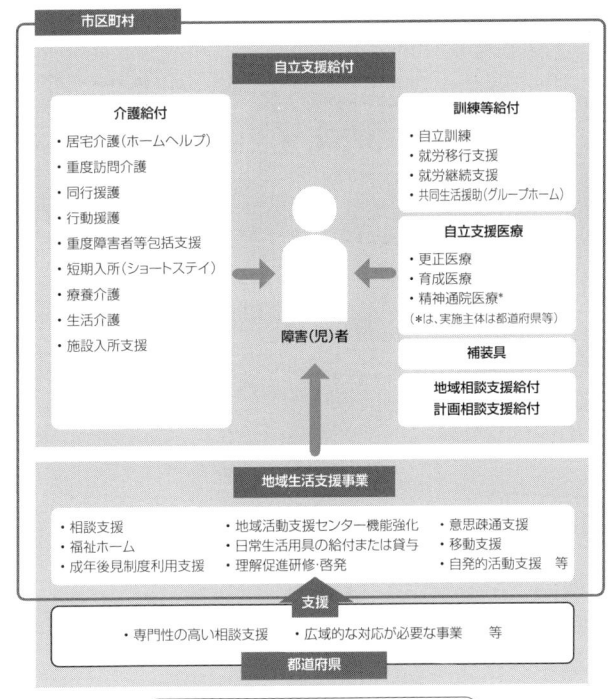

図VI-11-1 障害者総合支援制度

出所：WAMNET福祉医療機構HP (http://www.wam.go.jp/content/wamnet/pcpub/syogai/handbook/)

　厚生労働省は2005年の介護保険法の見直しにおいて，障害福祉サービスを介護保険に統合して，介護保険料の徴収範囲を現行の40歳以上から20歳以上にまで拡大して保険料収入の増額を意図していた。保険料負担増を懸念した財界や労働界など各方面の反対によって「統合」は見送られたが，65歳以上の高齢者については，介護保険と障害福祉サービスの「共通化」はすでに実施されている。一方，障害者団体は，障害者サービスと介護保険との共通化には強く反対している。例えば1割の利用者負担については，「一般の人が当たり前にしていることをするためになぜ障害者だけが利用料を支払わなければならないのか」と反対して，これを廃止させた。この主張の背景には，社会参加は権利であり，その参加のための費用を特別に障害者に求めることは差別であるという「障害者の権利」についての理念がある。

　このことは，介護保険制度が高齢者の権利をないがしろにしていることを意味している。例えば介護保険では，日常の買い物と通院を除いて外出介助は認められない。こうした制度の根底には，「息をしてさえいればよい」というような非人間的な要介護高齢者観がある。障害のある人も高齢者になるし，高齢者の多くが障害者になる。その意味では，高齢者サービスと障害福祉サービスの共通化は必要である。しかし，現状の高齢者サービスの哲学は，重度の障害を持つ人や，死を間近に控えた人たちの社会参加をいかに実現するかといった真摯な課題に向き合えていない。

（杉野昭博）

▶3　65歳以上の障害者は，障害者支援制度でなく介護保険制度の利用が優先されている。介護保険でサービスが不足する場合のみ，障害福祉サービスの利用が認められる。この結果，障害者は65歳になると障害福祉サービスから介護保険利用に切り替わるのだが，介護保険を利用してきた高齢者がサービス利用上限を超えるために，身体障害者手帳を取得して障害福祉サービスを追加利用するケースも少なくない。つまり，障害福祉と介護保険の共通化は，障害者の「高齢者」化だけでなく，高齢者の「障害者」化も促進しているといえる。

Ⅶ 支援にかかわる制度のジレンマ

# 1 支援制度の矛盾とジレンマ

## 1 アメリカの「障害産業」

アメリカの障害研究では，しばしば，「障害業界（disability business）」とか，「障害産業（disability industry）」という言い方がなされる。障害者のための支援器具の製造販売などはまさしくその例だが，この「障害産業」には，福祉機器製造販売のみならず，その費用支払いに大きくかかわる保険業界のほか，医療，製薬，リハビリテーション，特別支援教育，社会福祉など，実にさまざまな「業界」が含まれる。

1992年に『障害業界——アメリカのリハビリテーション』という本を執筆したゲーリー・アルブレヒトによれば，アメリカにおける高齢者を除いた障害成人関係支出は1986年度には1694億ドルに達しており，これは同年度の名目GDPのおよそ4％を占めている。ちなみに，1986年度の日本の国民医療費は約17兆円で，同年度の名目GDP340兆円の約5％であるから，アメリカの「障害業界」が国内産業に占める割合は，日本の「医療業界」とほぼ同じである。

資本主義経済のなかで一大産業に発展したアメリカの「障害業界」は，保険業なども含む幅広い業界であるとともに，政府による関与が大きいために巨大な官僚機構ができあがっている。アルブレヒトは，その弊害として，巨大資本による利益追求と政府の官僚機構による支配を指摘し，利用者主権を強化することによってこれらの弊害を解消することを主張している。

## 2 日本の「医療・福祉」業界

アメリカに比べると「障害者」の定義が狭い傾向にある日本では，巨大な「障害業界」が形成されているわけではないが，障害者と要介護高齢者とを合算すれば，「介護保険」を軸とした相当大きな業界がすでに存在している。2010年度の介護保険の総費用は約8兆円であり，障害福祉サービスの総費用を1兆円強と見積もれば，10兆円近い「業界」になる。さらに，これに「後期高齢者」医療費約12兆円を加えると年間20兆円を超える金額が，後期高齢者も含めた「障害のある人」の医療と福祉につぎこまれている。これは2005年以前の政府による建設投資額（公共事業費）とほぼ同じ水準である。

ここで公的建設投資額との比較を持ち出したのは，障害者支援にかかわる仕事が，建設業界に匹敵するほど社会の中でさまざまな企業や団体と関係する仕

▶1 Gary L. Albrecht, 1992, *The Disability Business : Rehabilitation in America*, Sage Publications, pp. 17, 317. 著者のアルブレヒトは，医療社会学を専攻するイリノイ大学名誉教授で，アメリカ障害学会の主要な研究者の一人である。

▶2 介護保険サービスの総費用統計は全国の市町村からの報告を集計した「介護保険事業報告調査」によって知ることができるが，障害福祉サービスの総費用統計はない。2010年度の国による障害福祉サービス予算が6159億円であるから，地方負担と合わせるとその2倍で，1兆円強と類推することができる。

▶3 『平成22年度国土交通白書』参考資料編参照。

事であるということを認識してほしいからである。障害者支援をはじめ，医療や福祉の仕事は社会から切り離された「特殊な仕事」と思われがちだが，社会全体の景気や経済動向と無関係ではない。景気変動の影響がほかの産業に比べると緩慢なだけで，世間の景気が悪くなれば明らかに医療や福祉に使われる金額も低下していくのである。医療・福祉産業がほかの産業と異なる点は，政府による政治的影響が強い点にある。これは，建設，エネルギー，鉄道などの業界と似ている。どれも，政府の規制によって，自由な競争や，新規参入が制限されている業界である。

## ❸「医療・福祉」業界で働く上での心構え

こうした業界で働く際に知っておくべきことは，障害者支援や高齢者支援の仕事というのは，決して「利用者のためだけ」に行われているわけではないということである。仕事である以上，赤字にならないように収益をあげないといけない。そういう意味では，「ふつうの企業」と変わらない。「企業」と言えば「金もうけ」，「福祉」と言えば「人のため」というような発想は，もはや通用しない時代である。企業活動にも「世のため人のため」という側面があるし，医療や福祉にも「金もうけ」の部分がある。そうでなければ，そもそも事業が継続できない。

障害者支援の仕事には，「収益性」という経済的条件とともに，「法制度」というもうひとつの条件がある。医療・福祉産業は政府の規制によって自由競争が制限されるために，家電産業やIT産業のように激しい価格競争にさらされることはない。そのかわり，医療福祉サービスの単価は，診療報酬，介護報酬，障害福祉サービス等報酬というかたちで法令によって定められており，自由な価格設定ができない。政府が値段を決めてしまうので，例えば重度障害児の訪問看護のように，診療報酬単価が低いためになかなか普及しないサービスがある。その一方で，「就労支援」のように報酬単価が高いことによってサービスを提供する事業者は多いものの，必ずしも適切な利用が行われているとはいえないケースもある。また，法令で報酬が規定されていないような事業やサービスは提供できないし，提供できたとしても政府や自治体から報酬や補助金が支払われないのでサービスを継続するのはきわめて困難になる。

以上のように，医療・福祉業界の経営は，政府の財政や社会保険財政におけるさまざまな利害を調整する厚生労働省によって規制されていて，一般の産業のように自由な経営はできない。そうした政府の規制のなかで，収益性を維持しながら，少しでも高齢者や障害者のためになる商品やサービスを提供していくために，日々，頭をひねっているのが，この仕事の第一線で働く人たちである。本章では，収益性と法制度という限界のなかでの支援のジレンマについて紹介する。

（杉野昭博）

▶4 経済的に見ると，自動車や家電など，国際的な競争が行われる業界が「市場経済」であり，医療，福祉，建設，エネルギーといった規制産業は「準市場」や「疑似市場」と呼ばれる。

## Ⅶ 支援にかかわる制度のジレンマ

# ② 社会保障給付費と国民医療費

## ① 社会保障給付費の推移と医療費の割合

日本の**社会保障給付費**は,国民皆保険,皆年金制度が導入された1960年以降,経済成長による物価上昇の影響により増加するが,1980年代以降は高齢化による年金受給や医療費の増加によって上昇を続けている。2009年度以降は,総額100兆円を超えており,国民所得全体の3割を占めている(表Ⅶ-2-1)。単純に言えば,日本経済の3割を,年金と医療と福祉が占めていることになる。

社会保障給付費は高齢化が進むほど増える傾向があるので,日本の社会保障給付費は今後も増えていく。その一方で,2015年度はこの給付費をまかなう財源のうち,保険料は54%で,財源の37%,46兆円あまりが国と地方の税によってまかなわれている。国による社会保障給付の負担である「社会保障関係費」は,2015年度約31兆円であり,おおよそ国の予算の3分の1,国債償還費と地方交付金を除いた一般歳出ではおよそ半分を占めている。今後,増加が避けられない社会保障給付全体を抑制しつつ,財源を確保することが喫緊の課題となっていることがこれらの統計からわかる。

年金と医療と福祉という社会保障給付費の部門別の構成比の推移に目を向けると,年金は1989年度に全体の5割を超えて以来,ほぼ52%前後で推移している。医療は1969年の59%をピークに構成比は減少し,2000年代以降は32%前後で推移している。福祉は長年1割程度で推移していたが,2000年の介護保険の導入によって構成比を2割近くまで増加させている。こうした社会保障給付費の部門別構成比の推移を見ると,高齢者数の増加に伴って支出が増大するはずの医療給付の伸びが抑えられる一方で,介護保険をはじめとする福祉給付が増加している様子がうかがえる。つまり,政府の政策効果によって,2000年以降,医療保険だけでなく介護保険によって報酬を得る医療機関が増加したことにより,経営面での「福祉の医療化」,あるいは「医療と福祉の統合」が進んでいるのである。

▶1 社会保障給付費
社会保障給付費とは,国際労働機関(ILO)が定めた「社会保障制度」の基準に合致する制度の給付費を合算したものであり,国際比較が可能な統計である。

表Ⅶ-2-1 部門別社会保障給付費と構成比

単位(億円)

| 年度 | 年金 | % | 医療 | % | 福祉 | % | 合計 | 対国民所得比% |
|---|---|---|---|---|---|---|---|---|
| 1965 | 3,508 | 22 | 9,137 | 57 | 3,392 | 21 | 16,037 | 6.0 |
| 1975 | 38,831 | 33 | 57,132 | 49 | 21,730 | 19 | 117,693 | 9.5 |
| 1985 | 168,923 | 47 | 142,830 | 40 | 45,044 | 13 | 356,798 | 13.7 |
| 1995 | 334,986 | 52 | 240,593 | 37 | 71,735 | 11 | 649,842 | 17.2 |
| 2005 | 462,930 | 53 | 281,094 | 32 | 135,126 | 15 | 888,527 | 22.9 |
| 2015 | 549,465 | 48 | 377,107 | 33 | 222,024 | 19 | 1,148,596 | 29.6 |

出所:国立人口問題・社会保障研究所「社会保障給付費統計表」より作成

VII-2 社会保障給付費と国民医療費

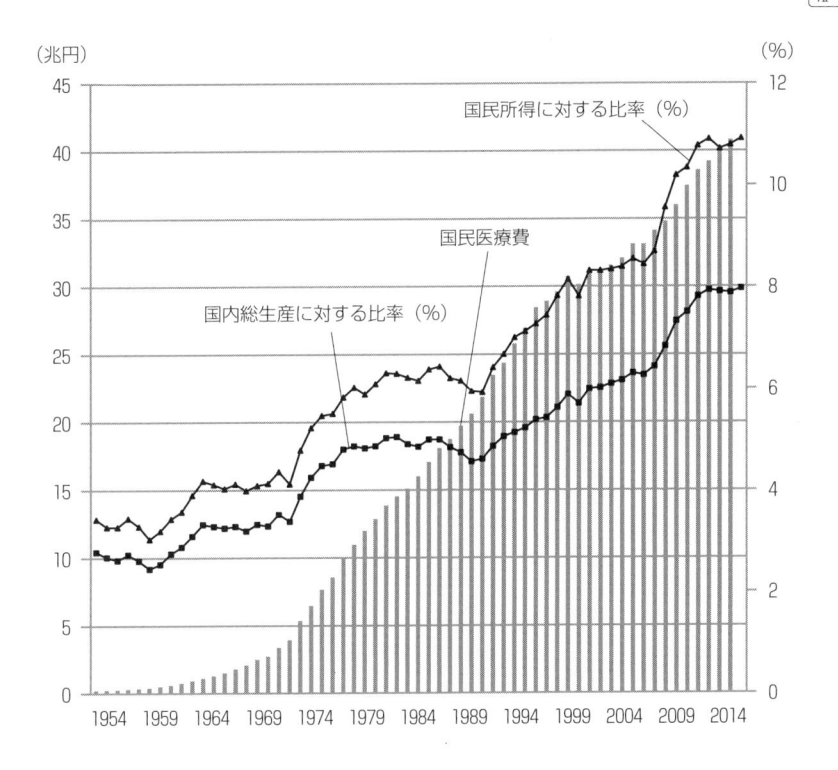

**図VII-2-1 国民医療費の年次推移**

出所：厚生労働省「平成23年度国民医療費の概況」の統計表第1表より筆者作成。

## 2 国民医療費の動向

**国民医療費**は1970年代後半から急激に増加し続け，1975年度の7.5兆円から1996年度には28.5兆円に達する。増加率は多少抑制されるが，その後も国民医療費は増え続け，1999年度に30兆円を超え，2013年度には40兆円に達している（図VII-2-1）。また，2015年度の国民医療費の国内総生産に対する比率はおよそ8％で，国民所得に対する比率は11％に近い。

国民医療費が30兆円に迫ろうとしていた1990年代後半頃から，医療費の伸びを抑える政策が検討されてきた。2000年の介護保険の導入は，医療サービスの一部を報酬単価が低い介護保険に置き換えようとした医療費抑制策ともいえるが，それをうわまわる高齢者人口の増加によって医療費の伸びは抑えられなかった。

国民医療費の55％が65歳以上の患者のために使われている。私たちは一生で使用する医療費の半分以上を65歳以降に使用するといってもよいだろう。したがって高齢者人口比が高くなれば医療費は自然に増加するのであって，これを少しでも節約するために，医療提供体制の抜本改革や，高齢者医療制度の効率化や，医療と福祉の連携が目指されているが，いずれも容易ではない。

（杉野昭博）

▷2 **国民医療費**
国民医療費とは，保険外医療などの私費医療を除いた医療の総費用であり，主に，医療保険給付のほか，生活保護による医療扶助や，障害者自立支援医療などの公費負担医療と，それらの患者自己負担分を合算したものである。社会保障給付費とは基準が異なる統計であり，患者自己負担を含まない社会保障給付費の医療部門の金額よりも国民医療費の方が大きくなる。

▷3 **国内総生産（GDP）**は，1年間に国内で生産された商品とサービスの総額である。国内総生産に海外からの移転を加えたものが国民総生産（GNP）である。国民総生産から減価償却費を差し引いたものが国民純生産（NNP）であり，これから間接税を除き，補助金を加えたものが国民所得（National Income：NI）である。国内総生産に対する国民医療費の比率は国際比較に用いられることが多く，日本国内の医療政策においては国民所得に対する国民医療費比率が指標として用いられる。

Ⅶ 支援にかかわる制度のジレンマ

# ③ 診療報酬制度のしくみ

## ① 診療報酬とは何か？

　美容整形などの例外的な私費医療を除くと，医師，看護師，理学療法士などの医療職だけでなく，ソーシャルワーカーや病院事務や清掃の職員の給料など，病院で働くすべての人の人件費の大部分が，医療保険から支払われる「診療報酬」によってまかなわれている。さらに，6兆円市場と言われる製薬業界をはじめ，調剤薬局，歯科医院，給食業者，ベッドリネン交換業者，医療機器製造販売業者など，大小さまざまな医療関連業界の主たる収入源も「診療報酬」である。

　保険診療を行う医療機関（保険医療機関）は，診療ごとに診療報酬明細書（レセプト）を作成し，国民健康保険の患者については各都道府県の「国民健康保険団体連合会（国保連）」に，その他の健康保険の患者については「社会保険診療報酬支払基金」にレセプトを送付して診療報酬を請求する。これらの診療報酬審査支払機関は，レセプトに不正や誤りがないか抜き取り審査を行ったのちに，各医療機関に診療報酬を支払い，その金額を患者それぞれの保険者に請求する。

　診療報酬の支払い総額は2000年代前半の小泉内閣時代は伸びが抑制されたが，2007年以降は再び増加していることが，厚生労働省の概算医療費動向調査によってわかる。診療報酬は，入院医科，入院外医科，歯科，調剤の4つの診療種類別に集計されており，2001年から15年間で，入院医科診療報酬がおよそ12兆円から16兆円に，調剤報酬が3.3兆円から8兆円に増加している。その一方，入院外医科診療報酬は15年で2兆円の増加であり，歯科報酬は15年間で0.2兆円しか増えていない（図Ⅶ-3-1）。近年の調剤報酬の突出した伸びは，1990年代後半から**薬価差益**が減少したために病院での調剤が減少し調剤薬局における調剤が増加したことで，従来は医科報酬に計上されていた外来薬剤費の多くが，調剤報酬として計上されるようになったためである。厚生労働省は，薬価基準を引き下げて，医師による処方と薬剤師による調剤とを分離（医薬分業）することにより，後発品など，同じ効果で値段の安い薬剤使用を増やして，国民医療費に占める薬剤費の比率を諸外国並みに抑制しようとしている。このように診療報酬制度には，医療機関で行われる医療行為の内容を厚生労働省が政策的に誘導するための手段という側面がある。

▶1　薬価差益
保険で支払われる薬剤費は診療報酬とともに改定される「薬価基準」に記載された値段で支払われるが，1990年代まで医療機関はこの薬価基準を大幅に下回る価格（市場価格）で製薬会社から薬剤を仕入れることができた。このため，病院で薬剤を処方して調剤すればするほど薬価基準と薬剤仕入れ価格との差額（薬価差益）が病院の純利益になった。しかし，1990年代末から，政府が薬価基準を市場価格に近づけ始めたために病院が自ら調剤する経営上のメリットがなくなり，病院外で処方箋調剤を行う薬局が急増した。

## ② 診療報酬の決定のしくみと障害のある人

　診療報酬は原則として2年ごとに改定されているが，改定に際しては厚生労働大臣が中央社会保険医療協議会（中医協）に諮問し，中医協の答申を受けて，厚生労働大臣が告示する。中医協は，社会保険医療協議会法で規定されており，厚生労働省に中医協が，各地の厚生局に保険医療機関の指定や保険医登録を審議する地方協議会が設置される。中医協も地方協議会も，保険者や被保険者を代表する委員7名（医療保険費用の支払者）と，医師，歯科医師，薬剤師を代表する委員7名（医療サービス提供者）と，公益を代表する委員6名の合計20名で構成される。公益代表委員の任命は国会の同意を得る必要がある。

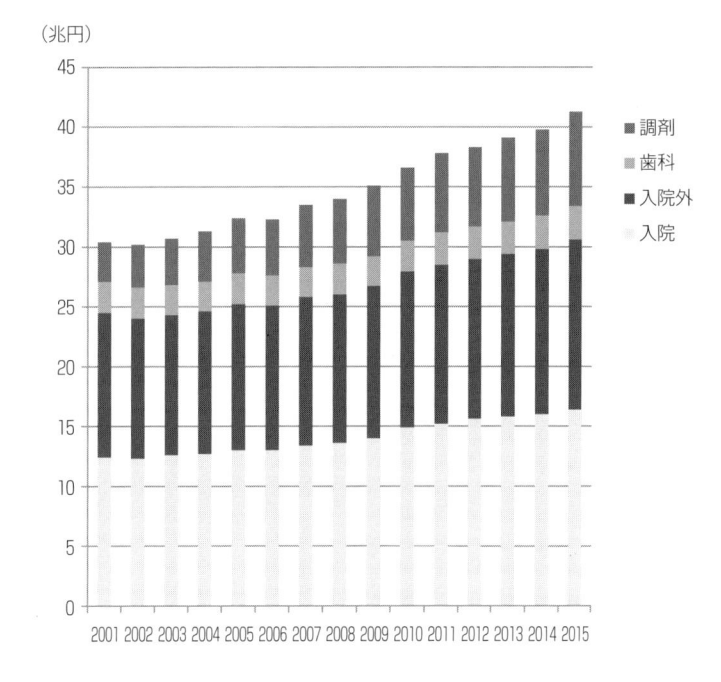

図Ⅶ-3-1　概算医療費の動向

出所：厚生労働省概算医療費データベースから執筆者作成

　このように日本の医療のあり方を直接的に左右する診療報酬が，国会による直接審議を経ずに，「医療保険費用の支払い者」と「医療サービス提供者」という利害関係者間の調整で決定されるしくみは，政治的な中立性のなかで医療のあり方を決めるという趣旨もあるが，患者不在という問題のほか，国民の関心事になりにくく，一部の医療関係者の利害が優先されるといったさまざまな問題がある。

　患者にとって診療報酬は，医療を利用する際の自己負担を左右するだけでなく，入院期間が短くなったり，逆に長くなる原因にもなるし，医療機関が提供する医療の内容も診療報酬が高いものに偏ることにより，患者による医療の選択権をも実質的に制限することになる。医療ニーズの高い障害のある人は，一般の人よりも診療報酬制度に翻弄されやすいといえるだろう。

　また，障害のある人が日常的に必要としている介護サービスは，65歳以上の人は介護保険によって提供され，65歳未満の人や介護保険ではサービスが不足する人は障害者総合支援法によって提供されている。そして，介護保険の**介護報酬**も，障害者総合支援法の**障害福祉サービス等報酬**も，診療報酬と同様に厚生労働大臣が告示することになっており，これらの報酬改定は提供されるサービスの価格や量や質のほか，その種類や内容も左右するので，障害のある人やその家族の生活に大きな影響を及ぼすものである。

（杉野昭博）

▷2　医療保険の被保険者の代表は中医協に参加しているが，被保険者の大部分は健康な労働者であり，「患者代表」とはいえない。実際に，被保険者代表は労働組合の代表であることが多く，保険者である雇用主と利害が合致することも多い。

▷3　介護報酬
介護保険サービスの対価で，厚生労働大臣が社会保障審議会介護給付分科会の意見を聞いて告示するよう介護保険法に定められている。これまではほぼ3年ごとに改定されている。

▷4　障害福祉サービス等報酬
障害者総合支援法に規定される福祉サービスの対価で，厚生労働大臣が告示する。随時改定されている。

# Ⅶ 支援にかかわる制度のジレンマ

## 4 診療報酬と入院期間の短縮

### 1 外来診療を重点評価した戦後日本の医療

　日本政府は，診療報酬によって医療提供者にインセンティブを与えるほか，医療法によって医療提供機関を直接的に規制することにより，提供される医療やケアの内容を政策的に管理している。医療法は1948年に制定されて以来，1985年の第一次改正から2006年の第五次改正まで主たる改正が5回行われている。5回の改正を通じて一貫して目指されているのは「医療機関の機能分化」である。

　1948年に制定された医療法は，医療機関の量的整備が求められた当時の状況を背景として，一定の施設基準を満たした病院（入院病床20以上）と診療所（入院病床20未満）を全国に整備することを目的としていた。また，診療報酬制度では，医療の絶対的な不足を背景に，医療を提供した分だけ報酬が支払われる「出来高払い」のしくみが採用された。

　1960年に国民皆保険が実施され，社会保険による医療提供体制が完成すると，身近な医療機関である診療所の役割はさらに増し，日本医師会など診療所を経営する開業医の意向が診療報酬に大きく反映されるようになる。この結果，病院よりも診療所が，高度な医療技術や入院看護よりも検査や診察が，外科よりも内科が診療報酬上高く評価されるようになった。このため，診療所だけでなく病院も，診療所と同様の外来診療に力を入れるとともに，入院患者については低い手術報酬を補うために長期に入院させて診察部門で報酬を得る傾向が生じた。大きな病院から小さな診療所までが同じような医療を提供する傾向が強まっていったのである。

### 2 医療法改正による医療機関の機能分化と退院促進

　1970年代後半になると，医療費の財政負担が意識されるようになり，過剰な投薬や検査がマスコミでも批判的に取り上げられ，医療提供体制の矛盾の解消が政策課題となってくる。1981年の診療報酬改定では，薬剤費と検査の報酬を下げた分で手術などの技術料報酬を増額する「医療費適正化対策」が行われた。また，1983年には高齢入院患者への過剰な投薬や点滴や検査を防止するために，出来高払いを基本としながらも，点滴や検査量が入院時医学管理料に包括化される，「包括払い方式」が部分的に導入された。

　こうしたなかで1985年には第一次医療法改正が行われて都道府県ごとに地域

▷1　提供した医療行為の量に応じて報酬が支払われるのが「出来高払い」であり，この支払い方式は過剰な医療行為を促進する傾向がある。「包括払い」は「定額払い」ともいわれ，医療行為の多寡に関係なく，患者一人当たりの報酬が一定額に決まっており，不必要な医療提供を抑制する効果があると考えられている。

▷2　入院時医学管理料は入院患者についての基本報酬日額で，逓減制とは，入院日数が一定期間を超えるとこの基本報酬日額が減額されるしくみで，患者の退院を促進する効果が期待されて導入された。

の医療資源の効率活用を目的として医療計画を策定することが義務付けられた。同時に診療報酬改定では，病院の入院医療，診療所の外来診療の点数が引き上げられ，病院と診療所との役割分担を促すとともに，入院時医学管理料の逓減制が導入されている。

　続いて1992年の第二次医療法改正では，高度な先進医療を提供する大学病院などを「特定機能病院」として一般病院と区別する一方で，治療よりも療養や看護や介護が重視される高齢者の長期入院を扱う「療養型病床」という規定を新設して一般病床と区別した。診療報酬改定においても，病院の外来診療報酬を切り下げて入院機能を重点評価するなど，診療所との役割分担をさらに進めるとともに，入院時医学管理料の逓減を特定機能病院は1ヶ月，一般病床は3ヶ月，療養型病床は6ヶ月をめどに行うことにした。

　さらに1997年の第三次医療法改正では「医療機関の役割分担明確化及び連携の促進」が謳われ，診療報酬改定では患者平均在院日数が30日以内の急性期病院とそれ以外の病院で異なる入院時医学管理料を設定し，急性期病院では入院後2週間の診療報酬を高く評価した。このため急性期病院は，平均在院日数30日，さらに2週間以内の退院を目標とするようになった。一方，高齢者の長期入院患者が多い病院は急性期医療を放棄して，療養型病床群として整備する方向が促された。こうして病院と診療所の機能分化から一歩進んで，病院の機能分化，すなわち「病院の選別」が始まった。

　病院の選別は，病床区分を原則的に療養病床と一般病床に集約した2000年の第四次医療法改正でさらに推進される。この年の診療報酬改定では，整形外科疾患や脳卒中の急性期病院からの退院患者の受け皿として「回復期リハビリテーション病棟」が新設され，リハビリテーション職や退院支援の社会福祉士の求人が増えた。また，2002年には厚生大臣告示により「180日間を超える入院療養」を，「差額ベッド」などと同様に，「保険外併用療養」のうちの「選定療養」に位置づけ，保険給付を減額して患者自己負担を増額した。

　1990年代後半から政府は医療法と診療報酬を通じて，病院の選別淘汰と入院期間の短縮を行っている。この結果，日本の全病床数は1990年の167万床から2011年には158万床に減少しただけだが，平均在院日数は50.5日から32日にまで劇的に減少している。一方，病床利用率は1990年の84％から2011年の82％へと微減しただけである。この間，入院日数の減少を補うだけ入院患者数も増えており，以前に比べて入退院が頻繁に行われている様子がうかがえる。

　入退院の増加に対応するために，2006年に地域連携診療計画，2010年には退院支援計画など，近年はさまざまな退院支援や在宅療養との連携のための加算が診療報酬に反映されているが，介護サービスに比べると，往診や訪問看護などの医療ケアは在宅においては不十分で，慢性病や障害のある人が自宅で安心して療養できるようにはなっていない。

（杉野昭博）

▷3　1992年に創設された「療養型病床」，これを継承した2000年の「療養病床」はともに，診療報酬の支払いにあたっては，検査，投薬，注射，処置などが入院基本料に包括される「包括払い方式」である。

▷4　1997年から2003年の間に，一般病床はおよそ120万床から90万床に減少し，療養病床はおよそ6万床から32万床に増加した。

▷5　回復期リハビリテーション病棟は，発症後2ヶ月以内の脳卒中や整形外科疾患患者に手厚い看護と介護とリハビリを行い，前者は60日，後者は90日を目標に在宅復帰させる病院である。急性期病院の基準は満たせないが，単純な療養病床も選択しづらい病院がこの類型を選択した結果，2013年度は6万5000床の届出がなされている。

▷6　厚生労働省の「医療施設調査・病院報告の概況」によると，病床種別の平均在院日数の変化は，一般病床が1990年の38.4日から2011年には17.9日に大幅減少しているが，療養病床は1996年の152.6日から2011年には175.1日に増加している。一方，精神病床は1990年の489.6日から2011年には298.1日まで大幅減少しているとはいえ1年近い平均入院期間となっている。

## Ⅶ 支援にかかわる制度のジレンマ

### 5 脳血管障害の退院支援と医療介護制度

▷1 障害学では,個人の障害をインペアメント,社会の障害をディスアビリティと呼んでいる。Ⅰ-1 Ⅰ-2 Ⅰ-3 参照。

▷2 **廃用性症候群**
廃用性症候群とは,心身を使用しない結果生じる各種の機能低下であり,身体的には関節硬縮,褥瘡,心肺機能の低下,起立性低血圧などの循環器機能の低下がありうる。また,精神的には精神活動の低下や意欲の減退,記憶力の低下が考えられる。

▷3 **社会的入院**
社会的入院とは,積極的な治療が終わって,介護を中心的に受けるべき人が医療サービスを受けている状態をいうが,医療と介護の線引きは難しく,社会資源の不足や制度のインセンティブから医療機関にとどめ置く状況ともいえる。Ⅶ-4 参照。

▷4 出来高払いに対する包括払いとは定額払いの一種で,医療サービス内のいくつかの種類について診療報酬を一括りにして支払う方式のことである。Ⅶ-4 参照。

▷5 Ⅶ-4 参照。

#### 1 インペアメントとしての脳血管障害

　脳血管障害とは,血栓による脳血管の閉塞や,出血によって血液の循環障害が起こることで引き起こされるもので,原因には頭蓋内出血(脳出血・くも膜下出血),脳梗塞(脳血栓・脳塞栓)があり,日本人の死因の第三位を占める。後遺障害としては運動マヒと知覚障害,嚥下障害,高次脳機能障害,運動失調,構音障害,排尿障害,運動筋力の低下などがあり,また二次的な障害として**廃用性症候群**などがある。運動マヒを中心に見ると,脳の障害部位とは反対側の一側上下肢のマヒは,歩行の困難を始め食事や衣類の着脱など日常生活動作への影響が強く,また一般的に右片マヒでは言語障害を,左片マヒでは情緒障害を伴うことがあり,運動マヒと合わせて支援の対象となる。

　こうしたインペアメントを残す患者が高齢である場合,糖尿病や動脈硬化等の生活習慣病を併せ持つことが多く,介護を担当する家族も高齢者であるなど,退院後の生活困難については多様な要素を勘案しなければならない。退院問題とは,制度における福祉・介護と,医療の役割分担模索の過程と構造の中で考えるべきものである。

#### 2 社会的入院と医療福祉制度の歴史

　わが国では1961年に国民皆保険・国民皆年金制度が確立し,1960年〜1970年代初頭の高度経済成長期に社会保障,社会福祉の充実が図られた。しかし,1980年代の半ばより低経済成長期に入り,同時に人口の高齢化と少子化が進行して,高齢者の「**社会的入院**」が医療と介護の財政問題として深刻化した。

　1982年には老人保健法のもと知事の認可を要する「特例許可老人病院」で診療報酬包括払いが導入された。1986年には老人保健法の改正により,医学的管理のもとで看護・介護・リハビリを提供して自立を支援し,在宅復帰を目指す老人保健施設が創設された。1988年にはゴールドプランが策定され,ホームヘルパー・ショートステイ・デイサービスといった在宅支援の整備目標も設定される。1992年には第二次医療法改正によって,特定機能病院と,包括払いの療養型病床群が制度化され,医療と介護の峻別がさらに目指されるようになる。この時期「社会的入院」患者を受け入れる老人福祉法による特別養護老人ホームの供給状況は,大都市において2〜3年の待機が一般的であった。

## 3 介護保険導入後の退院支援と制度

2000年には介護保険制度がスタートし、第四次医療法改正も行われ、病床区分は一般病床、療養病床、精神病床、感染病床、結核病床の5つとなった。この療養病床の中に、従前の療養型病床群、老人性認知症疾患療養病棟、介護力強化病院が介護保険適用の病床として統合されたのである。医療療養病床と介護療養病床の差は医療の必要性の違いであるとし、社会的入院を減らそうとしたことが導入の意図であった。しかし、医療保険適用の病床より介護保険適用の病床の方が要介護度によっては高い診療報酬であったために、制度導入当初に意図された療養病床間の機能区分は達成されず、結局介護療養病床と医療療養病床の入院患者の間に大きな差はなく、どちらにおいてもほとんど医療を必要としない患者が半数以上を占めるということが起こった。

こうした、ある意味で当初のもくろみとは反対の状況を生み出す制度設計を憂慮し、2006年の健康保険法等の一部改正により介護療養病床と医療療養病床が再編され、2011年度末に介護療養型医療施設を廃止し削減した予算を介護老人保健施設やケアハウス、有料老人ホーム等へ転換させることになった。しかし、病院側はこれに応じず、この削減案は撤回され、先延ばしにされている。

2006年の第五次医療法改正では、患者の選択に応える医療情報の提供が推進されるようになり、在宅支援を目指して医療計画制度が導入された。これは複数の医療機関で共有する「**地域連携クリティカルパス**」の活用により急性期から回復期、在宅療養まで継続した医療サービスの提供を行う改革である。

一方、この同じ年に行われた診療報酬改定で、リハビリテーション医療は施設基準・診療報酬ともに全面改定をされ、リハビリテーション算定日数に上限設定がなされた。脳血管疾患等に対するリハビリテーションは、原則として「発症、手術または急性憎悪から180日」とされた。これには失語症や高次脳機能障害等いくつかの除外が設けられたものの、発症後180日を超えた同疾患患者の大半は医療保険ではリハビリテーションを受けられないことになり、これに対しては医療機関・患者双方から抗議の声が挙げられた。これを受けて厚生労働省は若干の手直しをしたが、根本解決にはいたっていない。

このように、保健医療機関は医療法による機能種別、保健医療政策として導入される機能や類型、さらには診療報酬制度による機能や類型が複雑に絡んで機能分化されている。症状にふさわしい治療を分け持つとされているが、しかし背後には病院経営上の都合が働くことも多く、単純に疾患や症状によって切り分けられるわけではない生活者としての患者には、理解が困難である。医療と介護の連携や役割分担の方針は、医療福祉を市場開放し、競争原理を活用して質の向上を図るとされてきたが、成功しているとはいい難い。　（小山聡子）

▶6　その他、身体障害者手帳の1〜2級を持つ人は、地方自治体における重度心身障害者医療費助成制度の対象となるため、介護療養病床ではなく、医療療養病床を選ぶ傾向にあるといった制度矛盾もある。吉田あつし、2009、『日本の医療のなにが問題か』NTT出版。

▶7　**地域連携クリティカルパス**
地域連携クリティカルパスとは、治療計画から終結までの全体的な治療計画であるクリティカルパスを複数の医療機関で共有することで、発症から在宅生活までの地域連携体制を構築するとした。

▶8　多田富雄、2007、『わたしのリハビリ闘争——最弱者の生存権は守られたか』青土社。

## Ⅶ 支援にかかわる制度のジレンマ

# 6 遷延性意識障害の退院支援と在宅療養

### 1 病院の機能分化の影で行き場のない遷延性意識障害の患者

　交通事故やスポーツ事故，脳梗塞，心疾患などさまざまな原因により意識不明となったものの救急救命医療で一命を取り留め，重度の意識障害を負うことになった人々＝**遷延性意識障害**[1]の患者がいる。全国的な実態調査はされていないが，各地の調査から，医療技術の高度化によって，確実に患者が増加していると推測される。

　現在の医療では，医療供給体制の効率化による医療費抑制という目的のもと，病院の機能分化および平均在院日数（入院期間）の短縮が推進されている[2]。

　病院の機能分化については，診療報酬を急性期（発症〜２週間）・亜急性期（発症２ヶ月以内）・回復期（発症２ヶ月以内〜半年）・維持期（半年〜）によって分け，入院できる患者を規定している。受けられるリハビリにも日数制限が課せられている。発症から半年を過ぎると維持期リハビリとなり，一般的にリハビリを受けられる時間は制限され，月13単位（１単位20分程度），週１〜２回程度となる。遷延性意識障害の患者の場合，半年や１年という期間が過ぎて意識障害から回復する例も報告されている。さらにごく一部の病院で実施している遷延性意識障害に対する積極的なリハビリで状態が改善した例も報告されている。

　平均在院日数の短縮については，一定の平均在院日数を達成していないと病院は高い診療報酬が得られず，高度な医療を提供する体制が維持できないしくみとなっている。そのため患者・家族が事態を十分把握できないうちに，患者が病棟移動や転院をしなければならない場合も生じてくる。

　このように長期の入院継続が許されなくなっているが，遷延性意識障害の患者は，自宅で介護することが可能な家族がいない，地域に在宅療養をサポートする社会資源・体制がないなどといった理由から自宅に帰ることが困難な場合も多い。といって，遷延性意識障害の患者を受け入れる病院や施設を探すのも，平均在院日数等の経営上の問題や医療依存度の高さから困難を極めており，行き場のない患者が生まれている。

### 2 病院から在宅への橋渡しのしくみの不備

　退院に向けて，病院の医療ソーシャルワーカーなどが，介護支援専門員（ケアマネジャー）や地域の在宅医療・在宅福祉のサービス提供機関などへの橋渡

---

▶1　遷延性意識障害
日本脳神経外科学会は，以下の６項目を満たしている状態が３ヶ月以上にわたって遷延化している患者を，「遷延性意識障害者」と定義している。
①自力移動が不可能である。
②自力摂食が不可能である。
③糞尿失禁状態にある。
④眼球はかろうじて物を追うこともあるが，認識はできない。
⑤発声はあっても，意味のある発語は不可能である。
⑥目を開け，手を握れというような簡単な命令には，かろうじて応ずることもあるが，それ以上の意思疎通は不可能である。

▶2　Ⅶ-4 Ⅶ-5 参照。

しを行うが，入院中と違い在宅ではさまざまなサービス提供機関がかかわることになる。そのため，サービス提供機関同士が十分な連携・情報共有を図ることが，特に遷延性意識障害のような医療依存度の高い場合は必須になってくる。しかし各々のサービス提供機関の立場や経営方針・利害・価値観が異なっているため，そう簡単ではない。特に患者・家族の立場に立って，医療と福祉の両分野についてサービス調整を支援する人や社会資源の開発を可能にするしくみが地域に必要である。

河北新報社が全国の遷延性意識障害者の家族を対象に行った調査によると，4割の家族が一日12時間以上の長時間介護を行っており，家族介護者に大きな負担がかかっている。

在宅において医療専門職が直接かかわる時間はきわめて限定されている。訪問介護などの福祉サービスについても，遷延性意識障害の患者は，たんの吸引や**経管栄養**など医療的ケアが必要な場合が多いが，これまで介護職には医療的ケアは認められておらず，家族介護者が行わざるをえなかった。しかし2011年6月に介護保険法等の改正により介護職によるたんの吸引などの実施が可能となった。また2012年4月からは障害者支援施設，重度訪問介護，特別支援学校等でのたんの吸引や経管栄養など，日常生活を営むのに必要な行為が実施できるようになった。法的には可能になってきたが，地域に実際にその体制があるかが問題となる。デイケアやショートステイといった家族の休息も兼ねたサービスも，医療的ケアが障壁となって，なかなか利用できない。

家族が長時間介護を行うことは，その間の収入など経済的な問題も生じさせる。また家族が介護できなくなった場合はどうするかといった将来の不安を抱えており，厳しい在宅生活を余儀なくされている。

## ③ 尊厳を持って生きる権利を

遷延性意識障害は「植物状態」と呼ばれることもあるが，家族の7割以上は「植物状態」ということばに拒否感を持っているという。患者は現に生きていて感情もあるし，少しずつでも回復していくこともある。にもかかわらず，「植物状態」ということばは，患者をまるでモノのように捉え，回復の見込みがまったくないというイメージを助長しかねない。このことばは重度障害者の生きる価値を低くみる社会一般の偏見を端的に表している。しかし自分の大切な人が生死の境をさまよったら「命だけは助かってほしい」と願うであろう。その想いを大切にし続けることができ，共倒れにならないためにも，まずは遷延性意識障害者が尊厳を持って生きる権利を保障し，そのための療養環境を整備することが求められる。

（河口尚子）

▷3　経管栄養
口から食事を摂取できない，あるいは摂取が不十分な人の消化管内にチューブを挿入し栄養剤を注入することで栄養補給を行うこと。鼻から食道を通って胃まで細い管を入れて栄養剤を注入する「経鼻胃管」，手術で腹壁と胃壁（腸壁）の間にカテーテルを通し，栄養剤を直接胃または腸に注入する「胃ろう」「腸ろう」などがある。

参考文献
河北新報社編集局編，2012，『生きている――「植物状態」を超えて』日本評論社．
井形昭弘・桑山雄次，2012，「尊厳死法制化をめぐる係争点」『現代思想』40(7)：pp.100-113．

## Ⅶ　支援にかかわる制度のジレンマ

# 7　精神科病院からの退院と地域生活支援

### 1　長期収容と厚生労働省による精神保健施策の変換

　近年まで，わが国の精神障害者施策は精神科病院への入院による収容主義が中心であり，精神疾患を持つ人は，10年，20年という長期にわたる精神科病院への入院を余儀なくされてきた。その結果，**施設病**や，隔離による一般社会の精神疾患を持つ人への無理解，スティグマを助長してきたと言える。欧米先進諸国では，こうした収容主義による弊害と，地域で暮らすことによって得られる精神障害からの回復に着目し，**脱施設化**による精神科病床削減，精神障害を持つ人を地域生活に戻すための支援システム構築への努力が，すでに30年前より行われてきた。わが国では，何度かの法改正により入院患者の処遇改善がなされたものの，精神科病床数の多さは諸外国に比べ群を抜いており，「収容から地域へ」の本当の意味での改革着手はここ10年のことである（図Ⅶ-7-1）。

### 2　精神疾患患者の精神科病院入院と退院の現状

　平成20年度厚生労働省患者調査によれば，認知症を除く統合失調症を主体とした精神疾患患者は約47万6000人，このうち入院患者は約25万7000人とされ，実に患者の54％が入院治療を受けている。また入院期間，すなわち在院日数が長期にわたるのも精神科入院の特徴である。入院から地域へという施策変換に伴いここ10年間にかなりの短縮を見るが，現在も307.4日と一般病床の18.5日に比してはるかに長い入院となっている（図Ⅶ-7-2）。

　一方，年間退院患者数は約21万5000人とされるが，年代別に見ると50歳代以上が実に59％を占める（図Ⅶ-7-3）。こうした退院者に対する支援は，経済的基盤はもとより，居住から高齢化に伴う心身機能低下への支援まで多岐にわたる。

### 3　国が掲げる退院支援事業と支援における課題

　わが国においても収容主義からの脱却を目指す精神保健改革に向けた取り組みが始まっている。特に，約7万人といわれる

▷1　**施設病**（ホスピタリズム）
施設収容による生活体験，人間関係の狭小化により，その人が本来持っていたセルフコントロール能力や適応力，体力，意欲の低下を引きおこした状態。

▷2　**脱施設化**
施設入所者を地域生活へと戻すこと。1970～80年代の欧米諸国においては精神科病院からの退院が促進され，精神科病床を削減した結果，地域における生活支援システムの構築が進んだ。

▷3　厚生労働省，2003，『精神保健対策本部中間報告——精神保健福祉改革に向けた今後の対策の方向』（http://www.mhlw.go.jp/shingi/2003/09/s0926-6d.h

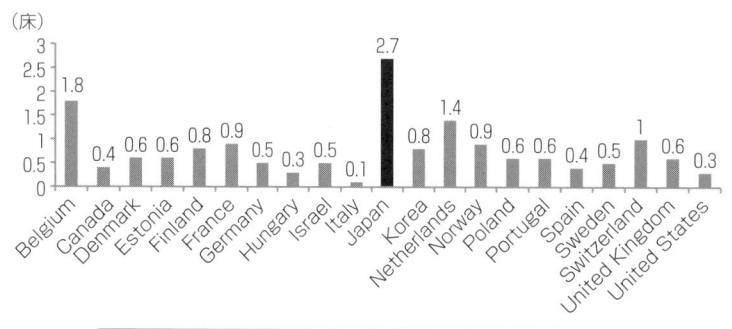

図Ⅶ-7-1　精神科病床数の各国比較（人口千人当たり）

Belgium 1.8, Canada 0.4, Denmark 0.6, Estonia 0.6, Finland 0.8, France 0.9, Germany 0.5, Hungary 0.3, Israel 0.5, Italy 0.1, Japan 2.7, Korea 0.8, Netherlands 1.4, Norway 0.9, Poland 0.6, Portugal 0.6, Spain 0.4, Sweden 0.5, Switzerland 1, United Kingdom 0.6, United States 0.3

出所：OECD, Health date 2011より

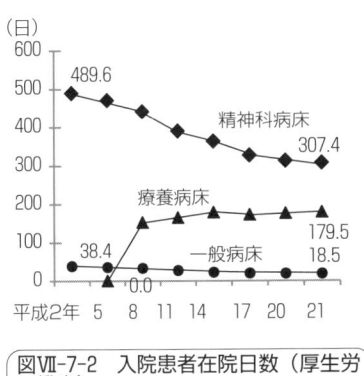

図Ⅶ-7-2 入院患者在院日数（厚生労働省）

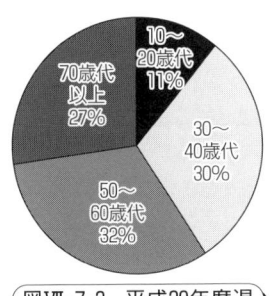

図Ⅶ-7-3 平成20年度退院患者の年齢構成（厚生労働省）

社会的入院患者[4]の解消に向けては**退院支援事業**[5]が開始された。これには，「地域生活への移行支援」および「地域への定着支援」のふたつが含まれる。前者は，長期収容により退院のイメージが持てず退院に消極的な入院患者自身への退院に向けた働きかけや院外活動参加への支援を中心としたものであると同時に，個別支援計画作成など専門職自身が精神障害を持つ人が地域へ戻るための支援経験を積んでいないことへの対応も含まれる。つまり，収容主義によるつけを無くすところから始めねばならない現状があるということである。後者の「地域への定着支援」についても，訪問看護などの増加は見られるものの，精神疾患の早期発見，そのための国民の精神保健に対する理解向上の取り組みは始まったばかりであり，今後の展開が待たれる。また，退院に際しての必須条件である，居住，余暇活動提供や仲間づくり，就労といった地域での受け皿も，その質・量において決して十分なものではない。

## ❹ リカバリーと精神保健専門職の意識改革

精神障害は症状と障害が分かちがたいとされ，その支援においても絶対的な医療偏重の価値観があり，また不治の病としてのラベリングも強い。しかし，近年の**心理社会的リハビリテーション**[6]では，症状の重症度と生活上の障害は必ずしも相関を持たず，当人の意思とより良い支援があれば重い障害を持つ人であっても地域で満足のゆく生活を営むことが可能だとする，**リカバリー**[7]と呼ばれる実存的な回復の実態が，精神障害を持つ当事者，専門家による研究から多く報告されている。近年，わが国においてもリカバリーについて多くの紹介がなされ，その意義や有用性が，急速に浸透しつつある。精神障害からの回復を信じること，スティグマを取り除くことなど，精神保健に携わる専門職自身のあり方が問われるいま，従来的な治療主義中心の支援からの脱却が求められる。

（岩井和子）

----

tml）；厚生労働省，2004，『精神保健医療福祉の改革ビジョン』（http://www.mhlw.go.jp/topics/2004/09/tp0902-1.html）；厚生労働省，2009，『精神保健医療福祉の更なる改革に向けて』（http://www.mhlw.go.jp/shingi/2009/09/dl/s0924-2a.pdf）

▷4 社会的入院患者
症状や障害は軽減したり消失したりしているが，家族の反対や経済力不足，その他の社会的要因によって入院を継続している患者。

▷5 退院支援事業
国は，「精神障害者地域移行支援特別対策事業」・「精神障害者地域移行・地域定着支援事業」を掲げ，地域移行推進員と地域体制整備コーディネーターの配置等により，社会的入院患者の解消を目指すとしている。

▷6 心理社会的リハビリテーション
疾病や障害の除去を目指すのではなく，環境との相互性や個人の持つ力や可能性に焦点を当てるリハビリテーションの方法。

▷7 リカバリー
疾病や障害があろうとも，支えを得ながらであろうとも，自身で決定し，挑戦し，意義ある人生を取り戻すこと。到達点ではなくその過程を意味する。

## Ⅶ 支援にかかわる制度のジレンマ

# 8 高次脳機能障害の医療と福祉の連携課題

▷1 びまん性軸索損傷
脳外傷時の剪断力によって，脳のさまざまな部位でミリエンに包まれた太い神経軸索繊維が損傷された状態（神奈川県リハビリテーション支援センター，2006，『高次脳機能障害相談支援の手引き』p.110）。

▷2 Ⅳ-9 参照。日本脳外傷友の会，2010，『Q&A脳外傷』明石書店。

▷3 ここでいう「高次脳機能障害」は，障害者福祉にかかわる行政上の用語であり，医療での定義とは少し異なる。例えば，医療では失語症も高次脳機能障害であるが，身体障害者手帳ではすでに障害等級の分類に含まれている。つまり，これまでの分類から外れていたために取り込んだ，福祉制度上の便宜的名称とも言える。本来，いかなる障害であっても，日常生活上の困難さに対応した福祉サービスが提供されなければならないが，先に制度上の障害の定義が前面に出てくることになる。

▷4 高次脳機能障害支援モデル事業の初期の目的は，診断基準作成，訓練プログラム（医学的リハビリテーション，生活訓練・職能訓練）の作成，生活・介護支援プログラムの作成を行うためのデータ蓄積であり，2004年度から2年間の後期モデル事業では，前期の3

## 1 高次脳機能障害とは

障害をめぐる医療と他分野との連携課題は，特に社会的に認知されていない領域で深刻なものがある。例えば，高次脳機能障害はその典型的な例といえる。この障害の主たる原因は，脳外傷，脳血管障害，低酸素脳症，脳炎など事故や疾病によるものである。脳血管障害により大脳新皮質の特定の部位を損傷した場合や，交通事故などで脳を激しく揺さぶられた際に起きる**びまん性軸索損傷**の場合などが高次脳機能障害を起こすことにつながる。その後遺症状としては，記憶障害，注意障害，遂行機能障害，感情コントロール低下，意欲・発動性低下などが複雑に絡み合って現れる。これらが日常生活や社会生活に支障を来たし，また家族など周囲の人たちにとって精神的な負担となることが多い。

高次脳機能障害はもともと医学用語で，福祉制度上，「障害者」のカテゴリーとして使用され始めたのは近年のことである。脳損傷によるさまざまな状態像は身体障害者手帳，療育手帳，精神障害者保健福祉手帳に該当しなかったことから，福祉サービスの利用を困難にしていた。しかし，日本脳外傷友の会の組織化がなされたことやこの障害にかかわる医療・福祉関係者の働きかけもあり，高次脳機能障害が手帳取得上の行政用語となり，社会的にも知られるようになった。つまり，高次脳機能障害は医学用語と福祉用語の連続性を持つことになるが，現実の支援施策はそのように展開しているだろうか。

## 2 自らのアイデンティティを模索する障害当事者

確かに，家族を中心にした諸活動，医療・福祉・就労などの専門職の支援，そして行政施策により，この分野の支援制度は進んでいるかに見える。他方，高次脳機能障害を持つ人は，専門職により分類された後遺症状を指摘されても，そのことを受け入れがたく，心の中で葛藤を抱くことがある。そして，自らのアイデンティティを見出せず，「自分探し」にさまようこともある。高次脳機能障害は「社会生活上，改善されるべき行動様式」という前提に立つ場合，専門職は，その「問題行動」の改善の手立てを考える。また家族は，受傷後の状態像をそのままに受け止めることができず，望ましい行動様式を期待しながらも，本人と同様，心の葛藤を抱いている。

### ③ 高次脳機能障害者への医療・福祉サービスの不足

　分類された後遺症状のみに着目するならば，他の疾患・障害に対応した手法を適用することでよいかもしれないが，高次脳機能障害を持つ人やその家族を，葛藤も受け止めつつ支援していくには，それなりの支援方策が求められよう。障害者総合支援法に基づく手帳制度を前提としたサービスや，介護保険のサービスからの選択となると，必ずしも適切な認知リハビリテーションや生活支援につながらないことがある。

#### ○高次脳機能障害に対するリハビリテーションの不足

　主として，神経心理学的リハビリテーションが求められるものの，全国的にこうしたプログラムは十分整えられていない。そのため，退院後に介護保険や障害者福祉のサービスで継続的な認知訓練や生活訓練の場を探さざるを得ない。「手帳及び障害支援区分」や「要介護認定」が受けられても適したサービス事業を受給できているわけではなく，高次脳機能障害に伴う課題解決を行い生活力を高めるプログラムが不足している。

#### ○高次脳機能障害者支援の地域システム化

　高次脳機能障害に対応するリハビリテーションの必要性は理解されているとしても，そうしたプログラムを持っている病院が少ないため，一般病院にて待機を余儀なくされることもある。また，理学療法，作業療法，言語聴覚療法の人員配置はされていても，認知リハビリテーションを担う臨床心理士の配置は全国的にみれば非常に遅れている。

　一方，福祉領域においても高次脳機能障害への支援はいまだ不十分な状況にある。なぜなら，身体障害，知的障害，精神障害に対応する支援の経験はあるが，高次脳機能障害に対応するプログラムは試行・開発途上であり，それらが各地の障害者・高齢者関連施設などに普及し，支援者に根付くには時間がかかる。諸々の社会資源を活用し広範な支援施策を展開するには，各都道府県の障害保健福祉圏域などを利用した地域密着型の支援体制づくりが望まれる。

#### ○家族支援の体制不足

　高次脳機能障害を持つ人自身が困り感がないことが多く，そのことによる家族の負担感も大きい。家族が望むことは，理解ある関わりのもとで訓練を受けたり，デイサービスに通ったり，福祉的就労をするなど日中活動を支える社会資源の存在であり，教育・就労・社会参加の場面での理解ある対応である。そして将来的にも在宅での暮らしを望む人たちが大半である。したがって，受傷後の救命救急医療，リハビリテーション，生活支援，すなわち医療・福祉が連続性を持つ連携支援が重要である。障害のある人が新たな生活に踏み出し，家族は自らの自己実現に立ち戻ることができるよう，関係機関間が協働し，継ぎ目の無い統合的な支援体制を構築することが必要である。

　　　　　　　　　　　　　　　　　　　　　　　　　　　　　　（小川喜道）

年間に作り上げた支援プログラムを実際の事業に適用するための試行が行われた。その後，2006年に障害者自立支援法が施行され，その中の地域生活支援事業に「高次脳機能障害支援普及事業」が位置づけられた。現在では，すべての都道府県にこの支援事業が設置されており，そこに支援コーディネーターが置かれている。支援コーディネーターに対しては質的な差はあるものの全国的に高次脳機能障害に関する相談・支援が行われている（詳しくは，サイト参照。高次脳機能障害情報・支援センター，http://www.rehab.go.jp/brain_fukyu/）。

▷5　神奈川県では，2007年度より県内の障害保健福祉圏域において高次脳機能障害支援ネットワークを構築してきている。年度ごとに6圏域に対して，①高次脳機能障害支援システム検討委員会設置，②支援実態調査，③研修会，④事例検討会を行ってきている。それにより，各地の関連機関，すなわち行政，保健所，相談支援事業，病院，養護学校，介護保険事業所，日中活動支援事業所，就労支援機関，家族会などが連携して，高次脳機能障害者のさまざまな場面における支援体制を構築することにつながっている（平成24年度高次脳機能障害者地域支援事業報告書（2013）：http://www.chiiki-shien-hp.kanagawa-rehab.or.jp/img/uploads/8/24kentanjigyouhoukoku/pdf）。

▷6　日本脳外傷友の会，2009，『高次脳機能障害者全国生活実態調査報告書』

## Ⅶ 支援にかかわる制度のジレンマ

# 9 福祉用具と補装具の制度

## 1 福祉用具の給付制度

障害のある人が利用するさまざまな機器は，介護保険制度および障害福祉制度を利用して貸与または購入できる。介護保険では，「福祉用具」とは「心身の機能が低下し日常生活を営むのに支障がある要介護者等の日常生活上の便宜を図るための用具及び要介護者等の機能訓練のための用具であって，要介護者等の日常生活の自立を助けるためのもの」と定義されている。介護保険を使った福祉用具利用は，「福祉用具専門相談員」等の有資格者の助言を受けて，指定事業者と契約を結び貸与（レンタルサービスで提供）されるのが原則である。例外として，入浴や排せつ等に使用するためにレンタルになじまない用具は，介護保険法では「特定福祉用具」とされ，貸与でなく販売となり，年間10万円まで購入できる。なお，貸与でも購入でも費用の9割が保険給付される。

一方，介護保険を利用できない65歳未満の人や，介護保険の福祉用具給付では不足したり，対象外の用具を利用する場合は，障害者総合支援法による給付を受けることになる。障害者総合支援法では，福祉用具は，自立支援給付である「補装具」と，地域生活支援事業として給付される「日常生活用具」の2種類に区分され，前者は全国一律に提供されるが，後者は市町村によって年間利用限度額などの利用条件が異なることがある。

障害者総合支援法では「補装具」は「障害者等の身体機能を補完し，又は代替し，かつ，長期間にわたり継続して使用されるもの」と定義され，16種類が厚生労働省告示によって定められている。一方，「日常生活用具」も，厚生労働省告示（平成18年9月29日第529号）によって次のように定義される。すなわち「障害者等が安全かつ容易に使用できるもので，実用性が認められるもの」であり，さらに，「障害者等の日常生活上の困難を改善し，自立を支援し，かつ，社会参加を促進すると認められるもの」であり，さらに，「用具の製作，改良又は開発に当たって障害に関する専門的な知識や技術を要するもので，日常生活品として一般に普及していないもの」という3条件をすべて満たすものとされている。

## 2 福祉用具が抱えるジレンマ

障害のある人が生活のなかで必要とする用具は，こうした福祉制度で供給さ

▷1　原則として40歳以上で特定疾病の人と65歳以上の障害のある人には介護保険が優先適用される。

▷2　介護保険においては，要支援1または2の者が福祉用具の貸与または販売を利用する際の保険給付は「介護予防給付」であり，要介護1以上の者への保険給付は「介護給付」になる。貸与については，要介護認定による月額利用限度額上限まで利用可能である。また，要支援1，2と要介護1の場合は，原則として車いすや特殊寝台などは給付対象外である。

▷3　厚生労働省告示（平成18年9月29日第528号）によって定められた「補装具」は，義肢，装具，座位保持装置，盲人安全つえ，義眼，眼鏡，補聴器，車いす，電動車いす，座位保持いす，起立保持具，歩行器，頭部保持具，排便補助具，歩行補助つえおよび重度障害者用意思伝達装置の16種類である。

▷4　「日常生活用具」の種類は，特殊ベッドなどの「介護・訓練支援用具」，入浴補助具など「自立生活支援用具」，電気式たん吸引器など「在宅療養等支援用具」，点字器や人工喉頭など「情報・意思疎通支援用具」，ストーマ装具など

図Ⅶ-9-1　福祉機器と一般商品と共用品

出所：公益財団法人共用品推進機構HP（http://www.kyoyohin.org/index.php）

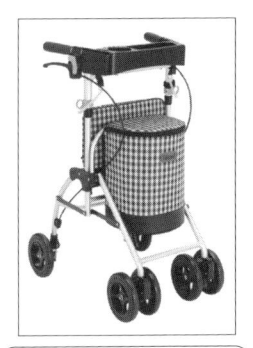

図Ⅶ-9-2　シルバーカー「テイコブボルタ」

出所：幸和製作所HP（http://www.tacaof.co.jp/index.html）

図Ⅶ-9-3　電動カート遊歩スキップ

出所：株式会社セリオHP（http://www.serio888.net/lineup/story.php）

れる用具ばかりではない。福祉用具が障害のある人のための専用の用具とすれば，一般製品は健常者のための用具であり一般商品として提供されている。これらの一般商品の多くを障害のある人も使用しているが，その使用については福祉サービスの対象にはならない。こうした現状に対して，障害の有無にかかわらずに利用できる商品を「共用品」と呼び，ユニバーサルデザインの観点から共用品を増やしていこうという動きがある。ところで，こうした「共用品」の普及は，福祉用具と一般商品との境界線をどこで引くべきかという問題をあらためて提起することになる（図Ⅶ-9-1）。

そもそも福祉用具は，その特殊性や専門性のために一般消費市場では提供されにくいために，福祉施策として給付され，利用費の大部分が公費で支払われている。例えば，義肢装具や座位保持装置など，一人一人に応じたオーダーメードのような用具は福祉用具として給付されるべきものだろう。しかし，多くの高齢者が利用している**シルバーカー**のような「歩行車」（図Ⅶ-9-2）や，電動カートのような「電動車いす」（図Ⅶ-9-3）などは，一般市場で購入されるべきだという考え方もあるだろう。現在，福祉用具の市場規模は1兆円を超えており，市場規模としては明らかにビジネスとして成立しており，こうしたビジネスをどこまで福祉制度で支えていくべきなのかは難しい問題である。このように福祉用具には，一般商品と福祉用具という二面性があり，この二面性はビジネスと福祉というふたつの領域にまたがる矛盾につながっている。

福祉用具は，この他にも矛盾を抱えている。例えば，障害のある人の利便性を高める用具もあれば，介護者を楽にするための用具も数多い。つまり用具の開発においては，本人のニーズと介護者のニーズの双方が考慮されるわけだが，そこにビジネスという目的が入ると，おのずと利用者が多い介護者の視点を重視した開発が多くなるのではないかという疑いも生じる。また，用具の使用は，障害のある人の生活の利便性を高めるだけでなく，利用者の生活に大きな変化をもたらすし，場合によっては利用者の生き方までも変えてしまう可能性がある。例えば自走式車いすしかない時代は，移動介助を通じて障害のある人とない人の触れ合いがあったが，電動車いすによって介助が不要になったために，むしろ障害のある人が孤立してしまうといったこともある。だからこそ，用具の開発に際しては障害のある人の当事者視点が重要なのである。（杉野昭博）

「排泄管理支援用具」，および「居宅生活動作補助用具」の6種類とされている。

▶5　公益財団法人「共用品推進機構」では，「共用品・共用サービス」について，「身体的な特性や障害にかかわりなく，より多くの人々が共に利用しやすい製品・施設・サービス」と定義して，共用品・共用サービスの普及に努めている。図Ⅶ-9-1は，同機構HPより引用。Ⅲ-8参照。

▶6　シルバーカー
高齢者の自立歩行を補助するための4輪の手押し車で，買い物バッグといすが付属している。乳母車メーカーが高齢者用に製造し始めたといわれている。

Ⅶ 支援にかかわる制度のジレンマ

# 10 移動と支援技術をめぐる当事者運動の議論

## ① 障害のある人にとっての移動

　初めて遠くに一人ででかけた時のことを思い出してみてほしい。あるいは，車やバイクの運転免許を取得して，初めて自分一人で出かけた時のことを思い出してほしい。きっと自分の世界が広がったという嬉しい気持ちになったのではないだろうか。

　障害のある人の多くは，自分の世界が広がったというそんな体験を奪われがちだった。特に，重度の障害のある人は，現在でも何十年も家に閉じこもりっぱなしの状態で放置されている人がいる。いったいどうしてそんなことになるのか。第一に物理的な環境の問題がある。障害のある人のことを考慮していない設備しかなければ，障害のある人は外出ができない。最近でこそ，エレベーターやリフト付きのバスを利用している障害のある人をみかけることがあるが，こういった設備が少しずつ作られてきたのは1970年代以降にすぎない。ちなみに，現在でも地方都市には無人駅や有人であっても時間が限られている駅が多く，かつ列車もワンマンカーといったところでは，車いすで列車を利用するのは困難である。こういった物理的な環境上の制約は，設備が「近代化」されていなかったせいだと考えることもできる。しかし，設備の「近代化」が必ずしも障害のある人の外出や移動にプラスに働くとは限らない。例えば，車の技術革新は足が不自由でも運転できる車を生み出したが，自動車が増えて危険になったせいで余計に外出しにくくなった障害のある人もいる，というように。またかつては駅員から切符を買っていたが，券売機が設置され駅員がいなくなってかえっておつりを取りにくくなったという事態や，駅が急に（おそらくは渋滞解消のために）高架になったために使えなくなったという当事者の声もしばしば聞くところである。

　第二に人的資源の問題がある。例えば，スクールバスが普及する前には特別支援学校へ通う障害のある子どもの付き添いは親がしなければならなかった。逆にいえば，付き添いを毎日することができる家族のいる障害のある人しか学校へ通えなかったということでもある。現在のようにガイドヘルパーと一緒に障害のある人が出かけているのを見ることができるのは，身体障害のある人に限っても1970年以降，知的障害のある人に関しては2000年代以降のことであろう。

第三に偏見や差別の問題がある。例えば，ある脳性マヒの人は，一日中部屋に閉じ込められ，窓から外を覗こうとしただけで，祖父母からおこられたと書いている。家族としては，身内に障害のある人がいるために，例えば，きょうだいの就職や結婚に悪い影響があるのではないかと考えて隠そうとしたのである。したがって，閉じ込めは単に家族の問題であるとはいえない。むしろ，社会が障害のある人の「世話役」と「見張り役」を家族に押しつけているのである。そうすることによって，社会の側は障害のある人に本来しなければならなかったはずの多様な配慮をしないで済ませてきた。家族には同情はするかもしれないが，家族が障害のある人の世話をするのがあるべき家族像であるという規範は揺るがなかった。こうした状況の下で，障害のある人は移動どころか外出にさえ大きな困難を抱えていた。また仮に外出したとしても物理的な障壁によって行く手を阻まれ，制限された範囲しか行動できなかった。

▷1 詳細は，岩楯恵美子，1978，『わたしも学校へ行きたい』拓殖書房を参照。

## 2 移動する権利の獲得に向けた運動のはじまり

そんな状況を打破すべく障害のある人が立ち上がり始めたのは，1970年前後である。移動やその支援に向けた要求は自立生活運動とかかわりが深い。障害のある人が親元や入所施設を出るということは，それらに頼らない移動手段が必要になるということでもあるからだ。ここでは，移動のための権利獲得を目指した活動をいくつか示しておこう。

まず，障害者解放運動の一環として交通問題に取り組んだ人々がいる。1965年に脳性マヒ者の荒木義昭氏が自動車の運転免許取得を求めて受験を申し出るが試験場で拒否される。それでも車の運転を続け，1968年には無免許運転で検挙される（その後も何度も検挙される）。荒木氏は自分が事故を起こさずにいるのに運転免許が取得できないのは不当であるとして抗議活動を続けた。実際に荒木氏を逮捕した警察官は彼の運転のうまさに驚いていたという。結局，荒木氏の訴えは認められなかったが，**欠格条項**の問題を社会に訴えたという意義は大きかった。

1977年には川崎市で脳性マヒ者が車いすのままバスに乗車することを求めて抗議し（当時は，障害がある人は車いすを折りたたんで固定し，座席に座らなければならず，介助者が必ず必要とされた），結果としてバスの運行をストップさせてしまう事件が起きる。事件を機に障害者解放運動にかかわる団体は，障害のある人が交通手段を利用できないことを差別と捉え，社会を告発していくというスタンスをとった。類似した立場をとる全国障害者解放運動連絡会議も視覚障害者の大原隆氏が国鉄（当時）のホームから転落した事故の補償を国鉄に求める，いわゆる大原訴訟を支援していた。

ところで，これらの団体の中には，他人の介護をうけることは，その介護を担当した人の意識を障害者が理解できるように変えていくことになると考えて

▷2 欠格条項
欠格条項とは資格や免許の取得を障害を理由として制限する法律の条文を指している。

▷3 詳細は，荒木義昭，1971，『荒木裁判資料集その1』自費出版；荒木義昭，1972，『荒木裁判資料集その2』自費出版を参照。

いたので，介護を省力化するための支援の道具（例えば，電動車いす）の利用には懐疑的，否定的な人もいた。その背景には，福祉機器を利用することで，移動が完結すれば，障害のない人とのかかわりが失われるのではという危惧があった。また，介護や移動の支援については，社会の構成員すべてが本来いつでも障害のある人が困っていたら手を差し伸べる介助者であるべきだと主張して，特定の介助者を設ける制度に懐疑的な人たちもいた。現在でもそうした理念のもとにすべてボランティアによる支援で生活をしている人もいる。しかし，当事者運動の主流は，公的な介助システムを求めて活動してきた。支援の制度や福祉機器に疑問が出たのは，運動の理念の他に，その制度や福祉機器を実際に使っていない段階では実効性が不明確だったという点があげられるだろう。実際に実効性が確認されれば多くの人が利用できるようになるのは自然なことである。また，例えば電動車いすは脳性マヒ者には不向きという考えもあったようであるが，当事者が実際に使うことによってそのような疑問を解消したという例もある。特に電動車いすは障害者運動史を考える上で画期的である。というのも，電動車いすがなければ寝たきりの状態であったであろう重度の障害者がそれを活用して運動に参加することが可能になったからである。朝日新聞大阪厚生文化事業団が1976年から「朝日・電動車いすを贈る運動」を行っており，この頃から次第に電動車いす利用者が増加していく。[4]

## 3 車いす市民全国集会とまちづくり運動

1970年代は同じ市民の権利として障害のある人の移動の保障を求めていく運動が各地で起こった。例えば京都市では長橋栄一の運動がある。彼は，幼い頃から不自由な足の代わりに手に下駄を履いて行動し，長い間，京都府警に通って最初に原付の免許を続いて自動車の免許を取った。「自分より障害の重い彼にも自動車が運転できるなら自分にも」と周囲の人も彼に影響されて，自動車の運転免許の取得に取り組み始めた。また1973年頃から京都市で計画されていた地下鉄の計画に対しては，誰もが乗れる地下鉄にして欲しいと要求した。結果的に京都市の地下鉄は主要な4駅（京都駅，四条駅，今出川駅，北大路駅）にエレベーターを設置した。4駅だけとはいえ，当時としては画期的でこれを見た大阪の障害者たちは，さっそくエレベーター設置運動を大阪でも繰り広げた。京都にエレベーターが設置されても，大阪になければやはり京都に行くことができないからである。ちなみに大阪での運動のリーダーとなったのは牧口一二という人物である。

こういった各地の運動の情報交換の場として機能したのが，1973年に仙台で最初に催された車いす市民全国集会である。隔年で開催され，交通や移動の問題に取り組む各分科会に分かれて，各地の運動が報告された。京都，名古屋，兵庫では，こうしたまちづくり運動の流れは自立生活センター設置へとつな

▷ 4　詳細は，朝日新聞大阪厚生文化事業団編，1984，『先駆──五十五年のあゆみ』朝日新聞大阪厚生文化事業団を参照。

がっている。これらの活動のひとつの特徴は、障害のある人のためだけではなく、高齢者や妊婦、重い荷物を持っている人、これらすべての人のためのまちづくりを目指すという点にある。こうした理由からこの活動に加わった人たちは「身体障害者専用」の設備や優先座席には反対という意見を持っていた。彼らによれば、例えば列車においてはどの席も優先座席であるべきで、他と区別された優先座席を用意することでかえって障害のある人は優先座席に座るべきで、そうでない席は譲らなくてよいというような意識を周囲の人にもたらすと主張した。エレベーターや広めのトイレに「どなたでもお使いください」と表示されているのを見たことがないだろうか。こういった表示の発想の起源はこの運動にある。[5]

　最後に障害のある人の旅行について触れておきたい。障害のある人の旅行が生活圏や移動の拡大にも果たした役割は大きいと考えられる。やはり1970年代に入るまでは障害のある人の旅行、特に海外旅行などは考えつきもしないことだった。その常識を破ったのは石坂直行という人である。彼は、海外の雑誌を購読していたため、障害のある人の旅行が海外では可能であることを知り、その雑誌の編集者宛てに手紙を書き、協力を得てヨーロッパ旅行を成し遂げた。後にその旅行記で石坂は「身体障害や身障者という定義づけについてかねがね次のように考えている。それは障害物が障害を作るということである。縁石のある横断歩道や、歩道橋、建物の階段、狭い入口や通路など社会に存在する障害物に直面したとき、そこから追い返されるのが障害者である」述べている。[6] これは障害の社会モデルに該当する発想だといえるだろう。加えて重要なことは、石坂がこの旅行で、ヨーロッパで障害者の移動を容易ならしめるのは物理的環境だけではないと気づいたということを示す。ヨーロッパにも使いにくいエレベーターや段差は存在していた。にもかかわらず、石坂は海外では日本にいた時よりも解放感を味わっていたのである。それは、段差があればすぐさま手を貸してくれる人がいるという安心感によってもたらされていたという。石坂の経験は福祉器具の利用が必ずしも周囲の障害者に対する無関心をもたらさないことを示している。この後石坂に続いて多くの障害のある人が海外へと旅行をしている。そして彼らは単に旅行をしただけではなく、その経験を活かして日本における障害のある人の居住や交通、移動の問題の解決に尽力している。

　以上述べてきたように、当事者運動は移動のための介助の制度や福祉機器について、時にさまざまなとまどいを覚えながらも、自分たちの生活圏の拡大のための要求を掲げてきた。そして、制度や福祉機器の実効性を自らが社会に参加することを通して実証してきたといえるだろう。

(廣野俊輔)

▷5　詳細は、京都市社会福祉協議会・京都市民生児童委員連盟編、1986、『京のまちづくりと障害者』法律文化社を参照。

▷6　石坂直行、1973、『ヨーロッパ車いすひとり旅』日本放送協会出版、pp.115-116。

Ⅷ 障害学の思想

# 1 障害の普遍性モデル

## 1 当事者による「障害」観の見直しによって生まれた障害学

　障害の研究は長らく，医療や教育や福祉の専門家によって行われてきた。これらの研究は，障害に対して医学的な見方や同情的な見方をしていた。例えば，障害者を「弱者」や「無力な存在」として捉えて，医療・教育・福祉の専門家が彼らの「幸福」を支えていかなければいけないといった姿勢が支援実践やその研究に強く反映していた。こうした障害研究に対して，1970年代頃から障害のある人たち自身（当事者）が「障害者としての生き方」を主張するようになり，今日では「私たち抜きに私たちのことを決めるな（Nothing about us without us）」という障害者運動の主張に結実するとともに，こうした当事者の主張が障害学へと発展した。

　障害学は，従来の障害研究とは異なる独自の障害観として，障害とは個人の心身の状況ではなく社会の障壁であるという「障害の社会モデル」や，個人の心身の特性は人間の多様な個性のひとつであり人類文化の一部を構成しているという「障害の文化モデル」を提示した。このように，障害学は障害に関する社会的観念を検討する「障害の哲学／思想」だといえる。しかし，この哲学は障害とかかわりのない人が抽象的な思考によって導き出したものではなく，障害のある人たちの経験の中から彼ら自身によって紡ぎだされた思想や哲学に裏うちされた**当事者学**なのである。

## 2 「障害者」の範囲は政治的に決まる

　障害学が当事者学だとすれば，「健常者が障害学をしてもよいのか」という疑問が生じるだろう。確かに，女性学でも男性の参加を認めるかという過去の議論を経て現在は男性も参加している。障害学でも健常者の参加をめぐる論争はある。しかし障害学においては，「健常者」の障害学への参加の是非を論じる以前に，「障害者」とは誰なのかということが簡単には決められない。

　障害者手帳を持っている人だけが「障害者」だとすると，難病や慢性病や，軽度の障害の多くが，「障害者」からはずれてしまう。また，現在「健常者」と呼ばれる人も，将来何らかの障害を発生する確率が統計的に高いことが遺伝子診断などで判明した場合は「潜在的障害者」と考えることもできる。このように「障害者」の範囲は，現在の日本の行政上の定義による狭い範囲から，人

▷1　**当事者学**
女性自身が自らの経験を研究する「女性学」や，患者自身が自らの病の経験を研究する「患者学」といった学問が「当事者学」と呼ばれるように，障害学も，そうした当事者学のひとつである。

▷2　アメリカの障害学は，ガン回復者や，肥満体質の人や，容貌に障害のある人も，「障害者」に含めているし，障害のあるアメリカ人法（ADA）などの法的な定義もこれに準じて幅広く障害を定義している。

口の半数近くを含む広い範囲まで考えることができる。行政上の「障害者」の範囲をどこに設定するかは政治的問題であり，国によってさまざまである。しかし，学問としての障害学の担い手は，「障害を否定しない視点」に立つことができるならば，幅広い人たちに開かれているといってよい。

### ③ 障害の普遍性モデル

障害学が主張する障害モデルのなかに，社会モデル，文化モデルと並んで「普遍性モデル」がある。これはアメリカ障害学の第一人者であるアーヴィング・ゾラ (Irving Zola) が主張した障害モデルで，「障害」の範囲を幅広く捉える考え方である。「障害の普遍性モデル」は，世界保健機関（WHO）が策定した国際生活機能分類（ICF）にも採用されている。このため，「普遍性モデル」は「医学モデル」なのではないかという意見もあり，普遍性モデルは医学モデルなのか社会モデルなのかという点は論争の的にもなっている。

ゾラが提起した「障害学の普遍性モデル」と，ICF が採用した「保健学の普遍性モデル」を区別する上で重要なのは，それが「健康を志向したモデル」であるかどうかという点である。ICF は世界的な健康水準を向上させるという WHO の目標のなかで策定されたものであるのに対し，ゾラは，そうした「健康志向」そのものを「健康至上主義（healthism）」として厳しく批判した。つまり「障害学の普遍性モデル」とは，「障害のある人生」を否定せず，むしろ広く普及させようとするもので，医学モデルとは正反対の考えである。

### ④ 「谷間」のない障害者福祉のための普遍的社会保障制度

障害の普遍性モデルを採用するアメリカ障害学は，高齢者や慢性病患者も含めて人口の3〜4割程度までは「障害者」と考えて，その人たちすべての市民権を保障しようとする。一方，日本のように人口の1割以下の人たちを「障害者」と定義して，その人たちだけに障害基礎年金などの福祉給付を行う場合は，障害があっても給付が受けられない「制度の谷間」が生まれてしまう。

政府はこれまで，行政上の「障害者」に含まれない人たちの要望にこたえて，少しずつ障害者の範囲を広げてきたが，「制度の谷間」の解消にはほど遠い。一方，すでに「障害者」として福祉給付を受けている人たちの間には，障害者の範囲が広がると福祉給付が削減されるのではないかという不安があり，障害の範囲を積極的に広げようという意見は少ない。障害の普遍性モデルを確立し，「制度の谷間」問題を解消するためには，日本の福祉制度を抜本的に見直して，障害の有無や年齢にかかわらず給付される普遍的な社会保障制度を確立する必要があるだろう。

(杉野昭博)

▷3 障害学の哲学とは，ひとことでいえば「障害があってもよい」という考え方で，優生学とは反対の立場の「反優生思想」である。詳しくは，Ⅷ-2 参照。

▷4 ICFでは，誰もが何らかの機能障害や活動制限や参加制約を有しているという考え方を採用している。

▷5 普遍性モデルや健康至上主義批判を含むゾラの業績については，杉野昭博，2007，『障害学——理論形成と射程』東京大学出版会，3章参照。

▷6 例えば，1967年に心臓と呼吸器の機能障害，1972年に腎臓機能障害，1984年に膀胱または直腸機能の障害，1986年に小腸機能障害，1998年にヒト免疫不全ウイルスによる免疫機能の障害，2010年には肝臓機能障害がそれぞれ身体障害者福祉法の対象とする身体障害に追加されている。この他，2006年の障害者自立支援法によって高次脳機能障害が，2012年の障害者総合支援法によって難病が障害福祉サービスの対象として新たに追加されている。

▷7 例えば，障害の有無や年齢や性別にかかわらず，国民全員に一定の所得を保障するベーシック・インカム制度や，一元的な国民医療制度が普遍的な社会保障制度の例である。

Ⅷ　障害学の思想

## 2　生きるために
### 優生思想との闘い

#### 1　根強い優生思想

　優生学とは，ダーウィンの進化論やメンデルの遺伝学の影響を受けて19世紀末にヨーロッパで登場した学問である。環境に適応できない遺伝子が自然淘汰されることによって種の進化がもたらされたと考えれば，自然淘汰がなされなくなった人類は人工的に不良な遺伝子を淘汰する必要があると優生学は主張した。人工的な淘汰の方法として，不良な遺伝子を持つ者の生殖を防止するために断種（不妊手術）を行うことや，施設に隔離して生殖を禁じることなどが提案された。

　優生学に基づいて民族の進化や国力の増強を目指そうという考えが優生思想であり，これを国策として実行するのが優生政策である。19世紀末から20世紀初頭にかけて優生学は欧米先進国で広く支持されたが，やがてナチスドイツの人種差別的政策と結びついたために，1930年代以降は徐々に支持を失っていき，20世紀半ばにはその科学的根拠も否定されるようになった。

　しかし，その一方で，日本のように20世紀後半になっても，精神障害や知的障害のある人に対する強制的な不妊手術を国家政策として維持した国は存在したし，またそれを支持する政治家も少なくない。今日では20世紀末の生殖医療の飛躍的進歩により，不良な遺伝子の生殖を防止する「消極的優生」ではなく，優良な遺伝子のみを生殖させる「積極的優生」という新しい優生学が出現して社会の関心を集めている。

#### 2　日本の優生政策

　日本政府が，遺伝性疾患のある者に対する強制不妊手術（優生手術）を法律上認めたのは，1940年に制定された国民優生法が最初である。この時期，欧米先進国では優生学に対する支持はすでに低下していたので，世界的には時代遅れの政策であった。しかし，戦時下で制定された国民優生法の主要な目的は人口増殖であり，人工妊娠中絶の禁止が実質的な政策目標であったため，遺伝性疾患がある者に対する優生手術は本格的には普及しなかった。

　本格的な優生政策は，戦後復興期における人口抑制を背景として1948年に制定された優生保護法によって実施された。優生保護法では，遺伝性ではない精神障害や知的障害のある人についても保護義務者の同意があれば強制不妊手術

▶1　動植物は自然状態の生存競争のなかでは，環境に最も適応した個体が多くの生殖機会を得て遺伝子を再生産するが，環境に適応しにくい個体は生殖機会が少なく遺伝子を再生産できず，その結果，環境に適応した遺伝子のみが増殖するという考え。しかし現代の研究では，種の多様性を維持するために環境に適応しにくい個体にも生殖機会があることが報告されている。

▶2　優生思想は，本来，反戦平和思想や福祉国家思想となじみの深いものである。侵略戦争は，健康な男性を兵士として国外の戦場に送り，病気や障害のある男性と健康な女性を国内にとどまらせることによって，「劣悪な遺伝子」が増殖する機会となりえる。このため優生思想を支持する人は戦争を支持しない。一方，福祉国家がもたらす総合的な社会保障制度は，貧しい人の死亡率を改善することにより，やはり「劣悪な遺伝子」が増殖すると考えられたために，福祉国家においてこそ，「劣悪な遺伝子」を人工的に排除する優生政策が必要だと考えられた。

が可能になった。こうして，本人の同意のない強制不妊手術が，「不良な子孫の出生を防止する」目的で，1996年までの間に合計1万6520件実施された。

### 3 優生思想と障害者

優生保護法は1996年に母体保護法に改正され，法の目的から「優生上の見地から不良な子孫の出生を防止する」という一文が削除され，「母体保護」のみを理由とした不妊手術および人工妊娠中絶だけが認められるようになった。しかし，母体保護法への改正が行われるまでに，何度か改正の動きがあった。1970年代前半の優生保護法改正案では，「胎児の障害」を理由として人工妊娠中絶を合法化する「胎児条項」の追加が提案されたこともあった。この改正案に対して脳性マヒ者の団体「神奈川青い芝の会」は，「優生思想は障害者殺しの思想である」と批判した。神奈川青い芝の会の運動は，1970年に起きた母親による重度障害児の殺害事件をきっかけとする母親のための減刑嘆願運動への批判から出発している。彼らが批判したのは，「重い障害のある人は生まれてこない方がよい」という社会一般の考え方だった。

神奈川青い芝の会の横塚晃一は次のように述べている。

「[障害児を殺害した母親は]『この子はなおらない。こんな姿で生きるよりも死んだ方が幸せなのだ』と思ったという。なおるかなおらないか，働けるか否かによって決めようとする，この人間に対する価値観が問題なのである。この働かざるもの人に非ずという価値観によって，障害者は本来あってはならない存在とされ，日夜抑圧され続けている。」

重度障害者を「本来あってはならない存在」と捉える考え方こそ優生思想である。したがって，重度障害者の生存権を訴えた障害者運動が優生思想と闘うことになるのは当然といえる。こうして同じく神奈川青い芝の会の横田弘は，障害のある胎児を選別的に中絶することを含む「生殖についての女性の自由な選択権」は認めないとして，女性運動を以下のように批判した。

「私はなにもことさら障害児を産めとは言っていない。しかし，女性たちの心のどこかに『障害児は不幸なのだ』，『障害児が生まれることは大変な負担になるのだ』という心の動きが残っているとしたら，そういう心の動きの上にたつ『産む・産まないは女性の権利』という主張を絶対に認めるわけにはいかないのである。」

障害のある人たちのなかには，自身の生殖をめぐって，家族や身近な人たちから日常的に優生学的な視点による否定的な意見や圧力を受けている人もいる。そうしたなかで，パートナーをみつけ，子どもをつくっている人もいる。障害の重さにかかわりなく，また，子どもを産む産まないにかかわらず，障害や病気とともに生きていく上で，優生思想との闘いは避けられないものだといえよう。

(杉野昭博)

▷3　市野川容孝，1999，「福祉国家の優生学――スウェーデンの強制不妊手術と日本」『世界』661：pp. 167-176参照。

▷4　Ⅷ-4参照。

▷5　横塚晃一，2007，『母よ！殺すな』（復刻版）生活書院，p.42。なお[　]および傍点は引用者による。

▷6　横田弘，1983，「産む・産まない権利とは」『福祉労働』21：pp.22-25。

Ⅷ 障害学の思想

## 3 ノーマライゼーション
### 北欧の反優生思想

#### 1 日本におけるノーマライゼーション理念

　日本で「ノーマライゼーション」という用語が広く知られるようになったのは，国際障害者年の1981年に公刊された『厚生白書』によってである。そこには以下のように記されている。

　「近年，障害者福祉の理念として注目を集めているのが，『ノーマライゼーション（normalization）』の考え方であり，今日では福祉に関する新しい理念全体を表す言葉として，世界的に用いられるようになってきている。この言葉は歴史的にみると，スカンジナビア諸国を発祥の地として，『常態化すること』すなわち，障害者をできる限り通常の人々と同様な生活をおくれるようにするという意味で使われ始めたとされている」（『昭和56年版厚生白書』）。

　この記述に誤りはないが，北欧諸国で障害者をなぜ「常態化する」必要があったのか，それ以前の障害者処遇がどのように「常態」ではなかったのかということがこの記述ではわからない。『厚生白書』の記述は以下のように続く。

　「そして，今日では，障害者が何パーセントかいるのが通常の社会であり，障害者が家庭において，又はそれに近い状態で生活することが望ましく，施設自体も地域社会に根ざしたものであるべきであるという考え方を示すものとして一般に理解されている」（『昭和56年版厚生白書』傍点は引用者）。

　最初の傍点部分は，その後の日本政府の「共生社会」政策の考え方につながっている。さらに後半の傍点部は，当時の厚生省がノーマライゼーションを在宅福祉・地域福祉の文脈に位置づけていることがわかる。こうして，北欧においては「優生政策からの脱却＝常態化」という文脈で語られたノーマライゼーションが，日本では在宅福祉や地域福祉と同義語のように用いられるようになったのである。

#### 2 スウェーデンにおける知的障害者の優生政策

　北欧の**ノーマライゼーション**を理解するために不可欠な優生政策について，スウェーデンを例として見てみよう。スウェーデンにおける優生政策の始まりは，1915年に導入された「精神遅滞，精神病，てんかん」がある人に対する結婚規制である。1916年には全国に知的障害者収容施設が急速に整備されていく。この頃から，知的障害や精神障害のある人たちの社会からの隔離が始まったと

▷1　Ⅷ-2 参照。

▷2　**ノーマライゼーション**
1950年代にデンマークの知的障害者福祉施策の担当者だったバンク＝ミケルセンが提唱した理念と政策。北欧のノーマライゼーション政策は，デンマークとスウェーデンにおいて顕著に実施された政策であり，いずれの国においても，それは「優生政策からの脱却」だった。

考えられる。施設の目的は生殖を防止し，知的障害や精神障害の遺伝子を淘汰し根絶することである。

ところで，生殖防止にとって最も有効なのは断種である。断種と聞くと乱暴なイメージがあるかもしれないが，生殖器を切除するということではなく，精管や卵管を結紮して妊娠不能にすることで，優生手術と呼ばれている。これを本人の同意なしに，国家権力によって実施するのが強制断種である。強制断種を認めるか否かは当時でも大いに論争があり，これを認めた国や地域は欧米でも限られていた。スウェーデンでも1934年の断種法では強制断種が認められたが，1941年には改正され本人の同意が必要とされた。

強制断種が不可能である限り，知的障害遺伝子を完全に除去するためにはすべての知的障害者を見つけ出し，一生にわたって隔離収容し，異性と接触できない環境をつくる必要があった。スウェーデンで1950年代から60年代にかけて建設された「巨大コロニー」と呼ばれる知的障害者が集まって暮らす施設群は，当時の日本の障害者施設に比べると立派な施設ではあったが，それが建設された理由は知的障害のある人たちの人権を無視したものだった。

こうした人権侵害を少しでも解消しようという努力が1960年代になされるようになる。ベンクト・ニィリエが，施設内の生活をできるだけ一般の生活に近いものにする「ノーマライゼーション原理」を提唱し，施設内QOLを向上させる努力が始まる。しかし，この時点でのノーマライゼーションは「脱施設化」を目指したものではなかった。

ノーマライゼーションが脱施設化を目指すようになるのは，1975年の断種法改正によって優生手術に本人の明確な同意が必要になってからである。この断種法改正は，実質的には優生政策の終了であった。その背景には，知的障害と遺伝の関係に科学的な根拠がないことや，生殖防止によっても知的障害の出現率が減少しなかったことがあった。この結果，知的障害者を施設に隔離収容する根拠もなくなり，1980年代から生殖防止施設の閉鎖に向けて準備が始められ，1999年に全施設の閉鎖が完了したのである。

## 3 日本の優生政策とノーマライゼーション

日本政府は，知的障害のある人たちに対して，スウェーデンやデンマークのような施設隔離による徹底した優生政策は行わなかった。しかし，施設に入所している人の多くが半強制的な優生手術を経験しているし，親の同意による優生手術は数多く行われてきた。また，子どもを産もうとする障害者に対する社会の見方は依然として厳しいものがある。しかし，障害の有無と子育て能力との相関が証明されているわけではない。ノーマライゼーションの本当の意味は，障害のある人や遺伝性疾患のある人も，安心して家族を作り，子どもを産むことができる社会を作ることである。

（杉野昭博）

▷3　ニィリエのノーマライゼーション原理は，知的障害者の施設生活において，①1日の，②1週間の，③1年の，そして④一生涯（ライフサイクル）のノーマルなリズム（経験）を保障すること，および，⑤一般市民と同じ選択や願いを尊重すること，⑥一般市民と同じ経済水準と⑦環境水準を保障すること，⑧一般市民と同様の（ノーマルな）異性との居住や交流という8つの要素からなっている。これは，知的障害に限らず，すべての入所型施設ケアの目標基準として今日でも有効な原則である。

▷4　Ⅷ-6　▷6参照。

▷5　日本政府が北欧のような徹底した隔離政策によって絶滅を図ったのは，知的障害よりもハンセン病（らい病）だった。1931年の「らい予防法」は国立療養所に患者を強制隔離するものであり，1948年の優生保護法ではハンセン病患者の同意なしの妊娠中絶と不妊手術を合法化した。

▷6　親の要望による重度障害女性の子宮摘出手術は多くの国で現在も実施されたり，議論の対象になっている。たとえ本人に判断能力がなかったとしても，障害を理由に子どもの子宮摘出を親の判断だけで決めてもよいとはいえない。児玉真美，2011，『アシュリー事件――メディカル・コントロールと新・優生思想の時代』生活書院参照。

Ⅷ 障害学の思想

## 4 日本の障害学の原点
### 1970年代の脳性マヒ者運動

#### 1 障害児殺害事件と脳性マヒ者運動の出発

　1970年代の脳性マヒ者の抗議運動は，障害学や障害者福祉論の起源として扱われることが多い。その運動のひとつは，1970年に起こった母親が重度の障害のある子どもを殺害するというショッキングな事件に対する脳性マヒ者の非難の声から始まった。事件のあった地域の町内会は母親に同情して減刑嘆願運動を始め，また障害のある子どもを持つ親の団体からは，福祉政策の貧弱さこそが問題で，現状の障害者福祉の水準がこのような事件を起こしたという抗議文が行政に向けて送られた。

　この減刑嘆願運動に反対する運動を起こしたのが日本脳性マヒ者協会青い芝の会連合会に属する青い芝の会神奈川県連合会である。青い芝の会自体は，1957年に東京で発足した脳性マヒ者の団体である。その主張は時代や地域ごとに異なるために，誤解のないように付言すると，ここでの記述が青い芝の会全体の主張を明らかにしているわけではない。ただし，神奈川県における会の活動は確かに障害者運動の転換点だった。彼らは，母親に対する減刑嘆願の活動に抗議し，障害者を特別視しない厳正な裁判を要求したのだ。では脳性マヒ者たちは，母親にきちんと刑が下されれば満足だったのか。確かに彼らは障害のない子どもが母親に殺された場合と同じ刑の執行を求めている。けれども，それだけが目的だったのではなく，彼らの批判は地域住民にも向けられていたのである。

　青い芝の会神奈川県連合会の脳性マヒ者は次のように問う。加害者である母親を苦しめたのはいったい何だったのか。地域住民は障害のある子どもを持つこの母親にどれだけ協力をしてきたのか。あるいは，この母親を白い眼で見てきたのではなかったか，と。そして，もし地域住民がそのような接し方をこの母親にしていたならば，彼らに減刑嘆願の運動をする資格があるのだろうか。それどころか地域住民が減刑嘆願運動をするということは，自分たちで母親を追いつめたことを棚上げにしたこと，殺したのは障害児だから刑を軽くしろと要求していることの二重の意味で問題であると地域住民に主張したのである。つまり一方では母親を追い詰めて障害のある子どもを死に追いやることに加担しておきながら，他方で「障害のある子どもに困っていたかわいそうな母親」を救う活動に参加することで，自らの行動を免罪するという意味である。

それまでの障害者運動と比べてこれほどまではっきりと自分たちの生存を認めよと主張したのは，この団体が初めてだった。この意味で，青い芝の会神奈川県連合会の1970年の運動は，1960年代以降の生存権の保障を求める運動の到達点ともいえようし，その後に続く，健常者中心の社会を告発しながら変えていこうとする運動の先駆けでもあった。

## ❷ 府中療育センター闘争

もうひとつの起源と目される運動は府中療育センター闘争と呼ばれるものである。府中療育センターとは，1968年に設置された東京都の医療機関である。設置された当時は「東洋一の施設」とされていた。しかし，1970年頃から入所者による抗議の運動が相次いだ。発端は信頼している職員の配置転換だったが，やがて，入所施設での障害者への対応をめぐる改善の要求，施設を所轄する課の変更要求，東京都が用意した別の入所施設への移転への反対などさまざまな要求闘争へと発展していく。

入所者がセンターのいかなる点を問題にしたのかといえば，第一に施設内における自由やプライバシーのなさである。外出，服装，髪型などの自由が認められなかったのである。第二に入所時に死亡時の解剖承諾書を提出させていたことが入所者からすれば実験材料のように扱われていると感じられた。運動のリーダーの一人であった新田勲は次のように述べている。「都は私たちに生活の保障をしてくれる代わりに，人間としての権利，自由を奪っています。これでは動物園の檻に入っているのと同じです。……私は人間として生き，人間としての生活がしたいんだ。私は働けない。私が生きるって言うことは自分の好きな形をとっても自由である。」自立生活運動の主張のポイントのひとつはリスクを冒す権利といわれるが，この主張にはそれがよく示されている。

この運動は，入所施設にとどまりつつ改善を要求していく運動と，入所施設を出て地域で暮らす運動に分岐する。後者は，国による介護の保障を求め，1988年に公的介護要求者組合を結成する。その成果のひとつは全身性障害者介護人派遣事業という自ら選んだ介護人に報酬を支払うしくみである。

ごく簡単に1970年代初頭のふたつの障害学の原点ともいえる運動を紹介した。紙幅の都合から，十分に紹介はできないが，これらの他にも，車いす市民全国集会の結成（1973年），全国障害者解放運動連絡会議の結成（1976年），1960年代後半から続く東京青い芝の会の運動は，それぞれ立場は異なるものの，日本における障害学（障害の社会モデル）の原点として重要である。　　　（廣野俊輔）

▷1　詳しくは，廣野俊輔，2011，「障害者運動史にみる生命」『ノーマライゼーション』31(2)：pp.19-20を参照。

▷2　青い芝の会では1960年頃から年金の充実や障害者の職業確保，入所施設の整備を訴えていた。主張の内容は，1970年頃から変化するものの，生きることの保障を権利として求めるという点では連続している。

▷3　著書として，新田勲，2009，『足文字は叫ぶ！』現代書館がある。

▷4　青い芝の会，1969，『青い芝』73：pp.6-7から引用。

▷5　ただし，発足当初は，車いす市民交流会と呼ばれていた。発足の大会については，福祉のまちづくり編集委員会，1974，『福祉のまちづくり――仙台・車いす市民交流会』朝日新聞東京厚生文化事業団に詳しい。

**参考文献**

安積純子・岡原正行・尾中文哉・立岩真也，1995，『生の技法』藤原書店。
日本社会臨床学会編，1996，『施設と街のはざまで』影書房。

## VIII 障害学の思想

### 5 「脱親」という思想

#### 1 障害児の親が要望した福祉制度の矛盾

　障害のある子どもを持った親は，医者から「手のほどこしようがありません」と言われたとしても，障害を治してくれる医者を日本中の病院から探そうとする。治せる医者がいなければ，少しでも歩けるように訓練してくれる場所を探して県外まで出かける。子どもが3歳くらいになると幼稚園や保育所に行かせたいと願うが，地元の幼稚園や保育所に断られて，自宅から通える福祉施設を探し歩く。ようやく施設が見つかっても，自宅からは遠すぎたり，満員だったりして通えない。6歳になっても，一人で通学できて給食を一人で食べられないと地元の小学校には通えないので，軽度の障害児しか学校には行けない。障害児学校も，非常に重い障害だと受け入れないし，受け入れてくれても自宅から遠くて通えなかったり，満員だったりする。日本の障害児にとって通所施設や障害児教育は1970年代まではほぼこうした状況だった。親は障害のある子を他の子と同じように育てたくても，地域の保育所や学校が受け入れてくれず，自宅から通える障害児施設や障害児学校がなければ，結局，子どもを家で抱え込むしかなかった。

　親たちは，1960年頃から障害を治療・訓練する医療や教育を求めてきた。障害児の親で作家の水上勉は親たちの声を代弁して，1963年に総合雑誌の『中央公論』に「拝啓　池田総理大臣殿」という一文を寄稿し，国の重度障害児対策の遅れを痛烈に批判した。また，森繁久彌や伴淳三郎や秋山ちえ子など当時の有名文化人も心身障害児福祉のキャンペーンを行い，1964年の国会では**重度精神薄弱児扶養手当**が制定された。しかし，親たちが強く要望したのは障害児を養育することへの経済的支援ではなく，自分たちが死んだあとに子どもが一生安心して生きられる施設だった。こうして1960年代中頃から重度障害者が一生入所できる総合施設群（コロニー）設置の検討が開始され，1971年に国立コロニー「のぞみの園」が群馬県高崎市に開設される。

　ところで親たちは「終生一貫した」施設入所を求めながらも，「親としての責任」を決して放棄したわけではない。1964年に設立された「全国重症心身障害児（者）を守る会」では，「親としてできるだけのことはしている。しかし個人の力ではどうにもならないところ，足りないところは援助してもらいたい」という「親としての心構えの自覚」を強調している。このように親たちの

▷1　森繁久彌と伴淳三郎は喜劇俳優で映画スター。秋山ちえ子はエッセイスト，評論家で，1950年代のラジオ番組の人気パーソナリティ。

▷2　**重度精神薄弱児扶養手当**
重度の知的障害児を養育する親に月額1000円の社会手当を支給した。これは，1966年には重度身体障害児にも支給対象が拡大されて特別児童扶養手当に名称が変更され，2013年4月現在の支給月額は1級が5万400円，2級が3万3570円である。

▷3　Ⅵ-4 参照。

▷4　堀智久，2006，「重症児の親の陳情運動とその背景」『社会福祉学』47(2)：pp.36-37。

運動には，親としての愛情や責任という規範を示しながら，終生入所施設を国に要望するという特徴がうかがえる。この特徴こそが，親たちが重症児のケアを自宅で抱え込み，自分たちではどうにもできなくなってから施設に入所させるという「行き倒れ」型の施設利用をもたらしている。

1970年代以降は，障害児の親を支援する医療，教育，福祉制度が徐々に発展してきたが，皮肉なことにこれらの制度は障害児が自宅で親と暮らしていることが前提になっている。言い換えると，子どもの時は特別児童扶養手当を，成人してからは障害基礎年金を支給し，日中は通所施設や特別支援学校を利用させ，自宅でもホームヘルパーを利用してできるだけ長く家族に障害のある子どもの世話をさせる制度になっていて，障害のある子どもが親から独立して生活する道はほとんど用意されていない。

▷5　▷2参照。

## ❷ なぜ親から独立しなければならないのか？

青い芝の会の脳性マヒ者たちが，障害児の親と対立したきっかけは，親による重度障害児の殺害事件だった。当時，障害児の親たちは「安心して一生入所できる施設があれば，親による障害児殺害などの不幸な事件は避けられる」として，政府に施設建設を要望した。しかし，入所施設がある程度整備された現在においても，親による障害児殺しは減っていないし，加害者と被害者双方が高齢化している様子もうかがえる。70代の両親が40代の障害のある成人子を殺害する事件は珍しいものではない。親が将来を悲観して思いつめるような年齢になる前に，障害の重さにかかわらず障害者が親の家を出て，親の介護でなく社会的介護によって生活する道を見つけることが重要な課題になっている。

親元を離れるのであれば早い方がよい。親が死亡したり病気になってから行先を探すのでは選択肢は限られるし，障害者本人も新しい環境に適応するのに苦労する。社会的介護を利用するならば，早いうちから親や家族以外のヘルパーや職員の介護に慣れておく必要があるし，本人の特徴をよくわかってくれている**相談支援事業所**があれば安心である。また，重度障害者にとっては，家族以外の介護者とのふれあいが「他人との接点」となり，社会参加機会の拡大につながっていく。

こうして進歩的な親の会や相談支援事業所では「元気なうちに子どもを手離す」ことを目標に，20代から徐々にショートステイや宿泊訓練を行って実家からグループホーム等に移行する実践が行われている。しかし，その一方で，現在でも障害のある子をほとんど自宅に抱え込んで，福祉サービスもほとんど利用しない親がいる。長年，母子一体となって生きてきたからこそ，他人任せにはできない責任感や自負心が親子の孤立を深めていく。どんな障害の人も親と離れて暮らすことができる支援が必要である。

（杉野昭博）

▷6　1951年から2006年6月までの朝日新聞に掲載された親による障害児者殺害報道を対象にした夏堀の研究によれば，1980年代以降未成年の被害が減少する一方で1990年代以降は成年障害者の被害が増加していることや，1990年代以降は成人知的障害者の被害と高齢の親による加害が増加していることが指摘されている。夏堀摂，2007，「戦後における『親による障害児殺し』事件の検討」『社会福祉学』48(1)：pp.42-54参照。

▷7　相談支援事業所
障害者総合支援法に定められた相談支援事業を実施するために都道府県や市町村によって指定された事業所。障害福祉サービスの利用計画作成，地域移行・地域定着の支援，一般住宅への入居支援，成年後見制度利用の支援など，障害者が地域で独立した生活を営む上でのさまざまな相談を行う。相談支援専門員資格を持つ職員が配置されている。

Ⅷ　障害学の思想

## 6　リハビリテーションという思想

### 1　戦争障害とリハビリテーション

「リハビリテーション」ということばに，どこか体育会的な響きを感じる人はいないだろうか。けがしたスポーツ選手の「リハビリ」といえば，「絶対にあきらめたくない」とか，「悔いのないようにやれるところまでやりたい」といったセリフが思い浮かぶだろう。こうした体育会的響きは，スポーツ選手のリハビリに限ったことではない。パラリンピック大会発祥の地となったイギリスのストークマンデビル病院で脊髄損傷のリハビリを体験した障害学者のマイケル・オリバーは，この病院のことを「マッチョな雰囲気」と表現している[1]。ストークマンデビルを参考に設立された日本の名門リハビリ施設である大分県の「太陽の家」も，私が見学した2001年当時は，男性利用者が多く，スポーツが盛んであり，確かに「マッチョ」な雰囲気だったかもしれない。

そもそもリハビリテーションという営みは，第一次世界大戦で傷害を負った「歴戦の勇士」をいかにして立ち直らせるかという課題から出発している。こうした歴史的起源のため，リハビリテーションには当初から男性的な軍隊文化が影響しているといえるだろう。こうしてヨーロッパで始まったリハビリテーションは，当初から失明や脊髄損傷などの身体障害だけでなく，シェルショックなどの戦闘ストレス反応も対象としていた。その後アメリカで発展したリハビリテーションは，精神医学や心理学や文化人類学から「全人理論（the whole man theory）」，「全体論（holism）」，「文化とパーソナリティ理論」などの影響を受ける。これらのリハビリテーション理論は，喪失した部分を残存部分の再調整によって補ったり，「心身全体」あるいはその人の「人格」の調整機能によって障害を補うという考え方をもたらした[2]。

### 2　国際生活機能分類と障害構造論

2001年世界保健機関（WHO）が制定した国際生活機能分類（ICF）では[3]，障害を機能障害，活動制限，参加制約という3つの次元で捉えている。これは「障害構造論」と呼ばれる考え方で，障害を3次元や個人因子や環境因子など複数の因子とともに構造的に捉える点に特徴がある。このような考え方は，ICFの前身である国際障害分類（ICIDH）（1980年発表）から基本的には変わっていない。つまり障害構造論は，障害者運動などからの批判はあるものの，少

▶1　Oliver, M., 1996, *Understanding Disability: From Theory to Practice*, Macmillan, p.7.

▶2　言語としてのリハビリテーションの起源をたどると中世ヨーロッパでは「名誉回復」「破門取り消し」といった権利回復措置を意味する用語としても使用されていたようだ。そこから，犯罪者の社会復帰過程も欧米ではリハビリテーションと呼ぶ。リハビリテーションの行政上の日本語訳である「更生」も，身体障害者の「更生」だけでなく，非行少年や犯罪者の「更生」という意味でも使用されている。こうした用語法の文脈でリハビリテーションの目的を「全人間的復権」としたのが上田敏であるが，アメリカのリハビリテーション心理学などで言われている「全人理論」とは異なる内容である。上田敏, 1983, 『リハビリテーションを考える』青木書店, pp.6-11.

▶3　Ⅰ-8 参照。

なくともリハビリテーションや障害者支援の分野においては，国際的に標準化された「障害」についての捉え方，いわば「共通言語」としてすでに定着しているといえるだろう。

ところで，障害構造論の特徴は，主として医療的観点から見れば，第一に疾病とその帰結である障害とを明確に区別したこと，第二に障害をさらに3つの側面に区別したことにある。このことは，「これ以上治らないものは治療の対象にならない」という治療原則に照らし合わせると大きな意味を持つ。つまり，「これ以上，手の施しようがありません」と医師に見放された患者も，「疾病は治らなくても，障害は改善できる」という障害構造論によって医療の対象であり続けることが可能になったのである。こうして，理学療法や作業療法や言語療法といったさまざまなリハビリテーションが社会保険給付の対象となり，多くの医療機関で提供されるようになった。また，職業訓練や社会復帰支援も障害福祉サービスとして財政措置がなされて提供されるようになった。つまり障害構造論は，リハビリテーション実践の普及を支えた思想である。さらに障害の3次元は，機能障害を担当する医師，活動制限を担当するリハビリ職，参加制約を担当する福祉職というように，職種間の分業と連携のわかりやすい指標にもなったことが，実践においても障害構造論が普及した理由だろう。

このように，障害構造論はリハビリテーションの普及と充実という面では大きな役割を果たしたといえるが，その一方で「病気は治らなくても障害は克服できる」「障害は治らなくても社会参加はできる」といういわば「終わりのない努力」をしばしば患者に押し付けることになった。もちろん病気や障害によってこれまでの生活ができなくなった人に，とりあえず達成可能な目標を与えることは，人生を悲観しないために重要な意味がある。しかし，歩行訓練に意欲的に取り組んでいても，その先の人生が見えにくい人は少なくない。反対にその先が見えないからこそ，訓練に没頭する人もいるだろう。

つまり，障害を持ちながらどこまで社会に参加できるのかというところでリハビリテーションにつまずくことが多いということが次第にわかってきた。そのことが，近年特に「参加」が強調されたり，**ADL**よりも**QOL**や**IADL**が重視される傾向に結びついているともいえるだろう。医療の目的は，あくまでも患者の社会参加であって，機能障害や活動制限の改善はその手段に過ぎない。しかし日本の医療においては，機能障害や活動制限の改善を優先する考え方がまだ根強く残っている。それは機能障害や活動制限の改善が診療報酬の上で高く評価され，参加制約の改善はほとんど医療機関の報酬に結びつかないからである。また，中途障害の人には一定の有効性を持つリハビリテーションも，先天障害の人や，進行性の障害の人に対しては限界がある。

(杉野昭博)

▶4 佐藤久夫，1992，『障害構造論』青木書店，pp.3-19。

▶5 ADL（Activity of Daily Living）「日常生活動作」の略称。身辺動作（食事・排泄・着替え・入浴等）と移動動作（寝返り・起き上がり・座位・立位・歩行等）からなり，主としてICFの活動制限を測定する際の指標となる。

▶6 QOL（Quality of Life）「生活の質」の略称。心身の健康・人間関係・仕事・教育・レクリエーション等からなり，主としてICFの参加制約を測定する指標となる。

▶7 IADL（Instrumental Activity of Daily Living）「手段的日常生活動作」の略称。電話使用，買い物，食事準備，家事，洗濯，交通手段利用，服薬管理，金銭管理など，ADLよりも複雑で高次な生活機能からなる。元々はアメリカで，退院した高齢患者が一人で在宅療養が可能かどうかを測定する尺度として開発されたが，近年日本でもADLでは高く評価される認知症，高次脳機能障害，知的障害，精神障害の人の困難を適切に評価する尺度として注目されている。

## VIII 障害学の思想

# 7 反訓練
## IL・ろう文化

▶1　VIII-6 ▶5

▶2　**二次的な障害**
もとからあった障害が年齢を重ねることで悪化することや、新たに別に生じてきた障害のこと。例えば、脳性マヒの場合は、身体拘縮のために無理な力が頸や関節に加わり続けることから、頸椎症や股関節変性症などが二次的に生じてくることが多い。

▶3　自身が脳性マヒ者の熊谷晋一郎は、『リハビリの夜』（医学書院、2009年）の中で、自らの訓練体験をとおして、障害受容の「専制性」を述べている。

▶4　**自立生活センター**
Center for Independent Living の訳で CIL と略される。自立生活思想の考え方を下敷にして、地域で暮らす障害者の自立生活を支える機関。自立生活の方法を学ぶプログラムや障害者同士で相談支援を行うピアカウンセリングを実施するが、日本の CIL は介助サービスも提供している。

▶5　**エド・ロバーツ**
(Edward V. Roberts)
(1939-1995) 13歳の時にポリオに罹患し、その後遺症で四肢マヒと呼吸器の障害を持つことになった。当時の主治医は「植物人間とし

## 1 伝統的な自立観

「自立」といった場合に、おそらく多くの人が抱くイメージは、仕事に就いて経済的に自活すること、自分の稼ぎで食べていく状態、あるいは他人に頼ることなく食事、排泄、着替えといった身辺処理ができることなどであろう。簡単にいえば、経済的、職業的な面での自立、または非依存、介助不要という意味での自立であり、文字通りに「自分の足で立っている」ことこそが、この社会において広く共有されている自立観だといえる。ここでは、これを「伝統的な自立」観と呼んでおく。

この「伝統的な自立」観は、「誰でもそうであるべき」という意味で、強制力を伴った規範であり、障害のあるなしに関係なく社会で広く受容された価値観になっている。問題なのは、障害があるからこそなおさらいっそう忠実にそうした規範を守ることによって、あたかも一般社会への通行査証（ビザ）がもらえるかのように、障害者本人だけでなく親や医師や教師など周囲の関係者すべてが考えている点であろう。それが、障害者のリハビリテーション＝訓練を正当化する理由の1つになっている。

しかし、この自立観に立つ限り、すべての障害者にビザが発給される保証はない。例えば、先天性の障害者や全身性重度障害者にとっては、この意味での自立を果たすことは永久に不可能ということになってしまいかねない。もちろん、訓練によってADL改善が果たされる可能性はゼロではないが、先天性あるいは障害程度が重い人は限界も大きく、訓練の効果よりも本人の負担・苦痛の方が強くなる傾向がある。過去には訓練によって、かえって**二次的な障害**に直面するケースが指摘されている。かといって、この苦難の道から降りようとすると、往々にして「障害受容ができていない」という叱責が周囲から浴びせられる。障害受容ということばには、従順に訓練を受け入れさせ、規範に同調させる管理道具としての側面があることは否定できないだろう。

## 2 新たな自立観としての自立生活思想

重度の障害者ほど自立が難しい。そこで、自立できないのであれば施設や病院で保護するというのが、施設収容主義を正当化する論理であった。そしてその施設生活では、他者による生活管理が当然視されていた。こうした考え方を

180度ひっくり返す役割を果たしたのが「自立生活（Independent Living：IL）」思想であった。

それは，自立とは自己決定であるという考え方である。この考え方にしたがえば，全身性重度障害者のように周囲の支援に依存しているからといって自立していないとは言えず，むしろさまざまな生活場面において自己決定権を行使していくことこそが自立であるということになる。障害者の人生や生活の主人公とは当の障害者自身なのであって，自らが決めていくことこそがQOL向上に何よりも欠かせないという考え方がそこには反映されている。同時に，自分で決めたことの責任もまた障害者が負うということも意味しており，当然，失敗したり危険を冒したりする権利もこの自立の考え方には込められている。

自立生活思想は，1972年にカリフォルニア州バークレーではじめて**自立生活センター**（CIL）を立ち上げた**エド・ロバーツ**らの取り組みがルーツとされている。この新しい自立観は日本には1970年代後半頃に紹介され始め，1980年代に入って本格的に普及するようになり，CIL活動もスタートしている。自立生活思想は，訓練を「受ける／受けない」を障害者自身が決めることも含めて，介助／福祉サービスの利用・供給スタイルに大きな影響を与えることになった。

### 3 ろう文化

ろう者に対する教育とは，1880年の**ミラノ会議**以来，音声言語を軸とした教育方法（口話教育）であった。聞こえない生徒を訓練して，音声言語でコミュニケーションできるようになることが目標とされてきたのである。その反動で，ろう者の自然言語である手話は「邪道」とされ，ろう学校での使用が禁じられてきた歴史がある。しかし，先天性のろう者に特に顕著であるが，そもそも聞こえないのに「音」を認識することは困難であり，訓練による音声言語の習得には限界がある。訓練の苦痛から精神的に追いつめられるケースも少なくない。

一方，使用が禁じられた手話はろう学校を通じろう者のつながりの中で受け継がれ，ろう者のアイデンティティ（仲間意識）の形成に大きな役割を果たしていく。手話に対する社会的認識が次第に変わりつつあった中で，大きな反響を呼んだのが「**ろう文化宣言**」である。これ以降，手話を軸とした生活スタイルを，聞こえる人の文化と区別し，「ろう文化」として位置づける考え方が日本でも知られるようになった。この「ろう文化」の考え方に立てば，口話教育・訓練とは，手話とろう者固有の文化の破壊に他ならないことになる。人工内耳についてもこの立場から批判が寄せられている。

しかし同時に，聞こえる人が主流の社会の中で生きていくためには，訓練で音声言語を覚え，聞こえる人たちと自力でコミュニケーションができるようにならなければ，職業自立が難しいという考え方もあり，ろう文化を第一に考える立場との間で現在も論争が続いている。

（松岡克尚）

て生きるしかないだろう」と診断したが，カリフォルニア大学バークレー校に進学し，その経験を踏まえて「カリフォルニア大学障害を持つ学生への援助プログラム」（the Physically Disabled Student's Program：PDSP）を立ち上げ，連邦政府から資金援助を得て，他の身体障害学生への支援を行った。1972年にバークレーで設立された自立生活センターは，このプログラムを発展させたもので，ロバーツはその初代所長になっている。

▷6 日本ではアメリカから自立生活思想が伝えられる以前から，家と施設を出て介護者を利用して一人暮らしをしようとした重度障害者もいた。新田勲，2009，『足文字は叫ぶ！』現代書館。

▷7 ミラノ会議
1880年にイタリア・ミラノで開催された「世界ろう教育連盟」（the International Congress on Education of the Deaf：ICED）の会議で，手話をろう者の教育から取り除くことが宣言された。2010年のICEDバンクーバー会議では，ミラノ会議での決定がようやく撤回された。

▷8 ろう文化宣言
月刊誌『現代思想』1995年3月号に掲載された木村晴美と市田泰弘の共著論文では，「ろう者とは，日本手話という，日本語とは異なる言語を話す，言語的少数者である」と述べられている。

Ⅷ　障害学の思想

# 8 社会のカベを崩す
## 社会モデル

### 1　障害の社会モデルとは

　障害学の鍵となる概念に「障害の社会モデル（Social Model of Disability）」がある。これまでの「障害者個人が障害を持っている」という社会一般の認識枠組みを「障害の個人モデル（Individual Model of Disability）」として批判し，それに代わって「障害とは社会が障害者としている人たちにもたらしている不利益である」という新たな認識枠組みを提出し，パラダイム転換をはかった。

　元々はイギリスの障害者運動から生まれた考え方で，障害者自身の手による組織として結成された「隔離に反対する身体障害者連盟（Union of Physically Impaired Against Segregation : UPIAS）」は1976年の声明で次のように障害に関してそれまでとは違う解釈を提示した。

　「私たちの観点では，身体的インペアメントをもつ人々を障害者にさせているのは社会である。障害（ディスアビリティ）とは，私たちの身体的インペアメントに加えて，不必要に孤立させられ，社会への完全参加から排除されるという方法で，強制されているものである。このことを理解するには，身体的インペアメントと社会的な状況，つまり身体的インペアメントをもつ人々の『障害（ディスアビリティ）』とを明確に区別する必要がある。したがって私たちは，インペアメントとは手足の全部あるいは一部の欠損，もしくは手足や身体の臓器や機能の不全であると定義し，ディスアビリティを活動の不利や制限であり，それらは現在の社会の仕組みが身体的インペアメントをもつ人々について，まったくあるいはほとんど考慮していないために，社会の主要な活動からそうした人々が排除されていることと定義している。身体的な障害（ディスアビリティ）とは，社会的抑圧の特定の形態であると言える。」[1]

▶1　オリバー，M.・サーペイ，B.，野中猛監訳・河口尚子訳，2010，『障害学にもとづくソーシャルワーク——障害の社会モデル』金剛出版，p.46。

　イギリス障害学創設の立役者であるマイケル・オリバーは，この声明に着想を得て，「障害の社会モデル」という認識枠組みを提示した。障害の社会モデルでは，身体的（精神的・知的を含む）制約を「インペアメント」と呼び，社会によって作られた障壁や差別を「ディスアビリティ」と呼んで，明確に区別している。障害の個人モデルの視点では，「障害者（Disabled People）」が直面する問題の根本原因は，社会的環境が影響するにしても，第一義的には個人のインペアメントにあるとする。このモデルでは，障害を個人の悲劇と捉え，問題解決の方法はインペアメントの除去と考える。

一方，社会モデルの視点では，障害者が直面する問題の根本原因は，社会が少数派（マイノリティ）グループである障害者をまったく考慮していないことにあり，インペアメントとの第一義的な因果関係はないと考える。

オリバーは，「障害（ディスアビリティ）」とは「健常者身体」を正常なものとする**イデオロギー**に基づいて社会的に形成されるものであると定義した。したがって，問題解決のために必要となるのは，ディスアビリティをもたらしている社会の側の変革であり，障害についての焦点を個人の身体的制約から，障害者としてカテゴリー化される人々に制約を強いている物理的・社会的な環境へと転換することが求められるとした。つまり問われるべきは社会であり，個人の身体ではないということである。

### 2 社会モデルの意義

「社会モデル」がもたらした意義については，大きくふたつの点が指摘できる。第一に，障害者自身の**エンパワメント**としての役割である。個人モデルに結びついた価値観や規範は社会に深く根づいているので，障害者自身のうちにも内在化され，自己への否定的な感覚へとつながっている。そのような自らのアイデンティティの抑圧からの解放や，障害に対する意識を変えるものとして，社会モデルは重要な役割を果たしている。たとえばオリバーは，「私の人生には二つの局面がある。障害の社会モデルに出会う前と後である。自分の体験について，このような見方を発見したことは，嵐の海での頼りになる救命ボートのようなものである。社会モデルは私の人生について理解し，世界の何千，何百万のもの他の人々との連帯をもたらし，私が拠って立つところのものである。」というフェミニスト障害学者リズ・クロウの発言を紹介している。

障害者が自らを社会における少数派（マイノリティ）として捉えることは，社会に対して権利を主張し，社会の認識を変えていくことにもつながる。

第二に，障害の社会化・政治化を可能にしたということである。障害について，社会の側の受け入れが重要であるとの認識は，これまでも主張されてきた。しかし，それは援助実践における目標理念であって，社会的責任を追及するところまではいたらなかった。「障害の社会モデル」は，「『障害』をインペアメントという個人的次元とディスアビリティという社会的次元に切り離すことによって，社会的責任の範囲を明示した点に真価がある」と言われる。障害について，個人的次元を切り離し，社会的次元であるディスアビリティに焦点を当てることで，ようやく障害を社会化・政治化し，社会の責任を追及していくことが可能となった。つまり社会変革への回路を開いたといえる。

「障害の社会モデル」は社会の価値観を問いなおし，「健常者身体」を正常とする社会の支配的な価値観に対して，障害者自身による新たな価値，「対抗的価値」を創出したことだといえよう。

（河口尚子）

▷2 イデオロギー
ひとつのまとまりを形成している信念・態度・意見。より限定的には，自然でも必然的でもない不平等な社会関係を正当化するものとして，経済的土台により歪曲され，自明なものとみせかけられている信念。

▷3 エンパワメント
誰もが潜在的に持っている肯定的パワー（権利意識，共感，信頼，技術，等々）に気づき，それを用いて外的抑圧（偏見，差別，暴力，支配）と内的抑圧（自己否定など）に対抗していくこと。Ⅴ-1 ▷6も参照。

▷4 オリバー, M.・サーペイ, B., 野中猛監訳・河口尚子訳, 2010, 『障害学にもとづくソーシャルワーク――障害の社会モデル』金剛出版, pp.50-51。

▷5 杉野昭博, 2007, 『障害学――理論形成と射程』東京大学出版会, p.116。

▷6 田中耕一郎, 2005, 『障害者運動と価値形成』現代書館, p.95。

Ⅷ　障害学の思想

# 9 障害と文化
## ふたつのアプローチ

　障害学だけでなくコミュニケーション学，文化人類学でも「障害と文化」についての研究はこれまで行われてきたが，その中身には大きくふたつのテーマがある。ここでは，「障害（者）の比較文化」と「障がい者の文化」について取り上げよう。

### 1　障害の比較文化

　例えば「平等」という概念は多くの文化に存在しているが，指している内容が違うとされる。「機会の平等」を代表しているのがアメリカであり，日本で重要視されるのが「結果の平等」である。「機会の平等」とは，同じ土俵に上がるために「入口においてバリアを無くす措置」であり，対して日本は「出口でそろえる結果の平等」を目指している。バリアフリーを例に挙げると，「機会の平等」を掲げるアメリカでは，例えば駅・空港などの施設は障がい者でも一人で使えることを前提とし，利用の際に差別・区別されないことに留意しているが，それ以外は「自己責任」であり，例えば構内で迷ったり，エレベーターの故障など不測の事態にあったりしても基本的には自分で対応することが求められる。一方で日本ではバリアフリー度が低いため，駅などで障がい者の単独行動が困難なかわりに，例えば駅員が介助することで負担を軽減したり，乗り換えがあったとしても駅間のリレー連絡で最終下車駅まで送り届けたりと，「結果」として障害がある利用者が他の人たちと同じように最終目的地にたどり着くことが「平等」と考えられている。しかし日本では「最終下車駅まできちんと送り届ける」ことの裏返しとして，例えば利用者が乗車中予定を急きょ変更し，途中下車することはご法度であるのに対し，アメリカでは駅員が付き添わないかわりに，乗るのも降りるのも利用者自身の意思で決められる。つまり日本では「安心・安全」が最優先でありその結果「自由度」が低くなり，アメリカでは「自由度」が高いが「安心・安全」が相対的に低くなる。

### 2　障害の文化と他の社会的マイノリティとの相違点

　障害文化については，欧米の障害学だけでなく，日本でも研究が蓄積されてきている。杉野によると，障害文化には「支配文化」「対抗文化」「固有文化」という3つの位相が重なり合っているという。「支配文化」とは健常者の価値観を無意識ながらも取り入れ影響を受けている文化，「対抗文化」とはカウン

▷1　杉野昭博, 1997,「『障害の文化』と『共生』の課題」青木保・梶原景昭編『岩波講座文化人類学8──異文化の共存』, pp. 247-274。

ターカルチャー，つまり「支配文化」への抵抗から生まれる文化を指す。そして障がい者同士のコミュニケーションから生まれてくる文化を「固有文化」と呼んでいる。「当事者から見た世界」，すなわち固有文化に障害学は当初から強い関心を寄せていたが，加えて最近では「当事者研究」という領域にも注目が集まっている。

社会学者のゴフマンは，障がい者には他の人種的・社会的マイノリティと同様，「スティグマ」という負の烙印を捺されているという共通点を見出すことができると述べたが，明らかな違いもある。黒人やネイティブアメリカンといったエスニックマイノリティはほとんどが同じ人種の親から生まれ，周りに親戚・兄弟といった同じ人種のグループの中で育つ。チャイナタウンやリトルイタリーといった環境であれば，そのコミュニティの中でロールモデルも存在し文化的なアイデンティティもはぐくまれ，自己肯定感も持ちやすい。

それに対して障がい者のほとんどは健常者の親から生まれ，遺伝性疾患でない限り障がい者自身が親になっても子どもは障害を持たないことが多い。つまり子どもでも親の立場でも「家族の中で自分一人に障害がある」という環境は，エスニックマイノリティとは大きく違う。この点について，脳性マヒ者であった横塚は「脳性マヒ者にとって一番不幸なことは脳性マヒ者の親から健全者といわれる子供が生まれることである」と述べ，世代間の文化の継承が障がい者の場合難しいことを示唆している。さらに日本人として生まれれば死ぬまで人種的には日本人だが，事故などで一夜にして健常者から障がい者になったり，あるいは加齢・慢性疾患で緩やかに障害（例えば耳が遠くなるとか，関節炎）を持ったりすることがあり，障害の「可変性」も人種との違いのひとつと言える。

### ❸ 障がい者の文化・障害文化比較

かつて「バークレー詣で」というがことばがあったほど，日本の障害関係者や障がい者たちはこぞってカリフォルニア州に渡り，バークレー発祥の「アメリカ型自立生活モデル」を学んで日本に持ち帰った。そしてすでに日本でも展開されていた障がい者の自立生活運動と融合させ，日本の生活風土になじませていった。

そしていま，毎年アジアから数名の障がい者が日本に研修にきて日本で実践されている自立生活について学んでいる。「自立生活」というテーマがアメリカから日本へ，そして日本からアジアへとつながっていく中で，国境をまたいで障がい者特有の課題・テーマを共有しながらそれぞれの国・地域に根ざした自立生活の仕方や障がい者運動が展開しようとしている。

（岩隈美穂）

▷2 熊谷晋一郎，2009，『リハビリの夜』医学書院。脳性マヒがある小児科医の熊谷晋一郎が，緊張が強くままならない身体から見た世界を詳細に描いて話題になった。

▷3 ゴフマン，E.，石黒毅訳，2001，『スティグマの社会学』せりか書房。身体的・人種的・社会的マイノリティについて「スティグマ」をキーワードに考察した著書。

▷4 横塚晃一，2007，『母よ！殺すな』（復刻版）生活書院。

▷5 1981年から「国際障害者年」にちなんで始まった「ダスキン障害者リーダー育成海外研修派遣事業」は，障がい者に半年から1年ほど海外で長期滞在研修の機会を与えている。1999年からアジア太平洋地域での障がい者福祉の向上を目指し，アジア太平洋地域から障がい者を研修生として10ヶ月間受け入れている。

## VIII 障害学の思想

# 10 少数者が我慢しなくてもよい「共生」を探す

### 1 完全なる市民として

　人権の概念は，全人類に適用される普遍的な概念として形成されてきたが，一方で人々の間にあるさまざまな差異については無頓着であった。そのため人権は実際のところ，男性，それも先進国に住んでいて労働年齢にある白人を基準としたものだったのではないか。女性，子ども，高齢者，障害者，旧植民地居住者，非白人については考えてこなかったのではないかという疑義が20世紀後半から噴出した[1]。差異のある人間同士の平等をいかに確立していくのかということが問われている。

　そうしたなかで，障害の社会モデルは，これまでの「個人が障害を持っている」という見方から，「社会が特定の心身状況にある人々を障害者にしている」という見方への転換を促し，「社会によって障害が作られている」という新たな認識枠組みを提示した。さらに，イギリス障害学創設の立役者であるオリバーは，障害の社会モデルが目指す方向性とは，社会において「政治」「経済」「倫理」のすべての次元で，障害者が完全なる「市民」として扱われることであると述べている[2]。

　第一の「政治」の次元についていえば，障害者が社会に参加していること，地域社会に参加していることが重要になってくる。オリバーは，法的な「権利」を求めるアプローチは障害者が完全な「市民」となるための手段であって目的ではないとして，「権利」自体を目的とした障害者運動に対して苦言を呈している。権利を，法律の問題ではなく政治・民主主義の問題として捉えようということである。そのためには，あらゆる局面で障害者が地域社会に参加していることが課題となる。ここで鍵となるのは，障害者が参加していくためには介助をはじめとする社会的支援が必要になるということである。

　第二の「経済的」次元についていえば，オリバーは，ある人が社会において「障害者」とみなされる根底には，社会の「生産活動」様式と深い関係があると指摘している。産業革命以後の労働市場に適合しない人が障害者として浮かび上がり，労働市場から排除され，問題は「個人化」された。障害者の排除はこのような経済構造に基づいており，障害者の不利益は，障害者に配慮しない建物・交通機関・コミュニケーション手段・学校教育制度・所得保障制度・介助者制度・職場環境などといった形で物質化されている。つまりは経済の問題

[1] ヤング，I.M., 施光恒訳, 1996,「政治体と集団の差異——普遍的シティズンシップの理念に対する批判」『思想』867：pp.97-128.

[2] オリバー，M.・サーペイ，B., 野中猛監訳・河口尚子訳, 2010,『障害学にもとづくソーシャルワーク——障害の社会モデル』金剛出版.

として表出されている。まずはその是正をはかり，資源を再分配することが必要とされる。

　第三の「倫理」の次元とは人としての尊厳のことであり，社会において障害者がありのままの状態で存在を認められているかということが問題になる。これまで障害者はスティグマや恥辱の対象として，もしくは憐れみの対象として捉えられてきたが，そのような扱いを受けること自体が人の自尊心を傷つけるという[3]。さらに，これまで障害者と結びつけて否定的な価値観を付与されてきた「依存」についても，人間にとって本質的なものとして捉えなおすことが必要であり，またケアされることだけではなくケアすることも権利として位置づける必要があるだろうという指摘がある[4]。

## 2 「共生」を探す

　障害者が完全なる市民として扱われる社会はどのような社会か。
　福島智[5]は，差別と共生について，差別が共生を否定したところに成立し，「差別」は必ずしも「複合」せずとも成立するのに対して，「共生」は「複合」しなければ成立し得ないのではないかとし，「複合共生論」を提示している。
　「共生社会」とは，「障害者」だけではなく女性・性的マイノリティ・エスニックマイノリティも含めて，人が属性によって，いかなる差別や抑圧も強いられることがない社会であり，真の共生論は必然的に「複合共生論」でなければならないと福島は述べている。
　井上達夫[6]らは，「共生」とは，異質なものに開かれた社会的結合様式であり，開かれた「共生」においては，利害と価値の十分な一致や情感の融合を，ア・プリオリに前提とすることはできないという。異質なものに開かれているからこそ，ハーモニーよりは不協和音の雑然たる喧騒の方が常に大きいが，これらの不協和音は社会的病理ではないと述べている。
　また栗原彬[7]は，「『共生』は，コミュニケーションへの疑い，むしろコミュニケーションへの不可能性から出発する交わりの企て」だと述べている。
　地域社会はそれぞれの歴史・文化を背負っており人はその中で生きている。異質なものに開かれていく過程では，不協和音は起きるであろう。「共生」は，いまここでの他者とのコミュニケーションの不可能性から出発し，他者との交わりから「共生」に向けて常に探し続けていく行為だといえる。多数者と少数者がある限り，その関係の不均衡にも目を向け，「共生」が多数者の視点から決められていないか振り返ることも必要だろう。「共生」とは，常に探り続けるものであり，それをやめてしまえば「共生」とはいえなくなるだろう。

(河口尚子)

▷3　リスター，R., 松本伊智朗監訳・立木勝訳, 2011,『貧困とはなにか──概念・言説・ポリティクス』明石書店。

▷4　キテイ, E.F., 岡野八代・牟田和恵監訳, 2010,『愛の労働あるいは依存とケアの正義論』白澤社。

▷5　福島智, 1998,「複合共生論──『障害』の有無を越えた『共生社会』へ向けて」佐伯胖編『岩波講座現代の教育5──共生の教育』岩波書店, pp.208-228。

▷6　井上達夫・名和田是彦・桂木隆夫, 1992,『共生への冒険』毎日新聞社。

▷7　栗原彬, 1997,「共生ということ」『講座差別の社会学4──共生の方へ』弘文堂。

# さくいん
（＊は人名）

さくいんの使い方：調べたい語句がある時は，まず「もくじ」で調べ，見つからない時は「さくいん」で探して下さい。もくじ項目のタイトルになっている語句は，「さくいん」にのせていない場合があります。

英語の語句は「英字さくいん」（次ページ）を調べて下さい。日本語さくいんと英字さくいんと両方に掲載されている語句もあります。

## あ行

アイデンティティ　19, 160
青い芝の会　3, 18, 171, 174
アクセシブルデザイン　60
アクセス権　143
アセスメント　94
＊荒井利春　106
＊アルブレヒト，G.　146
医学モデル　3, 6
＊石井亮一　118
＊石坂直行　167
医療機関の機能分化　152
医療的ケア　157
医療法　152
医療保護入院　139
胃ろう　48, 157
インクルーシブデザイン　106
インクルーシブデザインワークショップ　36
インペアメント（機能障害）　2, 4, 6, 7, 20, 182, 183
ウェブアクセシビリティ　41
エスニックマイノリティ　185
遠隔コミュニケーション　56
エンパワメント　95, 183
＊大島一良　104
オプタコン　52
＊オリバー，M.　178, 182

## か行

介護報酬　151
介護保険　144, 148, 151, 162
介助犬　78
隔離に反対する身体障害者連盟（UPIAS）　2, 182
＊柏倉松蔵　119
＊川田貞次郎　119
環境制御装置　42, 44
環境操作　5
管鍼法　62
機会均等（機会平等）　93, 130, 135, 184
機会均等法　135
義肢　100
義手　100
義足　100
9歳の壁　54
共生　187
共遊玩具　30
共用品　60, 163
筋電義手　101
＊熊谷晋一郎　185
車いす市民全国集会　166
経管栄養　157
頭髄損傷　45
携帯電話　32
結核回復者　127
欠格条項　65, 165
高次脳機能障害　88, 108
交通バリアフリー法　13
公的扶助　128
光明学校　119
公民権（市民権）　142, 186
合理的配慮　116, 142
高齢化率　9
高齢者・障害者配慮設計指針　38
国際障害者年　9, 26
国際生活機能分類（ICF）　20, 169, 178
国際標準化機構　22
国民医療費　149
国民健康保険団体連合会（国保連）　150
国連・障害者の十年　9
個人モデル　4, 182
骨形成不全症　58
子どもの権利条約　143
＊小林提樹　123
＊ゴフマン，E.　185
コロニー　173, 176

## さ行

サービス等利用計画　94
サリドマイド児　26
参加と参画　7
シーズ　5, 24
支援機器　34
支援費制度　121
視覚障害者　28
磁気誘導ループ　55
自己決定権　181
事後評価　16
四肢体幹機能障害　78
施設病　158
自動車運転免許　130, 165
字幕　56
島田療育園　123
社会的入院　139, 154
社会のデザイン　114
社会福祉基礎構造改革　144
社会保険医療協議会法　151
社会保険診療報酬支払基金　150
社会保障関係費　148
社会保障給付費　148
社会モデル　2, 4, 6, 168, 182
社会リハビリテーション　135
重症心身障害児者　48, 123
重度精神薄弱児扶養手当　176
障害業界　146
障害構造論　178
障害児殺し　177
障害者インターナショナル（Disabled Peoples' International：DPI）　135
障害者権利条約　26, 143
障害者雇用促進法　130
障害者試行雇用（トライアル雇用）　141
障害者就業・生活支援センター　131
障害者自立支援法　144
障害者数　20

障害者総合支援法 21, 140
障害者手帳 20
障害者の権利宣言 132
障害者リーダー育成海外研修派遣事業 134, 185
障害年金 128, 133, 140
障害のあるアメリカ人法（Americans with Disabilities Act：ADA） 2, 10, 142
障害のある人の旅行 167
障害の範囲 169
障害平等研修 25
障害福祉サービス等報酬 151
障害文化 63, 184
食事支援ロボット 34
ジョブコーチ（職場適応援助者支援事業） 141
自立支援医療制度 140
自立支援給付 144
自立生活 136
自立生活運動 132
自立生活思想 180
シルバーカー 163
人権 186
人工透析 51
人工内耳 4, 55
身体障害者家庭奉仕員制度 121
身体障害者福祉法改正（1967年） 120
身体障害者福祉法改正（1990年） 121
身体障害者補助犬法 80
身体障害者療護施設 34, 121
＊杉山和一 62
スティグマ 185, 187
精神衛生法 139
精神疾患を有する者の保護および精神保健ケア改善の諸原則 139
精神病院法 138
精神病者監護法（1900年） 138
精神保健福祉法 139
精神保健法 139
制度の谷間 169
青年海外協力隊 110
セクシュアリティ 74
全国コロニー協会 127
全国障碍者自立生活確立連絡会 18
全国自立生活センター協議会（JIL） 135

全国手をつなぐ育成会 122
センシティブユーザー 36, 106
全身性障害者介護人派遣事業 136, 175
装具 100
措置入院 139
＊ゾラ, I. 169

## た行

退院支援 159
退院促進 152
＊高木憲次 119
滝乃川学園 118
＊田代義徳 119
脱施設化 158
タブー 75
誕生日ありがとう運動 18
地域移行 125
地域生活支援事業 144
知的障害者の権利宣言 132
＊チャンドラクスマ, ハンドヨ 112
中央社会保険医療協議会（中医協） 151
聴覚障害 54, 66
ディスアビリティ（disability） 2, 6, 182, 183
電動カート 163
電動義手 26
電動車いす 58
当事者学 168
当事者研究 185
糖尿病性網膜症 50
特別支援学校 104
特別児童扶養手当 129, 176
特別障害給付金 129
特例子会社 82, 131

## な行

難治性疾患（難病） 21
ニーズ 5, 15
＊ニィリエ, B. 173
二次的な障害 180
日常生活用具 42, 162
日米障害者交流セミナー 134
＊新田勲 136, 175
日本玩具協会 30
日本精神薄弱者愛護協会 122
人間中心設計 22
脳性小児マヒ 87
脳性まひ者等全身性障害者問題研究会 133

能動義手 101
ノーマライゼーションの原理 173

## は行

バークレーの自立生活センター 134, 181, 185
ハートビル法 10
廃用性症候群 154
バリアフリー 32, 91
バリアフリー法 14
ハンセン病（らい病） 173
＊フィルケンシュタイン, V. 134
福祉三法 120
福祉的就労 131
＊福島智 187
福祉用具専門相談員 162
府中療育センター闘争 136, 175
文化モデル 168
ホームヘルパー 137
＊ホール, E. 37
歩行車 163
母体保護法 171
補聴器 55

## ま行

マイクロクレジット 112
＊益富政助 119
まちづくり 7, 90
＊松井新二郎 52
ミラノ会議 181
無年金障害者 129
＊メイス, R. 12

## や行

薬価差益 150
ユーザー 16, 22, 28, 62
ユーザビリティ 23
ユーザビリティテスティング 61
優生思想 170, 172
優生保護法 170
誘導ブロック 29
ユニバーサルデザイン 12, 32, 92
ユニバーサルデザイン政策大綱 14
＊横田弘 171
＊横塚晃一 171, 185

## ら・わ行

リカバリー 159
立体コピー 52
リハビリテーションインターナショナル 135
リハビリテーション法（アメリカ） 40, 134

療育手帳　48
療養病床　155
ろう　54
ろう文化　181
ロービジョン　50
＊ロバーツ, E.　134, 181
＊ワーナー, D.　24
＊脇田良吉　119
私たち抜きに私たちのことを決めるな　14, 25, 26, 143, 168
割当雇用　130

## A-Z

ADA：Americans with Disabilities Act（障害のあるアメリカ人法）　2, 10, 142
＊Albrecht, G.　146
ADL：Activities of Daily Livings（日常生活動作）　179
CRDP：Convention on the Rights of Persons with Disabilities（障害者権利条約）　26, 143
disability　2, 6, 182
DPI：Disabled Peoples' International（障害者インターナショナル）　135
＊Finkelstein, V.　134
＊Goffman, E.　185
＊Hall, E.　37
IADL：Instrumental Activities of Daily Livings（手段的日常生活動作）　179
ICF：International Classification of Functioning, Disability and Health（国際生活機能分類）　20, 169, 178
Impairment（インペアメント・機能障害）　2, 4, 6, 7, 20, 182
JIS：Japanese Industrial Standard（日本工業規格）　38
＊Mace, R.　12
＊Nirje, B.　173
Nothing About Us Without Us（私たち抜きに私たちのことを決めるな）　14, 25, 26, 143, 168
＊Oliver, M.　178, 182
OCR：Optical Character Recognition（光学式文字読取装置）　52
Pleasure Able　76
QOL：Quality of Life（生活の質）　46, 173, 179
Reahabilitation Act（リハビリテーション法）　40, 134
Rehabilitation International（リハビリテーションインターナショナル）　135
＊Roberts, E.　134, 181
SAR：Stichting Alternatieve Relatiebemiddeling（選択的人間関係の財団）　76
UPIAS：Union of the Physically Impaired Against Segregation（隔離に反対する身体障害者連盟）　2, 182
＊Werner, D.　24
＊Zola, I.　169

**執筆者紹介**（氏名／よみがな／生年／所属または肩書／主な活動・業績／執筆担当／読者へのメッセージ）　＊は編著者

**池田まり子**（いけだ・まりこ／1969年生まれ）
特定非営利活動法人CIL町田ヒューマンネットワーク事務局長
20数年間障害者運動に携わりながら，自立生活センターでピア・カウンセラーとして相談業務等をしています。
Ⅳ-4
障害があってもなくても自分らしく，そしてお互いがさりげなく助け合い，共生していける社会になったら素敵ですね。

**石川　准**（いしかわ・じゅん／1956年生まれ）
静岡県立大学国際関係学部教授
『見えないものと見えるもの——社交とアシストの障害学』（単著，医学書院，2004年）
『障害学への招待』（共著，明石書店，1999年）
Ⅱ-10
今日できないことを明日できるようにしたいと思って支援技術の開発をしてきました。新しいものを作るというのは，夢があり希望があって楽しいですよ。

**石野えり子**（いしの・えりこ／1951年生まれ）
特定非営利活動法人ゆうの風副理事長・事務局長
2人の息子の親としての経験を生かし，子どもの「あんしん」と親の「あんしん」を実現するためあんしんノート書き方講座をNPO法人として開催しています。
Ⅲ-3
在宅で暮らす障害者と家族は情報過疎になりがちです。特に中途から身体障害となった場合はなおさら「つながり」と「経験」に欠けています。支援者の皆さんには想像力を持って個々の暮しを支えて頂ければと願っています。

**伊藤葉子**（いとう・ようこ／1969年生まれ）
中京大学現代社会学部准教授
『市民学の挑戦——支えあう市民の公共空間を求めて』（共著，梓出版社，2008年）
『当事者主体を貫く　不可能を可能に——重度障害者地域移行への20年の軌跡』（共著，中央法規，2011年）
Ⅵ-4
障害について学ぶことは，自らの「枠」が問われる苦しさと，自分自身が解放される喜びが同時に味わえます。

**岩井和子**（いわい・かずこ／1951年生まれ）
茨城県立医療大学作業療法学科教授
「リハビリテーション関係論への招待」『精神療法』37(1)-(4)，2011年
『精神科リハビリテーション第2版』（共訳，三輪書店，2011年）
Ⅶ-7
特異な疾患，障害と見られがちであった精神障害分野にも新しい風がようやく吹き始めました。精神の障害を持つ人たちへの支援についても多くの方の理解が広がることを願っています。

**岩隈美穂**（いわくま・みほ／1969年生まれ）
京都大学大学院医学研究科医学コミュニケーション学分野准教授
*The struggle to belong.*（単著，Hampton Press, 2014 in press.）
『超リハ学』（共著，文光堂，2005年）
Ⅱ-8　Ⅷ-9
今の関心は，加齢とコミュニケーション，障害の国際比較，そして障害学と医学の橋渡しをしたいと考えています。

**大瀧憲一**（おおすき・けんいち／1939年生まれ）
元関東学院大学文学部現代社会学科非常勤講師
『障害って何だろう』（旬報社，2002年）
Ⅱ-3
障害があってもなくても，一人の市民，一人の国民としてその人なりの幸福が充分追求できるような社会を望みます。

**大塚由美子**（おおつか・ゆみこ／1942年生まれ）
NPO法人脳外傷友の会ナナ理事長，横浜市地域作業所「すてっぷなな」および就労支援B型事業所「スペースナナ」運営
神奈川リハビリテーション病院内において高次脳機能障害者とその家族への相談・支援としてのピア活動と同時に社会の理解・支援を得る為に県内各地で講演・シンポジウムを開催。
Ⅳ-9
高次脳機能障害は年齢・性別，社会的地位に関係なく何時でも何処でも誰でも起こりうる障害です。交通事故に合わない，脳血管疾患にならない等予防も可能であると同時に適切な支援により社会復帰も可能な障害です。

**＊小川喜道**（おがわ・よしみち／1948年生まれ）
神奈川工科大学教授
『障害者の自立支援とパーソナル・アシスタンス，ダイレクト・ペイメント——英国障害者福祉の変革』（単著，明石書店，2005年）
『Q&A脳外傷——高次脳機能障害を生きる人と家族のために』（共著，明石書店，2010年）
Ⅱ-1　Ⅱ-2　Ⅱ-9　Ⅲ-1　Ⅲ-8　Ⅳ-1　Ⅴ-1　Ⅴ-9　Ⅵ-8
本書の主旨を汲んで多くの障害ある方々が執筆して下さり，その一つ一つが私自身の振り返えりにつながっています。

**小山聡子**（おやま・さとこ／1956年生まれ）
日本女子大学人間社会学部教授
「患者（家族）の方針決定過程の倫理的ジレンマ解決における『SWアセスメント』の役割と方法——事例を通して」『国立障害者リハビリテーションセンター研究紀要』24，2006年
「援助論教育における演劇的手法の意味をめぐって——ミクロソーシャルワーク批判との対話」『社会福祉学』52(2)，2011年

## 執筆者紹介（氏名／よみがな／生年／所属または肩書／主な活動・業績／執筆担当／読者へのメッセージ）　＊は編著者

Ⅵ-7　Ⅶ-5
自己の立ち位置を可視化し，ある事象を複数の視点から検討する。障害学を手持ちの札として携えて。

**加藤明彦**（かとう・あきひこ／1956年生まれ）
触覚文字「フォアフィンガー研究会」代表，UDコンサルタント
「らくらく視覚障害生活マニュアル」を出版，教育・医療現場で講演の活動中。
Ⅲ-4
あまり知られていないロービジョンについて少しでも理解を深めるきっかけになって欲しいと思っています。

**金澤真理**（かなざわ・まり／1955年生まれ）
日本網膜色素変性症協会理事
視覚障害者のQOL向上や視覚障害のUDのために学会・講演など2013年9月よりフリーで活動。
Ⅱ-4
障害を学問として学ぶだけでなく思い切って声をかけてみるとか友達になるとか実際に接してみてください。イメージが変わると思います！

**金子　寿**（かねこ・ひさし／1960年生まれ）
F.L.C.（Friendly Life Community）会長
F.L.C.の活動を通し，ピアサポート，福祉講演，啓発活動，途上国への支援などを行っている。
Ⅲ-2
私の実体験から「環境制御装置」のことについて書かせていただきました。同じ障害をもつ人，その家族や関係者の方々に参考になれば幸いです。

**川内美彦**（かわうち・よしひこ／1953年生まれ）
東洋大学ライフデザイン学部人間環境デザイン学科教授
『ユニバーサル・デザイン──バリアフリーへの問いかけ』（単著，学芸出版社，2001年）
『ユニバーサル・デザインの仕組みをつくる』（単著，学芸出版社，2007年）
Ⅰ-3　Ⅰ-4　Ⅰ-5　Ⅰ-6
それぞれの人が互いの違いを尊重しつつ，みんなが等しく参加できる社会を目指していきたいものです。

**河口尚子**（かわぐち・なおこ／1967年生まれ）
立命館大学生存学研究センター客員研究員
『障害学にもとづくソーシャルワーク──障害の社会モデル』（単訳，金剛出版，2010年）
「『個人的経験と障害の社会モデル』解説──知的障害に焦点を当てて」『障害学研究』9，2013年
Ⅶ-6　Ⅷ-8　Ⅷ-10
障害学からみえてくる世界の豊かさを味わって下さい。

**北神あきら**（きたがみ・あきら／1950年生まれ）
NPO法人視覚障害者パソコンアシストネットワーク理事長
視覚障害者へのPC教育，特に職業訓練を中心に活動している。
Ⅲ-5
視覚障害者の情報入手方法，特に，触覚の大切さについて知っていただければと思います。

**木下洋二郎**（きのした・ようじろう／1967年生まれ）
コクヨ株式会社ファニチャー事業本部ものづくり本部1Mプロジェクトプロジェクトリーダー
製品全般のデザイン戦略，デザインディレクションを担当。
Ⅴ-5
多様なユーザーと直接向き合いながら創り上げるデザインプロセスの意義や楽しさ，難しさや充実感が伝われば嬉しいです。

**熊篠慶彦**（くましの・よしひこ／1969年生まれ）
特定非営利活動法人ノアール理事長（http://www.npo-noir.com/）
身体障害者のセクシュアリティに関する支援，情報発信，イベント等を行う。
Ⅳ-5
「自分が○○だったら」という想像力と，二次情報に惑わされない為の一次情報探求心を持ってください。

**小林義文**（こばやし・よしふみ／1958年生まれ）
福井県立病院リハビリテーション室室長
理学療法士，難病疾患支援，国際協力。
Ⅴ-7
アジアでは，法や制度が整っていない分，当事者団体や地域ボランティア活動がさかんです。

**齋藤隆子**（さいとう・たかこ／1959年生まれ）
株式会社アクティブプロス
作業療法士，介護支援専門員，長年，障害者スポーツチームの活動に参加。
Ⅴ-3
生活の不自由さを補うもの，それは，その方自身の工夫，補装具，環境の整備，そして人の気持ちだと思います。

**定家陽子**（さだいえ・ようこ／1971年生まれ）
国際協力機構
大学院修了後米国留学，都内普通校講師を経て現在に至る。第4回サフラン賞受賞。
Ⅳ-3
障害があってもいろいろと工夫しながら子育て，仕事を楽しんでいること，障害があることは生きる上での本当の障害になるのかについて考える参考になれば幸いです。

**ジッペラー景子**（じっぺらー・けいこ／1970年生まれ）
Ⅳ-6
クロエは私に沢山の勇気とチャレンジするきっかけを作ってくれました。多くの方が補助犬の役割を理解し，補助犬と共に社会参加できるよう応援して下さると嬉しいです。

## 執筆者紹介 (氏名／よみがな／生年／所属または肩書／主な活動・業績／執筆担当／読者へのメッセージ)　＊は編著者

**新城　直**（しんじょう・すなお／1956年生まれ）
(株)ナレッジクリエーション代表取締役，View-Net神奈川理事長
16歳で失明。母校の横浜市立盲学校などで24年間の教員生活の後48歳で会社設立。
Ⅱ-6
「障害学」の視点を社会に広げることで，誰もがいきいきと生きられる社会にして行きましょう！

**神野幸康**（じんの・ゆきやす／1982年生まれ）
神奈川頸髄損傷者連絡会
大学卒業後就労し興味を持った分野について新たに大学で学んだりスキューバダイビングをして過ごしている。
Ⅳ-7
重度身体障がい者でも社会資源を有効に使いつつ就労しながら自立生活が出来るという事例を通し，障害を負っても社会との繋がりを作り自分らしい生活を実現できるということを知ってほしい。

**須釜直美**（すがま・なおみ／1968年生まれ）
NPO法人貧困・野宿者支援団体「さんきゅうハウス」相談員
精神・発達障害等を抱える貧困・野宿者の相談・支援に携わる。
Ⅲ-7
「障害者」を異質な者ではなく，自分自身と同じ人間であると意識してみてほしい。想像力をもって「もし，自分が○○の疾患，障害を持っていたら…」とその障害当事者の背景にも是非，思いを馳せていってみて下さい。

＊**杉野昭博**（すぎの・あきひろ／1956年生まれ）
首都大学東京人文科学研究科教授
『障害者──理論形成と射程』(単著，東京大学出版会，2007年)
『スポーツ障害から生き方を学ぶ』(編著，生活書院，2010年)
Ⅰ-1　Ⅰ-2　Ⅰ-7　Ⅰ-8　Ⅲ-9　Ⅴ-5　Ⅵ-6　Ⅵ-11　Ⅶ-1　Ⅶ-2　Ⅶ-3　Ⅶ-4　Ⅶ-9　Ⅷ-1　Ⅷ-2　Ⅷ-3　Ⅷ-5　Ⅷ-6
「障害学」は障害や病気をもちながら生きる人生についての学問です。この本は理系の人に向けて書きました。

**髙橋正実**（たかはし・まさみ／1974年生まれ）
MASAMI DESIGN代表取締役
クリエイティブディレクター，アートディレクター，デザイナー。
Ⅴ-8
人間誰もが社会をデザインしているデザイナー。人の「想像（創造）する力」が多くの人をハッピーにします。本文以外の事例は弊社HPへどうぞ☆

**高橋玲子**（たかはし・れいこ／1968年生まれ）
(株)タカラトミー社長室共用品推進課
企業で働く障害当事者の立場から，玩具を基点にUD全般の推進活動に関わっている。
Ⅱ-5
ぜひ障害のある人たちと直接知り合ってください。そこから思いがけなく創造的ですてきな未来が開けるかもしれません。

**中島玲子**（なかしま・れいこ／1956年生まれ）
障害者支援施設にて作業
「随筆集」を1冊自費出版しました。「少々かわり者」，自他共に認めるところです。
Ⅳ-8
幼いころから，『文字』や『文章』が大好きでした。特に，『じょうずな字』を見ると食べたくなります。いろいろなことを書きたくて，文章が散漫になってしまいました。

**野々垣睦美**（ののがき・むつみ／1974年生まれ）
NPO法人脳外傷友の会ナナ，クラブハウスすてっぷなな統括所長・作業療法士
高次脳機能障害の方を対象に地域活動支援センターと自立生活アシスタント事業をおこなっています。
Ⅴ-6
障害の有無にかかわらず，住みたい場所で安心して生活できる環境が整えば良いな，と思っています．

**畠山卓朗**（はたけやま・たくろう／1949年生まれ）
元早稲田大学人間科学学術院教授，2016年逝去
重い障がいがある人や高齢者の支援技術の研究に取り組んでいる。
Ⅴ-2
利用者さんの生活の全体像を捉え，先入観を排除し，相手の価値観に接近することがポイントです。

**廣野俊輔**（ひろの・しゅんすけ／1983年生まれ）
大分大学福祉健康科学部講師
「1960年代後半における『青い芝の会』の活動」『社会福祉学』49(4)，2009年
Ⅵ-1　Ⅵ-2　Ⅵ-3　Ⅵ-8　Ⅶ-10　Ⅷ-4
障害がある人の運動の歴史は，「社会は変えることができる」と私たちに教えてくれます。

**麩澤　孝**（ふざわ・たかし／1965年生まれ）
東京頸髄損傷者連絡会事務局長
頸髄損傷による四肢マヒ。支援機器・電動車いす等を使い地域で生活。
Ⅱ-7
使う人の意見や気持ちを大切にし設計の段階からユーザーと一緒に開発していくことが「使える支援機器」開発の第一歩。重度の障害者であっても地域で暮らすには支援機器と介護者の上手な組み合わせが重要です。

**松岡克尚**（まつおか・かつひさ／1963年生まれ）
関西学院大学人間福祉学部教授
『障害者ソーシャルワークへのアプローチ──その構築と実践におけるジレンマ』(共著，明石書店，2011年)
『「障害者ソーシャルワーク」への展望──その理論的検

## 執筆者紹介（氏名／よみがな／生年／所属または肩書／主な活動・業績／執筆担当／読者へのメッセージ）　＊は編著者

討と課題」『ソーシャルワーク研究』33(2)，2007年
Ⅲ-6　Ⅵ-9　Ⅵ-10　Ⅷ-7
「障害」とは何か？　その答えは自明のものではありません。多様な視点を学び，世界観を拡げてみて下さい。

### 松森果林（まつもり・かりん／1975年生まれ）

ユニバーサルデザインコンサルタント，エッセイスト
聞こえる世界聞こえない世界両方を知る立場からアドバイスや講演，執筆等をしている。
『誰でも手話リンガル』（単著，明治書院，2010年）
Ⅳ-2
いろいろな障害のある人と出会い，話してみてください。実体験から生まれる言葉は，何よりも説得力を持ちます。

### 八木三郎（やぎ・さぶろう／1953年生まれ）

天理大学准教授，おやさと研究所研究員
「防災計画における要援護者の課題——天理市を事例に」『天理大学おやさと研究所年報』18，2012年
「障害者用駐車スペースの適正利用に関する研究・デンマーク事例」『天理大学おやさと研究所年報』19，2013年
Ⅳ-10
社会への完全参加と平等を実現するために，あたなの知恵と力を貸して下さい。

### 山田哲美（やまだ・てつみ／1953年生まれ）

元東京都立野津田高等学校福祉科，東京薬科大学SP
高齢者・障害者の用具を開発している。
Ⅴ-4
障害者教育（特別支援教育）の楽しみを多くの人に理解してほしい。正常な人に比べると小さな成果かも知れませんが，教育の楽しみは2倍・3倍の楽しみがあります。この本を読んで特別支援教育を目指す人が多くなれば幸いです。

■本書のテキストデータを提供いたします

　本書をご購入いただいた方のうち，視覚障害，肢体不自由などの理由で書字へのアクセスが困難な方に限り本書のテキストデータを提供いたします．

　希望される方は，お名前・ご住所・お電話番号・メールアドレスを明記した用紙と下の引換券（コピー不可）を同封のうえ弊社までお送りください．折り返し手続きに関してご連絡します．

　なお，本書の内容や複製は点訳・音訳データなど視覚障害等の方のための利用に限り認めます．内容の改編や流用，転載，その他の営利を目的とした利用を禁じます．

■宛先

〒607-8494
京都市山科区日ノ岡堤谷町1
ミネルヴァ書房　『よくわかる障害学』テキストデータ係

-キリトリ線-

【引換券】
よくわかる障害学

やわらかアカデミズム・〈わかる〉シリーズ
よくわかる障害学

| 2014年4月30日 | 初版第1刷発行 | 〈検印省略〉 |
| 2018年6月30日 | 初版第3刷発行 | |

定価はカバーに
表示しています

| 編著者 | 小 川 喜 道 |
| | 杉 野 昭 博 |
| 発行者 | 杉 田 啓 三 |
| 印刷者 | 藤 森 英 夫 |

発行所　株式会社　ミネルヴァ書房
607-8494　京都市山科区日ノ岡堤谷町1
電話代表（075）581-5191
振替口座 01020-0-8076

©小川喜道・杉野昭博, 2014　　亜細亜印刷・新生製本

ISBN978-4-623-06794-7
Printed in Japan

やわらかアカデミズム・〈わかる〉シリーズ

**教育・保育**

よくわかる学びの技法
　田中共子編　本体　2200円
よくわかる教育評価
　田中耕治編　本体　2600円
よくわかる授業論
　田中耕治編　本体　2600円
よくわかる教育課程
　田中耕治編　本体　2600円
よくわかる生徒指導・キャリア教育
　小泉令三編著　本体　2400円
よくわかる教育相談
　春日井敏之・伊藤美奈子編　本体　2400円
よくわかる教育原理
　汐見稔幸ほか編著　本体　2800円
よくわかる教育学原論
　安彦忠彦・児島邦宏・藤井千春・田中博之編著　本体　2600円
よくわかる障害児教育
　石部元雄・上田征三・高橋 実・柳本雄次編　本体　2400円
よくわかる障害児保育
　尾崎康子・小林 真・水内豊和・阿部美穂子編　本体　2500円
よくわかる保育原理
　子どもと保育総合研究所・森上史朗・大豆生田啓友編　本体2200円
よくわかる家庭支援論
　橋本真紀・山縣文治編　本体　2400円
よくわかる子育て支援・家庭支援論
　大豆生田啓友・太田光洋・森上史朗編　本体　2400円
よくわかる社会的養護
　山縣文治・林 浩康編　本体　2500円
よくわかる社会的養護内容
　小木曽宏・宮本秀樹・鈴木崇之編　本体　2400円
よくわかる小児栄養
　大谷貴美子編　本体　2400円
よくわかる子どもの保健
　竹内義博・大矢紀昭編　本体　2600円
よくわかる発達障害
　小野次朗・上野一彦・藤田継道編　本体　2200円

**福祉**

よくわかる社会保障
　坂口正之・岡田忠克編　本体　2500円
よくわかる社会福祉
　山縣文治・岡田忠克編　本体　2500円
よくわかる子ども家庭福祉
　山縣文治編　本体　2400円
よくわかる地域福祉
　上野谷加代子・松端克文・山縣文治編　本体　2200円
よくわかる家族福祉
　畠中宗一編　本体　2200円
よくわかる高齢者福祉
　直井道子・中野いく子編　本体　2500円
よくわかる障害者福祉
　小澤 温編　本体　2200円

よくわかる精神保健福祉
　藤本 豊・花澤佳代編　本体　2400円
よくわかる医療福祉
　小西加保留・田中千枝子編　本体　2500円
よくわかる司法福祉
　村尾泰弘・廣井亮一編　本体　2500円
よくわかる社会福祉と法
　西村健一郎・品田充儀編著　本体　2600円
よくわかるリハビリテーション
　江藤文夫編　本体　2500円
よくわかるスクールソーシャルワーク
　山野則子・野田正人・半羽利美佳編著　本体　2500円

**論文**

よくわかる卒論の書き方
　白井利明・高橋一郎著　本体　2500円

**心理**

よくわかる心理学
　無藤 隆・森 敏昭・池上知子・福丸由佳編　本体　3000円
よくわかる心理統計
　山田剛史・村井潤一郎著　本体　2800円
よくわかる保育心理学
　鯨岡 峻・鯨岡和子著　本体　2400円
よくわかる臨床心理学　改訂新版
　下山晴彦編　本体　3000円
よくわかる心理臨床
　皆藤 章編　本体　2200円
よくわかる臨床発達心理学
　麻生 武・浜田寿美男編　本体　2800円
よくわかるコミュニティ心理学
　植村勝彦・高畠克子・箕口雅博・原 裕視・久田 満編　本体　2500円
よくわかる発達心理学
　無藤 隆・岡本祐子・大坪治彦編　本体　2500円
よくわかる乳幼児心理学
　内田伸子編　本体　2400円
よくわかる青年心理学
　白井利明編　本体　2500円
よくわかる教育心理学
　中澤 潤編　本体　2500円
よくわかる学校教育心理学
　森 敏昭・青木多寿子・淵上克義編　本体　2600円
よくわかる社会心理学
　山田一成・北村英哉・結城雅樹編著　本体　2500円
よくわかる家族心理学
　柏木惠子編著　本体　2600円
よくわかる言語発達
　岩立志津夫・小椋たみ子編　本体　2400円
よくわかる認知発達とその支援
　子安増生編　本体　2400円
よくわかる産業・組織心理学
　山口裕幸・金井篤子編　本体　2600円
よくわかるスポーツ心理学
　中込四郎・伊藤豊彦・山本裕二編著　本体　2400円

ミネルヴァ書房